新课程·新教材·新教学丛书

中小学语文教育99个关键词

杨　亮◎主编

北京师范大学出版集团
BEIJING NORMAL UNIVERSITY PUBLISHING GROUP
北京师范大学出版社

图书在版编目(CIP)数据

中小学语文教育99个关键词/杨亮主编. —北京：北京师范大学出版社，2024.8

(新课程·新教材·新教学丛书)

ISBN 978-7-303-29897-6

Ⅰ.①中… Ⅱ.①杨… Ⅲ.①语文课—教学研究—中小学 Ⅳ.①G633.302

中国国家版本馆CIP数据核字(2024)第083075号

图书意见反馈：gaozhifk@bnupg.com 010-58805079
营销中心电话：010-58802755 58800035
北师大出版社教师教育分社微信公众号 京师教师教育

ZHONGXIAOXUE YUWEN JIAOYU JIUSHIJIU GE GUANJIANCI

出版发行：北京师范大学出版社 www.bnupg.com
北京市西城区新街口外大街12-3号
邮政编码：100088

印　　刷：北京虎彩文化传播有限公司
经　　销：全国新华书店
开　　本：787 mm×1092 mm 1/16
印　　张：21.5
字　　数：370千字
版　　次：2024年8月第1版
印　　次：2024年8月第1次印刷
定　　价：68.80元

策划编辑：张筱彤　　责任编辑：林山水
美术编辑：焦　丽　李向昕　　装帧设计：焦　丽　李向昕
责任校对：康　悦　　责任印制：马　洁

前言

梁启超说：“善于教人者是教人以研究的方法。”语文课程标准便是教人以方法的最重要的路径之一。这二十年来，语文教育发生了很多变化，如何更好地教授语文这门课程也已成为一项至关重要的课题。语文课程标准为新时代语文课程的改革提供了指引与方向，但在实际教学中，语文课程标准的解读与使用路径始终是语文教育者的难题之一。

在进行语文课程标准的关键词研讨时，我们聚焦于这些关键词的来源、概念界定、研究现状、教学策略和相关书目等，其目的在于帮助使用者更清晰、更透彻地理解课程标准，进而能够有效运用教材并指导实际教学。如果从“匠”“技”“艺”三个方面来探究语文课程标准的使用路径，可以看出语文课程发展的内在逻辑指向。

一、从“匠”的层面看语文教学，厘清语文教学的真正内涵

从“匠”的层面来看待语文教学，实际上就是要求教师具备语文教学的基本技能和必要的知识储备。那么何为“匠”？从“匠”的层面出发，语文教学会遇到哪些困境？如何突破困境？这是我们要解决的问题。

首先，要深入理解语文教学的真正内涵，走专业化路线。语文学科涉及的知识面广，优秀的语文教师不仅要具备相关的汉语言文学专业知识的储备，还要学习教育学和心理学等相关专业知识。教师具备丰富的知识储备和扎实

的教学技能便是“匠”的层面。在整个职业生涯中，教师通过专门训练和终身学习，逐步获得教育专业的知识与技能，并在专业实践中不断提高自身的从教素质，从而成为教育专业工作者，成为优秀的“匠人”。

其次，要思考达到语文教学“匠”的层面会遇到的现实困境，遵循语文课程标准的相关要求。新课程改革追求语文教学的专业化发展，而在语文专业化路径的探索过程中出现的一个显著问题便是很多教师对语文课程标准还缺乏清晰的认识，不了解语文课程标准。我们在听课中发现，没有经过专业化路径训练的教师，他们的教学往往采用“印象式”教法，即仅仅按照自己对课文的浅层理解进行教学。一些教师讲课时依旧采用的是老套路、老教法、老模板，对语文课程标准一无所知，更不用说落实核心素养和学习任务群的要求。经典文本进入教科书就不再是原来的文本了，“当它成为教科书的许多单元中的一个单元，许多课文中的一篇课文时，它就成了二度创作品，就生发出了超越单独文本的意义与价值。在教科书中，1＋1 绝不等于 2，一个素材加另一个素材，不会就是两个素材的影响力。一篇一篇的文章一旦被组成课文，它就有了自身新的生命和作用，形成了自己的叙述方式。正是在这一意义上，我们说教科书是‘编织’的，教科书是对文本进行‘编织’的书本”(石鸥、石玉：《论教科书的基本特征》)。这就需要教师真正的二次创造，驾驭文本，但实际情况往往并非如此。许多教师在教学中设计的问题仅仅停留在表层，与学生的互动交流是肤浅的、流于表面的。这种语文课堂与佐藤学所提出的“润泽课堂”相差甚远。这种现象并非个例，但是我们必须清楚，教师对语文课程标准的熟悉与否，与其教学效果息息相关。同时，一些教师在学习语文课程标准时也常面临理解和使用的困境，并且通过自身的努力无法解决。对于他们来说，提升语文教学的专业化路径，就需要明确的、能够厘清语文课标的基本概念，并以此来指导教学。

最后，要从源头破解困境，实现教师专业化成长。具体来说，一是阅读大量专业书籍。教师腹中有书，学养自然深厚，爱读书、阅读量大的教师与不读书、照本宣科的教师上课，高下立判，不可以道里计。在读书的过程中，我们觉得重要的是研读名师的课例和经验总结，这是很重要的一方面。读书，还应该重视语言学的一些知识，这些书都不是单纯的文学类书籍，有时候钻研比较枯燥，但对提升语文教学的技能有很大的好处。有的教师驾驭不住课堂，其中一个原因是，他们的课堂是生硬的、僵化的，对文本的解读是没有生命力的，课堂没有活力，学生的语文素养得不到提升。二是研究语文教材，解读语文课标，把握教学方向。这二者是不可分割的。很多教师不能深入理解课标的内在精神，这样的课堂是没有方向的。三是钻研教法。教学有法，教无定法虽是老生常谈，但往往也是最朴实的道理。四是不断自我反思，一个好的语文教师能不断进步，主要原因是他能不断反思自己课堂的不足。五是寻求专业引领。教师的专业化成长要基于对语文课程标准和教材的熟悉，进而才能做到灵活运用、实践创新，提升自身的教学水平，实现“胸中有学生”，增强课程实施的情境性和实践性，促进学习方式的变革，追求“常教常新”，从而落实语文教学的根本任务。

二、从“技”的层面看语文教学，探寻有效教学的技术路径

在语文教学中，教师对教学技术路径的探索是十分必要的。在了解和把握语文基本概念之后，教师必然会主动探索语文教学中“教”和“学”两者的合理性与平衡性，进入技术路径的探索阶段。在该阶段，教师将对语文课程的实践性与情境性以及语文教学方式的变革产生清晰的认知，明确语文课堂的问题和症结所在，并注意到语文课程的过程性与整体性，根据不同年龄段学生的学习特点和不同学段的学习目标选择恰当的课堂讲授方式。

第一，教师在技术路径的探索过程中要勇于尝试。教师对课程标准的学习必然要经历一个从不熟悉、不理解到熟悉、理解的过程。在学习语文课程标准的过程中，必然会产生许多误区。例如我给大学生开设“《红楼梦》研究”这门选修课时，我面对的是具有一定社会阅历的大三学生，课堂教学基于我对“红学”系统源流的熟悉和对《红楼梦》的深入理解，往往具有很强的个人色彩，讲课也会旁征博引，并由此讨论了很多相关的诗词、文化、政治制度、时代风气对《红楼梦》的影响。我在高中开设《红楼梦》整本书阅读，依据大学课堂的教学经验，指导学生分别从《红楼梦》的语言运用、思维能力、审美创造、文化传承四个方面采用师生研讨的方式展开教学。然而，本次的教学以失败告终，这不禁让我思考，自己究竟哪里出了问题。我发现高中学生学业任务繁重，读书较少，且缺乏理解《红楼梦》所必需的人生阅历，所以他们很难理解《红楼梦》的思想内容和语言风格。此外，核心素养的四个方面是一个整体，学生的思维能力、审美创造、文化传承都应该以语言运用为基础，并在学生个体语言经验发展过程中得以实现，我不应将其割裂开来。这一次失败的尝试，使我对语文教学的整体性和综合性有了更为清晰的认识。语文课程标准提出的观点，表面好理解，但其深层次的内涵和逻辑指向往往需要认真领会，每个学习者都要做一个勇敢的尝试者，在尝试中才会寻找课标、教

材、学生之间的平衡。这个平衡是动态的、预设的，也是生成的。

第二，我们应该避免一个误区：课程标准和课堂教学处于一种表面的融合阶段。教学者所需要的是一个真正的技术探索，要创设真实而富有意义的学习情境，凸显语文学习的实践性。比如在进行《六月二十七日望湖楼醉书》的教学时，诗中“翻墨”一词，没有使用毛笔经验的学生往往一带而过，缺乏对画面的想象，无法体会苏轼将西湖上空乌云满天、暴雨骤来的景象与他熟悉的墨汁打翻在宣纸上晕染的过程相联系的精妙。为了落实“阅读时能把所读的内容想开去”这一单元要求，教师要围绕“翻墨”一词进行情境性教学设计，丰富学生的感性认知，增强想象力。通过教学技术路径的探索，教学才能突破常规的语文教育模式，教师的课堂才会呈现生命的活力，与学生融为一体。于漪老师在教《孔子游春》时，反思语文课堂教学时说：“学习语用不是一个平面的问题，而是一个有层次的递进过程。学习语用，至少可以分成三个层次：直接之用，即让学生直接运用语言文字，这是显性之用，我们通常理解的语用，往往停留在这个层次；储备之用，即让学生积累必要的语识(语用知识)、典范的语料(语用材料)，这一层次虽没有直接之用，却为直接之用准备了建筑材料和建筑工具，是柔性之用；无为之用，即让学生纯粹地阅读，不涉及直接之用，也不关乎储备之用，看起来似乎跟指向写作的语用没有任何瓜葛，其实不然，……是真正意义上的大用。”于漪老师以自己的课堂实践总结出课堂的规律和路径，可以说是语文教学的大道和方向。

第三，教育是指向反思的实践活动。教师要达到教学技术层面，就应坚持课程标准中所提到的终身学习，提升专业素养。落实新课程标准提出的“语文教师要养成良好的读书习惯，不断丰富语言学、文学、教育学、心理学等方面的知识，注重中华优秀传统文化积累，提升自身文化修养。要积极参加培训和研修活动，深入理解语文课程改革的理念和内容，准确把握语文教学规律，提高课程实施能力。要注意语文学科与其他学科的关联，提高跨学科整合课程资源的意识和能力。要主动将新理念、新方法、新技术应用到语文教学中，通过个人反思、同伴互助、专家引领等多种途径提高自己的专业水平”。

三、从“艺”的层面看语文教学，推动语文教学的高质量发展

语文教学是一项技术性很高的工作，它是一项技术活动，更是一门艺术活动，要科学性与审美性兼具，这与语文学科核心素养的内在要求不谋而合。

因此，要上好一堂语文课，教师要不断地用心挖掘与探究，真正以学生为中心，注重学生的情感熏陶，在无形中浸润学生的心灵，打造高效课堂，进而推动语文教学的高质量发展。

第一，语文教学专业水平的探索是艰苦卓绝的研究活动。正如朱熹的《观书有感·其二》所言“向来枉费推移力，此日中流自在行”，语文教学正是需要“枉费推移力”，不断地立足于自身的专业素养，将新理念、新方法与新技术应用到语文教学的探索过程中，使得个人反思能力达到专业化水平。这无疑是一个耗费心力的过程，但只有经此过程，语文教学水平才能够突破瓶颈并达到更高的境界。

第二，语文教师应当以“研究者”身份，追寻教学的艺术境界。在语文教学中，教师要勇于面对课程实施过程中遇到的新问题、新挑战，紧紧围绕语文课程标准实施和教材使用过程中的突出问题，立足学情、因地制宜，以研究的态度探索解决问题的方法。立足于教学实践，提高个人的教研水平，突破“枉费推移力”的瓶颈，从而达到更高的境界，这种境界就是“此日中流自在行”，即教学的艺术层面。当教师达到了语文教学的艺术境界，对于课程标准所提出的语文课程理念便会有更深层次的理解，这时教师才能够真正做到转变语文课程理念，真正理解新课标“新”在何处。由注重“语文素养”到立足于“核心素养”；由“把握语文教育特点”到突出课程内容的时代性和典范性；由倡导自主、合作、探究的学习方式到更加注重课程实施的情境性和实践性；由追求开放而有活力的语文课程到更加注重“语文学习任务群”的构建，教师于此境界才能将课程标准融汇于心，并将教材编写和使用达到混融一体，从而做到情景无痕、化雨育人，这种“化雨”的境界就是教学艺术的境界。

第三，教师对于语文课程标准和教材的教学研究需要不断探索，这种探索也是对教学境界的探索。我作为一个课程标准的粗浅学习者，在和研究生以及一线教师共同学习的过程中也会遇到很多不足和困惑，这也使我不断反思语文教学中所存在的问题。当课程标准的理念变成自己的理念后，我们就能从追求简单教学策略的层面升华到“古人之境界，为我之境界”的层面了。《格言联璧》中有这么一句：“天下最有受用，是一闲字，闲字要从勤中得来；天下最讨便宜，是一勤字，勤字要从闲中做出。”在语文教学的研究中，我们同样要找到“闲”与“勤”的平衡点，唯有如此才能达到语文教学的艺术境界。

检视语文课程标准的变化，更应该从“实践智慧”出发来思考语文的现实问题。从“双基”到“三维目标”，再到“核心素养”，需要我们重新审视人的主动性与能动性，以人的素养的提升为中心来思考语文教学。从这个角度来说，语文课程标准的理解，需要处理好“断裂”与“联系”的关系，处理好“旧传统”与“新传统”之间的逻辑，这都需要“文化自信”，从而构建符合中国教学实际的语文学科学术话语体系。

目　录

CONTENTS

01 文化自信

一、概念界定

文化自信是对一个民族、国家自身的文化价值给予充分肯定。在语文学科中，《义务教育语文课程标准(2022 年版)》提出，文化自信是指："学生认同中华文化，对中华文化的生命力有坚定信心。通过语文学习，热爱国家通用语言文字，热爱中华文化，继承和弘扬中华优秀传统文化、革命文化、社会主义先进文化，关注和参与当代文化生活，初步了解和借鉴人类文明优秀成果，具有比较开阔的文化视野和一定的文化底蕴。"①为更好地理解文化自信，王崧舟绘制了"文化自信结构图"②。语文学科兼具工具性与人文性的双重特性，也肩负着传承中华文化的重要使命，在语文学习中教师要立足学情，把握课标，坚定不移地培养学生的文化自信。

二、研究现状

关于《义务教育语文课程标准(2022 年版)》核心素养之一的"文化自信"方面的研究，主要集中在文化自信内在逻辑、文化自信教育意义、加强文化自信策略三个方面。

(一)文化自信内在逻辑研究

"文化自信"作为义务教育阶段核心素养之一，其内在逻辑需要深刻理解和把握。林珊指出课程标准中"文化自信"存在语文具有文化特性及文化功能、文化自信根植于中华民族文化基因、文化自信是核心素养的根基与追求三方

① 中华人民共和国教育部：《义务教育语文课程标准(2022 年版)》，4 页，北京，北京师范大学出版社，2022。

② 王崧舟：《秉纲而目自张 执本而末自从——〈义务教育语文课程标准(2022 年版)〉"核心素养"解读》，载《教学月刊小学版(语文)》，2022(6)。

面的内在逻辑。① 具体而言，文化与语言水乳交融，使得语文天生具有文化性，语文的文化本质属性也决定了语文课程必然具有文化功能。为了改变以往语言教育本位的局限，凸显语文课程的文化功能，《义务教育语文课程标准(2022年版)》基于语文学科本质是文化的特性，提出了“文化自信”。

(二)文化自信教育意义研究

文化自信是立德树人的重要任务之一，在语文课堂中融入文化自信教育具有重要的意义。赵坤杰认为文化自信的培养能激发学生的爱国主义情怀，语文教材中充满爱国主义内容，教师引导学生深入文本，感悟爱国主义情怀，通过爱国主义教育将古今爱国主义精神相关联，可以鼓励学生继承并发扬爱国主义精神。文化自信的教育也能抵御外来思想的负面影响，即通过文化自信对学生三观进行正确的引导，建立正确的价值体系，抵御西方负面思想的影响。②

(三)加强文化自信策略研究

如何落实《义务教育语文课程标准(2022年版)》的要求，将文化自信融入课堂，众多学者针对探讨文化自信背景下的语文教学策略提出了自己的观点。胡彦珺、王金梅指出，教师可以从借助古诗文内容渗透弘扬传统文化、结合学生的日常生活弘扬传统文化、鼓励学生将传统文化内容写入日记和习作中等方面来培养学生的文化自信。③ 其策略对从听说读写方面加强学生的文化自信，具有重要的借鉴意义。

三、教学策略 >>>>>>>

语文课程在渗透传统文化方面有得天独厚的优势，教师应充分认识学科教学价值，立足学情，从联系现实生活、创设教学情境、组织多样活动三个方面培养学生的文化自信素养。

(一)联系现实生活，提升文化感知力

生活是学习的重要资源，也是运用所学知识的重要场所。为了促进学生

---

① 林珊：《语文课程视域下“文化自信”的逻辑理路——〈基于义务教育语文课程标准(2022年版)〉的解读》，载《福建教育》，2022(27)。

② 赵坤杰：《文化自信背景下的小学语文教学策略》，载《新课程教学(电子版)》，2022(12)。

③ 胡彦珺、王金梅：《弘扬传统文化 提升语文素养——利用初中语文教学培养学生文化自信》，载《基础教育论坛》，2022(4)。

传统文化感知力的提升，教师要探索文本与学生现实生活之间的结合点，积极引导学生把握其结合点，让学生感知传统文化与我们日常生活的密切关系。教师可以选择一些重要的节气，带领学生举办活动，如清明吃青团、冬至吃饺子，并引导学生将古人生活与现代生活相对比，提升学生的文化感知力，增强文化自信。

(二)创设教学情境，丰富文化体验感

《义务教育语文课程标准(2022 年版)》在教学建议部分指出："创设真实而有意义的学习情境，凸显语文学习的实践性。"① 因此，教师要借助多媒体创设情境。多媒体使声音和图像有机结合，能渲染一定的环境气氛，调动学生的情感体验，让学生的情绪在优秀文化的熏陶中受到感染，促使学生形成持久的、稳定的文化认同感。情境的创设也不是随意的，教师应遵循知识性、真实性相结合的原则，以丰富学生的文化体验感，增强学生的文化自信。

(三)组织多样活动，提升文化实践力

语文教师也可以结合实际情况，让学生通过更多的途径去感知、接触并实践优秀文化。如在名著选文教学中，教师要有意识地引导学生从读单篇转向读整本书。在课堂教学中，教师向学生介绍古典名著，让学生自行组织读书交流分享会。学生既可以讲述名著的大体内容，也可以分享自己的阅读心得，还可以分享自己的阅读经验或方法等，让学生在积极的实践活动中，增强文化自信。

推荐阅读 >>>>>>>>

[1] 潘庆玉．把经典上成经典——语文课堂培育"文化自信"的思考[J]．语文建设，2022(10)．

[2] 王本华．《义务教育语文课程标准(2022 年版)》：创新、发展与突破[J]．语文建设，2022(10)．

[3] 董蓓菲，闫琳．走向文化自信：《义务教育语文课程标准(2022 年版)》文化教育图谱[J]．课程・教材・教法，2022(10)．

(赵梦迪撰写)

---

① 中华人民共和国教育部：《义务教育语文课程标准(2022 年版)》，45 页，北京，北京师范大学出版社，2022。

02 语言运用

一、概念界定

《义务教育语文课程标准(2022年版)》提出，语言运用是指：“学生在丰富的语言实践中，通过主动的积累、梳理和整合，初步具有良好语感；了解国家通用语言文字的特点和运用规律，形成个体语言经验；具有正确、规范运用语言文字的意识和能力，能在具体语言情境中有效交流沟通；感受语言文字的丰富内涵，对国家通用语言文字具有深厚感情。”① 为更好地理解语言运用的内涵，王崧舟绘制了“语言运用结构图”②。(见图1)

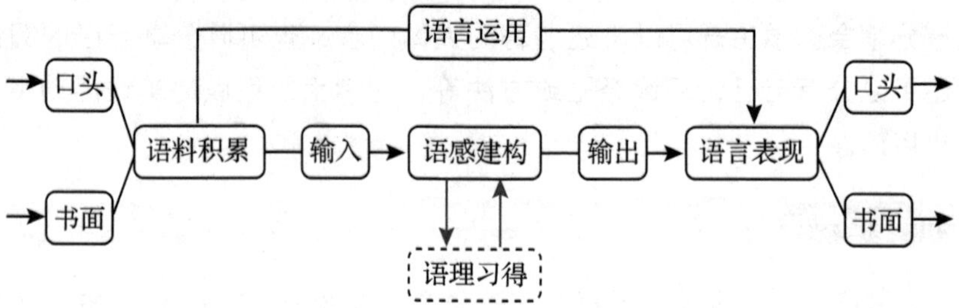

图1 语言运用结构图

二、研究现状

关于《义务教育语文课程标准(2022年版)》核心素养之一的“语言运用”方面的研究，主要集中在语言运用的内涵研究、语言运用策略研究两个方面。

---

① 中华人民共和国教育部：《义务教育语文课程标准(2022年版)》，4～5页，北京，北京师范大学出版社，2022。

② 王崧舟：《秉纲而目自张 执本而末自从——〈义务教育语文课程标准(2022年版)〉“核心素养”解读》，载《教学月刊小学版(语文)》，2022(6)。

(一)语言运用的内涵研究

语言运用是核心素养的重要组成部分。不同的学者对语言运用的内涵提出了自己的看法。王崧舟指出："根据《义务教育语文课程标准(2022 年版)》的阐述与表述，语言运用主要包括语料积累、语感建构、语理习得、语言表现四个方面。"①黄育妙认为语言运用需要在"真实情境"中培养，并具体指出语文教学的语境分类。②（见图 2）

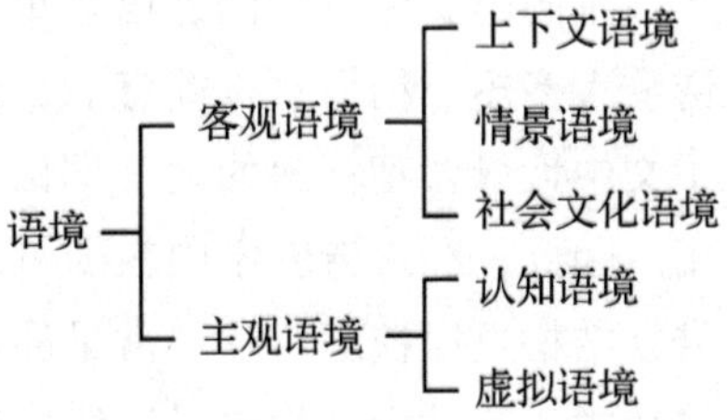

图 2　语境分类

(二)语言运用策略研究

语言运用是语文教学的关键，如何基于《义务教育语文课程标准(2022 年版)》培养学生的语言运用能力，成为学者关注的问题。王崧舟以邱俊老师执教的《腊八粥》教学片段为例，提出了语文教学可以从要善于发现具有较高价值的语感图式、让学生在真实的语境中体验语感图式、为学生创设内化语感图式的语言实践活动三方面培植和发展学生的语言运用素养。③

三、教学策略

教师可以从多方统整，积累语言材料；基于文体，构建语用体系；任务驱动，创设语言情境三个方面培养学生的语言运用素养。

(一)多方统整，积累语言材料

语言学习不仅仅是课堂中的事情，教师也要指导学生在课外进行语言的积累。教师在教学时，还需注意将教学内容与学生生活有机结合，使学生通过课堂上的学习能够迁移运用所学知识更好地面对和处理生活中的问题。在学生阅读的过程中，教师还要引导学生积极地将自己的生活经验融入其中，从而更好地和作者产生情感上的共鸣。

---

① 王崧舟：《秉纲而目自张 执本而末自从——〈义务教育语文课程标准(2022 年版)〉"核心素养"解读》，载《教学月刊小学版(语文)》，2022(6)。

② 黄育妙：《语境化古诗文教学的"语言运用"》，载《中学语文教学参考》，2022(3)。

③ 王崧舟：《秉纲而目自张 执本而末自从——〈义务教育语文课程标准(2022 年版)〉"核心素养"解读》，载《教学月刊小学版(语文)》，2022(6)。

(二)基于文体，构建语用体系

不同的文体有不同的语言规律，不同的文体有不同的语言特点。如古代诗歌大多短小精悍、言简意赅，但却蕴含着丰富的内涵与情感，这既要归功于文中大量含蓄精深的文言词语，还依赖于词性变换、留白等方法的综合运用。因此，在古诗教学中教师可以借助咬文嚼字来帮助学生积累诗歌常用词，借助结构重组梳理诗歌中常见的倒装现象。教师基于古诗文体进行有针对性的教学，有助于学生更好地建构古诗类的语用体系。

(三)任务驱动，创设语言情境

学语言的目的是用，即将已建构的语言规律以口头或书面的形式展现出来。教师要尽可能创设真实的情境，以生活中可能遇到的问题为蓝本，体现语文学科的人文性特征。如导入要真实，让学生在一节课开始就置身于真实的语言情境中，良好的导语设计能调动学生整堂课的参与热情，导入要尽可能地接近学生生活中的真实情景。问题的设置要真实，有层次，环环相扣。整节课，教师要抓住一个主线来讲，围绕主线设置多个分支问题，让学生抓住重点，层层突破难点。教师给学生布置的作业要贴近生活，使学生在真实语用情境中，主动将建构的语言规律运用到实处。

总之，教师在语文教学过程中，要引领学生不断积累阅读和语言经验，同时结合具体的语境和实践活动提升学生的语感，使学生掌握运用语言来表达想法、抒发情感的技巧，多方面提高学生的语言运用素养。

推荐阅读 >>>>>>>>

[1] 中华人民共和国教育部. 义务教育语文课程标准(2011 年版)[S]. 北京：北京师范大学出版社，2022.

[2] 戴晓娥. 聚焦学科育人，提升语文核心素养——义务教育统编语文教材大单元教学设计策略[J]. 语文建设，2020(12).

[3] 王本华.《义务教育语文课程标准(2022 年版)》：创新、发展与突破[J]. 语文建设，2022(10).

[4] 查晓红. 培养日常生活中的语言运用能力——“实用性阅读与交流”学习任务群设计与实施例谈[J]. 语文建设，2022(12).

(赵梦迪撰写)

03 思维能力

一、概念界定

学生思维能力素养的提升是提质减负的关键，是新课改的重要方向，也是学生学习发展的原动力。《义务教育语文课程标准(2022 年版)》提出，思维能力是指："学生在语文学习过程中的联想想象、分析比较、归纳判断等认知表现，主要包括直觉思维、形象思维、逻辑思维、辩证思维和创造思维。思维具有一定的敏捷性、灵活性、深刻性、独创性、批判性。有好奇心、求知欲，崇尚真知，勇于探索创新，养成积极思考的习惯。"①为更好地理解思维能力，王崧舟绘制了"思维能力结构图"②。(见图 3)

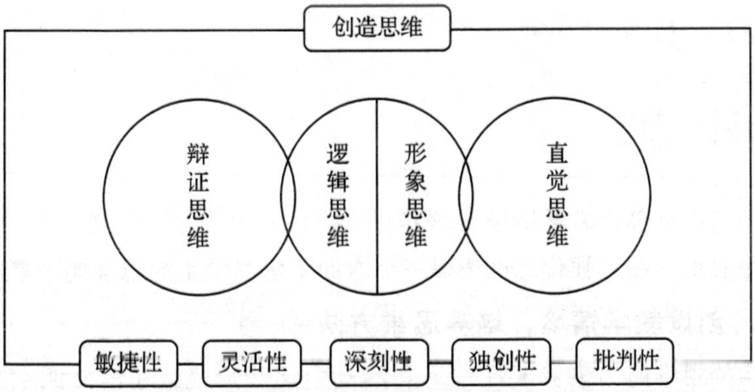

图 3 思维能力结构图

① 中华人民共和国教育部：《义务教育语文课程标准(2022 年版)》，5 页，北京，北京师范大学出版社，2022。

② 王崧舟：《秉纲而目自张 执本而末自从——〈义务教育语文课程标准(2022 年版)〉"核心素养"解读》，载《教学月刊小学版(语文)》，2022(6)。

二、研究现状

关于《义务教育语文课程标准(2022 年版)》核心素养之一的“思维能力”方面的研究，主要集中在思维能力的内涵、加强思维能力的策略两方面。

(一)思维能力的内涵

思维能力是内化核心素养的关键所在。王崧舟指出思维能力主要包括直觉思维、形象思维、逻辑思维、辩证思维、创造思维五个方面。① 这五个方面是不断递进、由表及里、由浅入深的关系。

(二)加强思维能力的策略

如何落实《义务教育语文课程标准(2022 年版)》的要求，加强学生思维能力的培养，众多学者提出了自己的看法。鲁智飞针对当前教师自身知识体系模糊、学生缺少思维发挥空间等方面的问题，提出思维能力培养的四个策略，即明确目标，锻炼学生思维理解能力；重视朗读，丰富学生思维方式；优化方式，引导学生思维发展；强化训练，提高学生思维能力。② 在优化方式中，他提出了设置问题，激发思维火花；妙用反问，提升思维能力两个方面的建议，这两个方面同时也是课堂中教师常用的教学方法，如何更好地创新这两种教学方法，值得我们研究。

三、教学策略

教师可以从创设教学情境，培养思维方法；设置合理训练，提高思维品质；巧用思维导图，强化思维逻辑三个方面来培养学生的思维能力素养。

(一)创设教学情境，培养思维方法

学生的思维能力素养要在学习和活动中逐步形成，在语文课堂教学时，教师要注意将思维方法渗透到课程之中。语文思维的方法有很多，如抽象与概括、分析与综合、联想与想象等。无论培养学生的何种思维能力，教师都要让学生认真细心观察。观察是一种有目的、有计划的行为。我们可以仔细

---

① 王崧舟：《秉纲而目自张 执本而末自从——〈义务教育语文课程标准(2022 年版)〉“核心素养”解读》，载《教学月刊小学版(语文)》，2022(6)。

② 鲁智飞：《思维，课堂教学的着力点——初中语文教学中学生思维能力的培养探讨》，载《语文教学通讯·D 刊(学术刊)》，2022(7)。

观察作家所用的语言，发现这些语言背后的深意，学习其方法，并运用到自己的写作中。教师在教学过程中，要引导学生由此事此人此物想到彼事彼人彼物，激发学生的好奇心，培养学生的思维能力。

(二)设置合理训练，提高思维品质

教师要注重学生思维品质的训练与提高。首先，重视对学生思维敏捷性与灵活性的培养，教师可以将课堂教学与练习考试相结合，注意将学习到的知识运用到练习之中，反对教条化教学。其次，注重对学生思维深刻性的培养。教师要引导学生放弃过去被动接受的学习习惯，鼓励学生积极思考，在作品中发现并解决问题，还要帮助学生养成深入钻研问题的习惯，善于抓住事物的本质。最后，还要重视对学生思维批判性和独创性的培养。教师要鼓励学生大胆质疑。

(三)巧用思维导图，强化思维逻辑

在语文教学中，教师通常借助文章分段，总结段落大意来帮助学生梳理文本，这种方式虽然有助于学生理解文意，但是却忽视了文章整体的关联性，这种培养方式与语文思维方式相悖。教师运用思维导图将语文阅读中的文意进行关联，把文本中的语句、段落进行缩减和概括，并将关键词、颜色、图像等具有视觉冲击的知识形态作为信息模块，有助于锻炼学生的思维能力。

总之，教师要积极转变观念，构建多元的语文教学空间，多方面开展思维锻炼活动，引导学生积极实践，在科学开展思维训练活动的基础上提高学生的思维能力素养。

推荐阅读 >>>>>>>>

[1] 中华人民共和国教育部. 义务教育语文课程标准(2011 年版)[S]. 北京：北京师范大学出版社，2022.

[2] 王本华.《义务教育语文课程标准(2022 年版)》：创新、发展与突破[J]. 语文建设，2022(10).

[3] 郑国民. 强化语文课程的育人价值取向——《义务教育语文课程标准(2022 年版)》的四个重要变化[J]. 人民教育，2022(Z2).

(赵梦迪撰写)

04 审美创造

一、概念界定

审美创造素养是语文核心素养的关键部分，指向学生鉴赏美和创造美的能力。《义务教育语文课程标准(2022 年版)》提出，审美创造是指："学生通过感受、理解、欣赏、评价语言文字及作品，获得较为丰富的审美经验，具有初步的感受美、发现美和运用语言文字表现美、创造美的能力；涵养高雅情趣，具备健康的审美意识和正确的审美观念。"①为更好地理解审美创造的内涵，王崧舟绘制了"审美创造结构图"②。

二、研究现状

关于《义务教育语文课程标准(2022 年版)》核心素养之一的"审美创造"方面的研究，主要集中在审美创造的内涵、加强审美创造素养的策略两方面。

(一)审美创造内涵研究

"审美创造"作为义务教育阶段核心素养的重要构成内容之一，不同学者对审美创造的内涵提出了自己的看法。王崧舟指出根据《义务教育语文课程标准(2022 年版)》的表述，审美创造主要包括审美感受、审美理解、审美鉴赏、审美欲望、审美表现五方面。③

---

① 中华人民共和国教育部：《义务教育语文课程标准(2022 年版)》，5 页，北京，北京师范大学出版社，2022。

② 王崧舟：《秉纲而目自张 执本而末自从——〈义务教育语文课程标准(2022 年版)〉"核心素养"解读》，载《教学月刊小学版(语文)》，2022(6)。

③ 王崧舟：《秉纲而目自张 执本而末自从——〈义务教育语文课程标准(2022 年版)〉"核心素养"解读》，载《教学月刊小学版(语文)》，2022(6)。

(二)加强审美创造素养的策略研究

如何落实《义务教育语文课程标准(2022 年版)》的要求，将审美创造融入语文教学，众多学者对探讨审美创造背景下的语文教学策略提出了自己的观点。徐珺认为对美的认知水平直接影响着学生未来的发展，因此将审美创造的素养融入语文教学中有着重要的作用，并提出了借助阅读实现审美创造的“问题引领，用质疑发现语言美”“还原情境，用场景诠释情感美”“细节探究，用分析感知思想美”“回顾思考，用理性探查境界美”“读写结合，用笔尖尝试创造美”五个途径。① 五个途径综合听说读写，逐步提升学生的审美素养。

三、教学策略

为了培养学生的审美创造能力，教师可以从采取多种途径，获得审美感受力；领悟作品之美，提高审美鉴赏力；合理运用想象，培养审美创造力三个方面来培养学生的审美创造能力。

(一)采取多种途径，获得审美感受力

审美感受力的提高需要教师采取多种途径，激发学生的学习兴趣，使学生获得审美感受力。巧妙的导入能在一开始就激发学生的求知欲望，能引发学生学习的浓厚兴趣。教师在导入的过程中要找准切入点，根据学生的学情设计丰富多样的导入环节。在精心设计了导入后，教师也要引导学生去阅读更多的书，在阅读过程中，特别要关注审美方面的内容，同时还要兼顾阅读效率，在有效的基础上扩大学生的阅读量。面对一些长文本，教师可以借助思维导图。思维导图不仅能帮助学生快速整合信息以及回忆和复习知识，还可以帮助学生了解文本内容，梳理脉络，更好地提高学生的审美创造素养。

(二)领悟作品之美，提高审美鉴赏力

教师在课堂中可以采用课内学习与课外阅读相结合、作品内容和现实生活相结合两种方法帮助学生领悟作品之美，提高学生的审美鉴赏力。如教师在进行小说教学时，情节、人物形象、环境等都是可以对学生进行审美鉴赏的要素。教师要注重激发学生的想象，大胆解读和鉴赏文本，解读出文本中潜藏的审美价值，唤起学生良好的审美体验，使学生感受到审美愉悦，产生别样的感受，学会审美鉴赏，以此提高学生的审美鉴赏素养。

---

① 徐珺：《积极实施多样阅读，有效实现审美创造》，载《小学生作文辅导(语文园地)》，2022(6)。

(三)合理运用想象，培养审美创造力

想象力是心灵的一种能力，在阅读时要获得良好的审美体验，学生就要发挥丰富的想象力。想象可分为再造性想象和创造性想象，前者是以文本为基础，通过感知再现作品内容，后者指在进行美的创造时，读者对作品中出现的元素，如人物、环境等选择、调整并重新排列，创造出新的形象。想象在阅读教学过程中起着再现故事情节，丰富人物想象，创设典型环境，引导学生鉴赏作品之美，领会作品主题，读出新的意蕴，培养学生审美创造能力的作用。

推荐阅读

[1] 申宣成. 义务教育语文课程标准修订：背景、内容与实施[J]. 全球教育展望，2022(6).

[2] 荣维东，唐玖江.《义务教育语文课程标准(2022年版)》的主要变化、学理依据与实施策略[J]. 课程·教材·教法，2022(9).

[3] 王本华.《义务教育语文课程标准(2022年版)》：创新、发展与突破[J]. 语文建设，2022(10).

(赵梦迪撰写)

05 语文教材

一、概念界定

关于语文教材的内涵，不同的学者从不同的角度给语文教材做出了相关界定。首先，从课程层面来看，语文教材是语文课程的物质载体。其次，从教学层面看，它是语文教学的凭借，是学生学习语文、提高语文能力、提升语文素养的重要依据。从文化层面来看，它是民族文化的载体。关于语文教材外延的看法，语文教材分为广义和狭义两种，广义指用于语文教学、帮助学生学习语文、提高语文素养的一切材料。狭义就是指教科书。①

二、研究现状

1904 年清政府颁布《奏定学堂章程》，设立“中国文学”课程，此是语文单独设科之始。民国初年，南京临时政府教育部颁布《普通教育暂行办法》，对国文课程做了明确规定。当时影响较大的中学语文教材为许国英编《共和国教科书国文读本》(商务印书馆 1913 年版)，全套 4 册，皆为文言文，体现了每一时代的文学现象，具有厚重的历史感。② 此后，白话文进入教材，课程标准与教材大纲不断更新，语文教材体系逐渐完备。教材编写质量与学生受教育程度息息相关。因此，加强这方面的研究，对教材提出合理化建议，是现行教育改革着重关注的热点问题。众多学者集思广益，从实践以及理论角度出发，挖掘现行教材编排存在的问题，从而使学生更科学地获得知识与技能，确保学生进行良好的学习。近年来，人们基于对教育认识的深化，对语文教材各方面的研究呈现逐年递增的趋势。其中具体研究情况可以分为以下几个

---

① 曹子晴：《统编本高中语文教材范文系统的使用现状研究》，鞍山师范学院硕士论文，2021。

② 冯善亮：《20 世纪前期初中语文教材的演变》，载《语文建设》，2016(1)。

方面：第一，语文教材演变的研究。通过探究语文教材发展历程，总结经验教训，为语文教材建设提供借鉴。如民国时期小学国语教材通过课文的题材，表达了“教材中大力提倡的‘公民素质’与‘国家意识’的培养与铸造，则是‘民族’‘民权’‘民生’的具体体现”①。新中国首套中小学语文教材通过课文的题材反映中华人民共和国初期的大破大立，建设新中国的社会现实，及以农村革命为基本特征的中国革命性质。② 这反映出了教材的“话语力”以及价值观的更迭。第二，现行语文教材的合理使用研究。如王本华在统编高中语文教材的使用上提出以“专题”“研习”为抓手，用好选择性必修教材，打通必修和选择性必修之间的联系，力求在贯通两类国家课程的基础上体现出差异性，做好课程之间的衔接与互补。③ 第三，以教材的四大系统为基础实行教学策略的研究。当下对于基础教育方面的研究比较重视，诸多一线语文教师基于自己常年奋战一线的教学经验以及对教材的深入解读，对语文教材提出自己的见解。

三、实施策略

(一)教师加大解读教材力度，贯彻落实编写理念

教材始终是课堂教学的核心工具。温儒敏认为：“有什么样的教材，就会有什么样的国民。”因此语文教材不断进行改版创新，越来越有科学性和渗透性，将教育理念沉淀下来，更适用于一线教学需要。教师对教材的解读直接关乎学生对教材的接受程度与学习深度。各地市仍需根据当地实际情况，加大教材的“校本化”研究，赋予其文化特色。此外，为了发挥教学实践与教材使用之间相互监督、相互改善的作用，教师解读教材与课标的力度也应强化。教师要对教材抱有常读常新的理念，深入研究、合理安排教学设计，贯彻落实教材的编写理念，切实促进学生的发展。

(二)基于学情，读写并重，区分课型

一些语文教育工作者已经意识到，语文教育改革的重点在于引导学生增

① 苏新春、李娜：《民国时期基础教育语文教材语言研究》，105页，广州，广东教育出版社，2017。

② 苏新春、赵怿怡：《新中国首套中小学语文教材的题材研究》，载《语言政策与规划研究》，2020(1)。

③ 王本华：《以“研习”为主，打通统编高中语文必修与选择性必修教材——统编高中语文选择性必修教材介绍》，载《课程·教材·教法》，2021(11)。

加阅读体验，丰富文化知识储备。因此，教材中的单篇课文阅读教学与整本书阅读都体现了对学生阅读素养的更高要求。教材中“教读—自读—课外阅读”三位一体的阅读体系，促使学生学习新教材必须建立在阅读的基础上才能进行。① 教读课设计比较丰富，助读系统中单元导语、思考探究、积累拓展等各个部分均会帮助师生进行阅读探究、解读文本。自读课旨在放手让学生自主阅读，培养学生自学能力。因此教师可布置较为开放的作业，引导学生产生阅读兴趣与阅读偏向。现行教材对不同文体课文的教学，也有不同的提示参考。因此，教师首先要具备文体意识，在教学中向学生引入文体的概念，让学生能自我辨别文体，从而深刻理解文章。教师要充分利用教学机智，让学生喜欢上延伸阅读，领略阅读的乐趣，养成学语文、用语文的好习惯。

(三)重视语文核心素养，更新语文知识体系

语文教材坚持立德树人、守正创新、核心素养三大理念，语文学科核心素养以学生为本，寻求自主、合作、探究的语文学习之道。② 教材科学设置了人文主题与语文要素结合的双线组元结构以及三位一体的阅读体系，引导学生掌握方法、巩固知识、提升技能、内化情感。此外，教材中也创新设计了“一课一得”写作安排与实践导向的综合性学习，推动学生的全面发展。因此，教师应合理利用教材，建立科学的语文知识体系，始终围绕教材要求教学。语文学科具有独特的育人价值，教师要立足于核心素养的达成进行教材解读与教学。

(四)四大系统仍要重视

四大系统即范文系统、助读系统、知识系统和作业系统。作业系统贯穿整套教科书始终，从课前预习到课后练习，从课内到课外，从课文理解到语言积累再到课外拓展，多层次、多途径，兼顾知识和能力、过程和方法、情感态度和价值观三个维度，配合课文的精读，培养和建构学生综合的语文素养。助读系统的点拨提示有助于学生理解选文内容，提高自学能力。语文教材每个单元都有单元导语、学习提示、课下注释、单元学习任务，教师在备课时也应充分发挥助读系统辅助选文阅读的重要功效。

---

① 陈梦璇：《部编本初中语文教材研究现状及开发路径探索》，载《教学与管理》，2018(7)。

② 王本华：《依托统编语文教材建构学生语文素养》，载《课程·教材·教法》，2021(6)。

推荐阅读

[1] 傅维利，刘民. 文化变迁与教育发展[M]. 成都：四川教育出版社，1988.

[2] 顾黄初. 语文教材的编制与使用[M]. 南京：江苏教育出版社，1996.

[3] 朱绍禹. 中学语文教材概观[M]. 北京：人民教育出版社，1997.

[4] 卓晴君，李仲汉. 中小学教育史[M]. 海口：海南出版社，2002.

[5] [美]迈克尔·阿普尔. 官方知识：保守时代的民主教育[M]. 2 版. 曲囡囡，刘明堂，译. 上海：华东师范大学出版社，2004.

[6] [美]阿普尔. 教科书政治学[M]. 侯定凯，译. 上海：华东师范大学出版社，2005.

[7] 课程教材研究所. 新中国中小学教材建设史(1949—2000)研究丛书. 中学语文卷[M]. 北京：人民教育出版社，2010.

[8] 刘丽群. 教科书内容的选择与形成——知识准入课程中的国家介入[M]. 长沙：湖南师范大学出版社，2013.

[9] 顾明远. 中国教育大系：21 世纪初中国教育[M]. 武汉：湖北教育出版社，2015.

(胡璐璐撰写)

06 教材重构

一、概念界定

教材的重构在本质上是对教学内容的重构，是“教教材”还是“用教材教”的价值取舍问题。在《义务教育语文课程标准(2022 年版)》的背景下，“教教材”显然已经不能满足新课标中所提出的发展语文核心素养的要求，也不能落实用学习任务群的方式组织和呈现课程内容的要求。因此，教师只有深入研究教材，在对课程视野的整体观照下对教材进行重构，变“教教材”为“用教材教”，才能更有效地落实新课标的基本理念。所谓教材的重构，首先就是教师对教学内容的重构，是教师在深入研读课程标准、认真研读教材并较为充分地掌握学生的基本学情的前提下，以发展学生的语文核心素养，全面提升语文学习能力为目标，对语文教材的深度整合和学科知识的多元解构。

二、研究现状

王荣生在宏观层面提出教材重构的一些设想，较为抽象地对教材重构的维度进行分析。他提出：“语文教学内容是语文教学层面的概念，它同时面对两个问题：第一个问题是，针对具体情景中的一个班乃至一个组、一个学生，为了使学生更有效地达成既定的课程目标，‘实际上需要教什么’。第二个问题是，为了使具体情境中的这一班学生乃至这一组、这一个学生能更好地掌握既定的课程内容，‘实际上最好用什么去教’。语文教学内容既包括教师在教学中对现成教材内容的沿用，也包括教师对教材内容的重构——处理、加工、改编乃至增删、更换；既包括对课程内容的执行，也包括在课程实施中教师对课程内容的创生。”

温儒敏认为现有的教学不注重教学的“梯度”，违背语文学习的规律。他首先从教材编纂的角度对现有教材进行了理性的批判，认为现有教材的这种主题单元结构的编写体例虽然凸显了“人文性”，但是却很少考虑难度系数和教学适用度，很难体现语文教学由浅入深、循序渐进的规律，这导致了教材和教学体例的混乱。其次，更深层次的原因在于教学的“急躁症”。因此他认为语文教学要注重“梯度”设置。这实际上就是在某种程度上要求教师要结合学生的认知发展水平，对教材的内容进行优化再设计，对教材内容的序列、教学内容的序列进行优化重构，以落实新课标的相关精神。

三、实施策略

语文教材的重构，既要注重教材内部各篇目、各部分、各单元的关系，也要把握好教材本身和教材之外的联系，力求让教材“活化”，因此可以尝试把握一个原则，探索三个模式。

(一)把握好适时适度的原则

语文学习离不开篇章学习，但是语文学习不能局限在教材内的篇章，要对教材文本进行适当的超越。超越文本不能过度扩张，也不能太过局限，要在适当时机，对文本进行补白。教材是由一篇篇文章组成的，但每篇文章都是作者的主观创作，时、地、人、心不一样的时候会产生不同的创作心境，因此要对文本进行纵横补充，对作家、作品进行全方位感知。另外，当文本所倡导的价值理念与生活情境的联系较为密切时，也要适当扩充文本。学生对多种文本进行量化感知的过程，就是将文本与自身生活实践增进联系的过程。只有让学生进行大量的阅读分析，获得文本所呈现的世界经验，才能够真切地将语文与学生的现实生活相联系。在这个信息泛滥的时代，不论是对于一个文本的深入理解，还是对其他文本的链接和扩充，都要在浩瀚无际的书海中寻求，因此对教材内容和拓展内容的取舍都要把握一个“合理”的原则。

(二)探索整合、拓展、活化三个模式

整合指按照一定的标准对教材内容进行合理的调序、增删、牵连。语文教材的内容虽然把握了文质兼美的原则，但是在教学实际中，不一定每一篇都适合当下的语境，而每篇的情与理或许又与其他文本有这样或那样的联系，因此要对教材文本进行适当的调整，对教学内容进行整体性的规划。拓展指依据教学实际对教学内容进行合理拓展，既能弥补教材内容的褊狭，也能拓宽学生的认知视野。如对相关学习资料的拓展、对选篇原文的拓展、对主题相近或相反的文章的拓展等。活化指将教材与丰富的教学活动、复杂的社会生

活相联系，赋予学生社会角色，在做中学，最终实现发展语文核心素养的目标。

推荐阅读

[1] 苏畅．语文教学与教材重构[J]．语文教学与研究(教师版)，2005(25)．

[2] 王荣生，等．语文教学内容重构[M]．上海：上海教育出版社，2007．

[3] 陈忠刘．语文教材重构模式初探[J]．语文教学通讯，2010(34)．

[4] 温儒敏．语文教学中常见的五种偏向[J]．课程・教材・教法，2011(1)．

[5] 赵高峰．教材重构的角度与梯度——以《中国古代诗歌散文欣赏》“诗歌之部”为例[J]．语文教学通讯・高中，2014(1)．

[6] 张春红．巧用教材，重构序列，提升素养——基于“1＋X”阅读的九年级写作教学改进[J]．语文教学通讯・初中，2021(5)．

(张宝东撰写)

07 素养型课程目标体系

一、概念界定

素养型课程目标体系即“基于学科核心素养的语文课程目标新体系”。2022年版的课标构建了素养型的语文课程目标，这一版课标的总目标一共有9条，覆盖了五个方面。其中第一条目标是关于立德树人的相关要求，后边的目标分别是文化自信、语言运用、思维能力和审美创造的相关要求，这样从总目标构建了素养型语文课程目标的基本特征。①

二、研究现状

目前各类报刊、杂志、网页上对语文课程目标的讨论与探索主要集中在以下几个方面：一是语文课程、教学目标和课堂教学目标的关系研究；二是语文课程目标性质的研究；三是语文课程目标的教学设计表述研究。这些研究中并没有关于“素养型课程目标体系”的内容，由此可知，目前学界对于这方面的研究还处于雏形阶段，相关研究成果较少。除了上述几个方面的研究外，还有一部分研究是对其内涵或者相关内容的研究。这部分研究多是对于素养型课程目标的四个素养构成进行了表述和分析，缺乏深入的研究内容。

三、实施策略

(一)精准定位教学目标

教学目标是教育者在开展教育教学活动的过程中，师生预期达到的结果

① 中华人民共和国教育部：《义务教育语文课程标准(2022年版)》，6～7页，北京，北京师范大学出版社，2022。

和标准，“它支配、调节、指引着整个教学过程，是一切教学活动的出发点和归宿”①。在教学活动开展之前，教师对于教学内容的选择，必须要以学生的认知特点和学习需求为起点，找准每一节课的课程目标，确保学生语文核心素养发展的全面性、和谐性。教师可以从钻研教材、研究学生、选择合适的教学内容等多个方面来确定课程目标，确保每一节课学生的核心素养都能得到发展和提升。

（二）尊重学生主体地位

新一轮的课程改革非常重视学生的主体地位，指出学生是学习的主体，教师则扮演引导者的角色。教师在落实语文“文化自信、语言运用、思维能力及审美创造”四个语文核心素养时，必须将学生放在课堂的主体地位上进行教学活动的安排和开展。只有将课堂真正地还给学生才能激发学生的学习兴趣，使学生具有主人翁的意识，在学习活动中自觉地参与其中，关注学习的内容并能够主动地检验自己的学习成果，以此促进自身语文素养的全面发展。

（三）优化教学评价手段

教学评价是对教学过程中教师的教、学生的学及师生之间相互作用所产生的教学效果等的价值判断过程，其通过综合评估教学效果为师生提供具有全面性的评价反馈信息，以促进教学系统要素之间协同和优化组合。因此教学评价是整个教学过程中的重要且不可缺少的部分。教师在落实素养型课程目标时一定要发挥评价的反馈、调节以及激励等功能，树立“教学评”一体化的观念，用评价激发学生的学习动机，对学生的学习起到鼓舞作用，为学生持续不断地学习和完成课程目标提供充足的动力。

推荐阅读

[1] 中华人民共和国教育部．义务教育语文课程标准(2022 年版)[S]．北京：北京师范大学出版社，2022.

[2] 薛晓嫘．语文课程与教学论[M]．重庆：重庆大学出版社，2011.

[3] 雒进才．当代语文课程价值取向导向下的课程目标结构体系及要素[J]．高教学刊，2015(3).

[4] 张玉洁．由“三维目标”到“核心素养”的沿革探究语文教学目标的发展[D]．华中师范大学，2017.

（余佩撰写）

① 薛晓嫘：《语文课程与教学论》，43 页，重庆，重庆大学出版社，2011。

08 核心素养

一、概念界定

核心素养是继“双基”“三维目标”后提出的又一轮课程改革的重要理论之一，是为了应对21世纪信息时代的到来、为了更好地回应教育应该培养什么样的人这一根本问题，继而提出的重大举措。核心素养是指学生应具备的适应终身发展和社会发展需要的必备品格和关键能力，突出强调个人修养、社会关爱、家国情怀，更加注重自主发展、合作参与、创新实践。①

义务教育阶段的语文核心素养主要包括文化自信、语言运用、思维能力和审美创造，是学生在积极的语文实践活动中积累、建构并在真实的语言运用情境中表现出来的。② 义务教育阶段的核心素养和高中阶段的一个很大不同是更加强调文化自信。在文化自信方面，主要包括感受与热爱、继承与弘扬、关注与参与、了解与借鉴。

二、研究现状

语文学科的核心素养并不是一个本土化的概念，主要是依据核心素养的研究而得到进一步的发展。随着新一轮课程改革的兴起，语文核心素养逐渐成为我国语文教育的热点话题。对语文核心素养的研究主要包括理论研究和实践研究两个方面。

(一)理论研究

1. 语文核心素养内涵研究

王宁认为，语文学科的核心素养本质上是语言的建构与运用，学生在语

---

① 林崇德：《中国学生核心素养研究》，载《心理与行为研究》，2017(2)。

② 中华人民共和国教育部：《义务教育语文课程标准(2022年版)》，4页，北京，北京师范大学出版社，2022。

言运用的过程中实现思维的发展和价值观的完善。[1] 倪文锦认为，语文核心素养是一种可以在学习中得到提高的能力，学生在学习过程中逐步实现自我发展。贡如云等也相继提出，语文核心素养是联系学生学习过程和自我品格的能力，在此基础上强调学习情境的构建和学习活动的运用。[2] 顾之川认为语文核心素养应包含四个方面，具体表现为知识和能力的双重结合。[3]

2. 语文核心素养特征研究

对于语文核心素养特征的研究包含很多方面，这些研究大多围绕语文学科的特点进行。郑新丽认为，语文核心素养的特征主要有阶段性与持续性、共同性与终身性。[4] 黄晓琴提出了语文核心素养具有情境性的特征。刘美麟认为语文核心素养的特征大致有综合性、基础性和发展性，这一点和赵莹莹提出的综合性和实践性的特征比较相似。

(二)实践研究

1. 基于核心素养的教学策略研究

王云峰认为，语文核心素养的培育需要注重学习情境的创设，在学习情境中开展相对应的实践活动，从而提升学生的认知能力。[5] 孙双金提出了发展学生语文核心素养的“四重”策略：一是重阅读；二是重积累；三是重思考；四是重表达。[6] 许红琴认为，语文学科核心素养的培养需要聚焦语文性知识，坚守语文课程的内核。[7] 郑桂华认为，语文学科核心素养的培育需回归到学生的言语实践活动。[8] 李倩、谭霞等从语文学科核心素养的测评框架入手分析核心素养在中学的实施情况。[9]

---

① 王宁：《语文核心素养与语文课程的特质》，载《中学语文教学》，2016(11)。

② 贡如云、冯为民：《高中语文核心素养的实质内涵及培育路径》，载《教育理论与实践》，2017(5)。

③ 顾之川：《论语文学科核心素养》，载《中学语文教学》，2016(3)。

④ 郑新丽：《语文核心素养的内涵、特征及培养策略》，载《教学与管理》，2017(8)。

⑤ 王云峰：《试析语文学科核心素养》，载《语文建设》，2018(4)。

⑥ 孙双金：《试谈语文核心素养及其培养》，载《七彩语文(教师论坛)》，2016(5)。

⑦ 许红琴：《聚焦·延展·转变——例谈提升学生语文核心素养的策略》，载《中小学教师培训》，2016(12)。

⑧ 郑桂华：《从我国语文课程的百年演进逻辑看语文核心素养的价值期待》，载《全球教育展望》，2018(9)。

⑨ 李倩、谭霞、吴欣歆等：《教育评价变革背景下语文学科核心素养测评框架研究》，载《课程·教材·教法》，2021(2)。

2. 基于核心素养的教学内容研究

倪文锦认为语文核心素养的落实可以借助群文阅读①；吴欣歆主要从整本书阅读的角度进行研究；王本华则侧重阅读教学体系的建构。白忠明、潘忠主要是从审美教育的角度出发落实学生发展核心素养。许红琴认为语文核心素养的实现需要聚焦语文学科的内核，把握学科边际，注重本体性教学内容和学生的日常积累与运用。

3. 基于核心素养的教学课程研究

窦桂梅、胡兰从课程构建的角度出发，提出要基于学生核心素养实施1＋X课程。1＋X课程既强调国家基础性课程，又发展符合学情的特色化课程。② 刘义民认为要落实学科核心素养，必须转变课程体系，建构课程教学改革机制。邵朝友等认为需要吸取国外经验，关注课程标准的编排方式。③李煜晖和李倩认为语文课程设计的方向应注重整合和任务，加强专题和探究学习。④

综上所述，对于语文课程核心素养的研究集中在理论和实践层面，在理论层面主要是对其内涵和特征进行研究，由此也可以看出目前课程标准虽然对核心素养做了具体的规定，但很多学者也有不同见解。在实践层面主要是对教学策略、教学内容和课程构建三个方面进行探讨，为核心素养的进一步落实指明了方向，但对于在课程与教学中精准落实核心素养，跟进国际经验并对西方外来教育理论进行本土化实施，我国语文课程还有很长的路要走，这也是亟待突破的重点与难点。

三、实施策略

如何具体落实语文核心素养是一个比较宏大且重要的问题，这个问题的解决需要联系社会各个方面，形成合力。

(一)基于核心素养，改善教材编写结构

课程改革的进一步推进和落实需要借助教材，教材是课程内容的重要载

① 倪文锦：《语文核心素养视野中的群文阅读》，载《课程·教材·教法》，2017(6)。

② 窦桂梅、胡兰：《基于学生核心素养发展的“1＋X课程”建构与实施》，载《课程·教材·教法》，2015(1)。

③ 邵朝友、周文叶、崔允漷：《基于核心素养的课程标准研制：国际经验与启示》，载《全球教育展望》，2015(8)。

④ 李煜晖、李倩：《基于核心素养的高中语文课程设计与实施》，载《中国教育学刊》，2019(3)。

体。在教材编写过程中作者应有意识地融入学科核心素养，在教材的选文、思考拓展题的设置、综合实践活动的开发上坚定文化自信，坚守立德树人，教材中可以增加综合实践活动板块，提高学生的实践能力，培养学生的社会关怀意识，进而培育学生的核心素养，实现学生的全面发展。

(二)基于核心素养，改善教师教学方式

在语文课堂中，教师是落实核心素养的主要力量。教师应灵活采用多样的教学方式，注重自身的学习研修，紧跟课程改革的时代潮流。此外，教师要注重和其他教师的交流合作，加强合作意识，可以采用成立教师备课组，名师工作坊等形式促进教师的合作。最重要的是，教师应该紧密结合课程标准、具体学情和教学设计，真正实现以素养为导向的语文教学。

(三)基于核心素养，改进评价方式

核心素养的提出势必影响教、学和评，除教和学外，改革评价方式是推进核心素养的又一重要举措。评价方式应紧跟学业质量标准，联系课程标准和语文课程内容。基于核心素养的考试评价改革给命题考试带来了机遇，也带来了重大挑战。传统单一的“唯分数论”的评价方式急需转换成“教—学—评”一体化的评价方式。这就要求教师要科学选择评价方式，合理使用评价工具，注重鼓励学生，激发其学习积极性。此外，考试命题应更加贴近学生的实际生活，注重培养学生的实践能力和探究能力。

(四)基于核心素养，采用现代教学手段

随着信息时代的到来，科技高速发展，这给教育领域带来巨大的机遇与挑战。教育领域要享受信息时代带来的教育“红利”，更要反哺社会，为社会培养一批高素质人才。学校和教师应该抓住数字教育的机遇，关注互联网的发展，积极利用网络资源拓展学习空间。教师应提高自身的信息技术能力，开设一批高质量、高水准的网课，运用现代教学手段提升教育质量。教师在运用网络平台时，要注意学生的个性化，充分发挥教学优势。此外，教师应基于核心素养，充分发挥大数据优势，实现语文和生活的深度融合，从而进一步提高学生的合作探究和表达交流的能力，实现核心素养的全面发展。

推荐阅读 >>>>>>>>

[1] 王宁. 语文核心素养与语文课程的特质[J]. 中学语文教学，2016(11).

[2] 吴欣歆. 阅读整本书，整体提升语文学科核心素养[J]. 中学语文教学，2017(1).

[3] 倪文锦．语文核心素养视野中的群文阅读[J]．课程·教材·教法，2017(6)．

[4] 王本华．构建以核心素养为基础的阅读教学体系——谈统编语文教材的阅读教学理念和设计思路[J]．课程·教材·教法，2017(10)．

（陈欢撰写）

09 实用性阅读与交流

一、概念界定

2003 年，《普通高中语文课程标准(实验)》指出："能阅读理论类、实用类、文学类等多种文本。根据不同阅读目的，针对不同阅读材料，能灵活运用精读、略读等阅读方法，提高阅读效率。"① 此次颁布的语文课标中，首次对实用类文本的阅读教学提出具体要求。2018 年，《普通高中语文课程标准(2017 年版)》提出"实用性阅读与交流"这一概念，指出："本任务群旨在引导学生学习当代社会生活中的实用性语文，包括实用性文本的独立阅读与理解，日常社会生活需要的口头与书面的表达交流。"② 实用类阅读是指对实用性文本的阅读，实用性文本广泛运用于我们的生活中。在语文教材选入的文体中，除诗歌、散文、小说、戏剧之外未明确界定的文体，都属于实用文范畴。相较于生动明确的文学类文本，实用类文本不易激发学生的学习兴趣，因此，"实用性阅读与交流"学习任务群的提出，将实用类文本与文学类文本置于平等地位，强调实用类文本在语文学习中的重要性。

二、研究现状

学界对实用类文本的研究自 20 世纪初已经开始。谢无量在《实用文章义法》中以文学类文本为参照，最早提出了"实用文章"这个概念。③ 语文教育界直至 2003 年修订高中语文课程标准之后，开始关注实用类文本的教学，2017

① 中华人民共和国教育部：《普通高中语文课程标准(实验)》，4 页，北京，人民教育出版社，2003。

② 中华人民共和国教育部：《普通高中语文课程标准(2017 年版)》，20 页，北京，人民教育出版社，2018。

③ 谢无量：《谢无量文集・第八卷》，4～7 页，北京，中国人民大学出版社，2011。

年修订的课标提出“实用性阅读与交流”学习任务群，并将其列为七个必修任务群之一，学界对该任务群的研究日益月滋。

学者们从该任务群本身及其教学研究两方面进行解读。根据课标规定，该任务群“引导学生学习当代社会生活中的实用性语文，包括实用性文本的阅读与理解，日常社会生活需要的口头与书面的表达交流”①。褚树荣认为“实用性阅读与交流”要考虑两个维度：一是文体维度，即阅读的对象和表达的结果；二是思维维度，即实用性思维主导学习。并总结得出“实用性阅读与交流”指向生活实用，只求实用性和普适性的观点。②

教学研究多以教学策略、教学方法、教学设计为切入点。李卉提出了“读说写结合、感悟大时代主题、立足实践”三条教学策略。③ 徐桦君、洪方煜提出了“依据文本文体特征确定教学内容，选择适宜的教学方法，以顺利达成教学目标”的观点，并以自荐信、新闻作品《红日》、活动策划类内容为例提出相应的教学方法。④

相较于文学类文本，实用类文本的研究篇幅不多，且对于“实用性阅读与交流”学习任务群的研究较松散，未成体系，与具体教材篇目结合深度不够，因而，实用性阅读与交流还有很大研究空间。

三、理论基础

(一)建构主义学习理论

建构主义认为，学习是学生在社会互动中，自己主动地、积极地建构起认知体系的过程。学生在学习之前，已经具备一定的知识经验，教学是引导学生从已有经验出发，在合作互动的过程中，建构出新的经验。“实用性阅读与交流”任务群教学，应以学生为主体，创设贴近学生生活的实用语文学习情境。

(二)最近发展区

“最近发展区”是维果茨基提出的概念。他认为，学生具有两种学习水平，一种是现有的独立学习后能达到的水平，另一种是在别人的指导和帮助下可

---

① 中华人民共和国教育部：《普通高中语文课程标准（2017 年版 2020 年修订）》，20 页，北京，人民教育出版社，2020。

② 褚树荣：《经世致用：“实用性阅读与交流”任务群解读》，载《语文学习》，2018(9)。

③ 李卉：《高中语文“实用性阅读与交流”学习任务群的教学策略》，载《中学教学参考》，2020(12)。

④ 徐桦君、洪方煜：《加强“实用性阅读与交流”教学的思考》，载《教学月刊：中学版（语文教学）》，2017(7)。

能达到的学习水平。他用“最近发展区”来表示这两种水平之间的差距。教师要明确学生的最近发展区，并依据这个差距，设置难度适宜的学习任务，搭建恰当的学习支架。

四、实施策略

（一）回归生活，变“不实用”为“实用”

以往的文学类文本教学囿于书本，在生活中对学生的影响不明显，阻碍学生将所学知识与实际生活相结合。在语文课程的学习中，学生是否亲历、体验和参与，是实用性文本所强调的。一方面，学生阅读有关家庭、学校或其他常见的社会场所的文章，学会分析实用性文本的内容和表达策略，并迁移到自己的生活语境中；另一方面，学生聆听故事、观察自然、感受生活，或交流信息，或鼓动宣传，或沟通情感，或普及科学知识，运用语言文字参与生活、服务社会，有助于将实用性学习目标真正落到实处。

（二）突出实用性交流

学生怎样进行实用性交流，是在学习阅读实用性文本后应该考虑的。高中课程目标中“学会倾听与表达，初步学会用口头语言文明地进行人际沟通和社会交往”（口头语言的实用性交流）、“用书面语言具体明确、文从字顺地表达自己的见闻、体验和想法”（书面语言的实用性交流），都与实用性交流相关。

在教学过程中，教师应该多给学生实践的机会，运用整合教学法，帮助学生了解实用类文本的特性，并设置情境引导学生学会运用，练习所学的语言表达技巧，优化学生表达能力。例如在进行演讲稿类文本教学时，教师要向学生详细分析该文本特征，并引导学生尝试写作演讲稿，并在课堂上模拟演讲情境，使学生灵活掌握演讲稿类文本的写作。

推荐阅读

[1] 曾祥芹. 曾祥芹文选（上卷）——实用文章学研究[M]. 北京：高等教育出版社，2010.

[2] 王荣生. 实用文教学教什么[M]. 上海：华东师范大学出版社，2014.

[3] 褚树荣. 经世致用："实用性阅读与交流"任务群解读[J]. 语文学习，2018(9).

（张菁菁撰写）

10 中国革命传统作品研习

一、概念界定

“中国革命传统作品研习”是《普通高中语文课程标准(2017 年版 2020 年修订)》中规定的第九个学习任务群。广义的革命传统文化是在世界范围内的社会历史进程中，人民追求民族解放、自由、富强而形成的物质文化、精神文化和制度文化。狭义的革命传统文化则专指“中国共产党在领导中国人民实现民族的解放与自由以及建设社会主义现代中国的历史实践过程中凝结而成的观念意识形式”①。本任务群中的“革命传统文化”指狭义的革命传统文化，是中国几经战乱中“革命文化”下的产物，主要与近代以来的革命相关。

褚树荣对中国革命传统作品的理解是“作为语文课程，它的内容应该站在人民的立场上，放眼中国近现代史和当代史，凡为中国人民争自由、谋幸福的事业，都是革命行动。表现它的文本，都属于‘中国革命传统作品’”②。结合学者们的研究及课标提出的学习内容，中国革命传统作品内容上包括 20 世纪二三十年代的无产阶级革命文学，40 年代以抗日、救亡为主题的革命作品尤其是解放区文学，以及新中国成立后中国人民在党的领导下进行社会主义改革、建设过程中所创作的一系列经典作品。③

二、研究现状

现阶段对“中华传统文化经典研习”学习任务群的研究成果，多数关注教材编写、教学策略、教学实施几方面。关于教材编写，王帅在《革命传统在语

① 共青团上海市委员会编：《文化创新与当代青年 2012 上海青年发展报告》，22 页，上海，上海人民出版社，2013。

② 褚树荣：《以语文的姿态：中国革命传统作品任务群学习体会》，载《语文学习》，2018(11)。

③ 陈琦伶：《“中国革命传统作品研习”任务群的教学探究》，陕西师范大学硕士论文，2020。

文教材话语中》梳理了语文教材史上革命传统课文的嬗变，认为语文教材要明确革命传统教育的工具性和人文性、必要性和重要性、限定性和时代性，并与学生兴趣情感相结合。① 关于该任务群的实施策略，张全民在《行读南京：中国革命传统研学之旅》结合具体案例提出实践活动设计的理论依据与具体内容。② 具体到教学实施上，钱冰山的《让革命传统文化的基因代代相传》设计专题，提出了结合广泛阅读、深入阅读等的指导意见。③

王云峰等结合具体教学案例，在《谈中国革命传统作品学习任务群的教学》中提到开展此项任务群要设计专题研究性的学习活动。其中，作者结合北京二中的相关教学案例，展现通过语言实践活动中提高学生语文核心素养的操作路径。④

三、理论基础

（一）建构主义学习理论

学生在学习之前，已经具备一定的知识经验，教学是引导学生从已有经验出发，在合作互动的过程中，建构出新的经验。“中国革命传统作品研习”任务群教学，教师应引导学生亲历感受，切合学生的身心发展水平，创设贴近学生生活的语文学习情境。

（二）最近发展区

最近发展区是维果茨基提出的概念。教师要明确学生的最近发展区，并依据学生实际学习和接受情况，搭建合理的学习情境，循序渐进地提升学生的感知和学习能力。

四、实施策略

（一）专题教学

中国革命传统作品数目庞杂，课本涉及的篇目关联性较弱。教师将学生

① 王帅：《革命传统在语文教材话语中》，载《语文建设》，2005(7)。

② 张全民：《行读南京：中国革命传统研学之旅》，载《语文学习》，2018(11)。

③ 钱冰山：《让革命传统文化的基因代代相传——关于“中国革命传统作品研习”任务群的几点思考》，载《中学语文教学》，2018(8)。

④ 王云峰、范锦荣、王锡婷、成颖：《谈中国革命传统作品学习任务群的教学》，载《中学语文教学》，2018(8)。

难以理解的篇目材料按照事件、作者进行划分，对某类专题进行教学，明确学习方向，将单篇内容整合为专题，提高学生学习效率，例如对毛泽东诗词进行专题教学时，可带领学生品读代表性诗词，体悟作品中宏大豪壮的意境，达到深入研习的效果。

（二）任务驱动教学

回归语文课程核心素养的要求，该任务群旨在培养学生的感悟能力，铭记历史，体会作品中传递出的精神，传承革命文化经典。在语文课堂上引导学生从文化视角理解文本，对丰富学生文化视野、拓展阅读能力起着重要作用。任务驱动侧重于学生主动参与，在此过程中感受文化经典的魅力。教师依托助读系统对教学目标做具体表述，引导学生有目的地学习，提升思维品质。

推荐阅读 >>>>>>>>

[1] 王帅．革命传统在语文教材话语中[J]．语文建设，2005(7)．

[2] 褚树荣．以语文的姿态：中国革命传统作品任务群学习体会[J]．语文学习，2018(11)．

[3] 张全民．行读南京：中国革命传统研学之旅[J]．语文学习，2018(11)．

[4] 钱冰山．让革命传统文化的基因代代相传——关于“中国革命传统作品研习”任务群的几点思考[J]．中学语文教学，2018(8)．

[5] 陈琦伶．“中国革命传统作品研习”任务群的教学探究[D]．陕西师范大学，2020．

（张菁菁撰写）

11 中国现当代作家作品研习

一、概念界定

“中国现当代作家作品研习”是《普通高中语文课程标准(2017 年版 2020 年修订)》中规定的第十个学习任务群。依据钱理群、温儒敏、吴福辉等学者在《中国现代文学三十年》一书中的划分，中国现代文学是指“以 1917 年 1 月《新青年》发表胡适的《文学改良刍议》为开端，而止于 1949 年 7 月第一次全国文学艺术工作者代表大会的召开。它是用现代文学语言与文学形式，表达现代中国人的思想、感情、心理的文学”①。

1949 年 7 月第一次全国文学艺术工作者代表大会的召开，标志着中国现当代文学进入中国当代文学阶段。1949 年后至“文化大革命”之前的十七年文学时期，文学创作和政治生活、社会运动紧密联系，歌颂社会主义和塑造无产阶级英雄成为文学创作的重要内容，这一时期的文学作品以政治抒情诗、农村小说、革命历史小说为代表。“文化大革命”结束后，迎来改革开放，进入思想解放的 80 年代文学时期。80 年代初期小说以伤痕小说、反思小说和改革小说为主，后期以寻根小说、乡土小说、先锋小说和新写实小说为主；80 年代诗歌主要是“归来者”和“朦胧派”的诗歌。八十年代还涌现出大量的女作家，创作出不同凡响的作品。90 年代文学时期，文学样式上出现了“长篇小说热”，内容上日益突出都市生活、市民趣味。②

二、研究现状

现阶段对“中国现当代作家作品研习”学习任务群的研究成果，多数关注

① 钱理群、温儒敏、吴福辉：《中国现代文学三十年(修订本)》，1 页，北京，北京大学出版社，1998。

② 洪子诚：《中国当代文学史》，388～392 页，北京，北京大学出版社，2003。

教学策略、教学实施两方面。关于该任务群的实施策略，汪政认为要确立“中国现当代文学”的概念，在中国现当代文学史的框架和背景下进行研习，而不是单纯的、孤立的文本学习，要建立起课文与作家、与时代、与文体、与文学史等方面的有机联系。唐晨彰指出高中生应该更多地关注现当代文学中的经典作品，并且怀揣着一颗“纯粹”的心去阅读，不要带有目的性，而是以兴趣为导师，尝试与作者进行一次心灵的对话，还谈到学生在写作读后感时，要更加关注作者的情感、时代背景以及写作意图等。

褚树荣比较了“中国现当代作家作品研习”和“中国现当代作家作品专题研讨”两个学习任务群，并提出在进行这两个任务群的教学时要注意三点：一是注意专题阅读下的群文阅读和单篇精读相结合，二是要注意策划在内容和形式上都具有吸引力的活动，三是把握好中国现当代文学作品中的当代价值。[①]胡昌烈尝试对现当代文学作品教学的困境做出分析，认为原因有三点：第一，受应试教育的影响，教学具有功利性；第二，自上而下的阅读教学模式不利于激起学生主动阅读的欲望；第三，忽视课外的阅读，导致学生的阅读视野狭窄。[②]

三、理论基础

(一)建构主义学习理论

建构主义认为，学习是学生在社会互动中，自己主动地、积极地建构起认知体系的过程。学生在学习之前，已经具备一定的知识经验，教学是引导学生从已有经验出发，在合作互动的过程中，建构出新的经验。“中国现当代作家作品研习”任务群教学，应引导学生多角度感悟，切合学生的身心发展水平，创设贴近学生生活的语文学习情境。

(二)最近发展区

最近发展区是维果茨基提出的概念。他认为，学生具有两种学习水平，一种是现有的独立学习后能达到的水平，另一种是在别人的指导和帮助下可能达到的学习水平。教师要明确学生的最近发展区，并依据学生实际学习和接受情况，搭建合理的学习情境，循序渐进地提升学生的感知和学习能力。

① 褚树荣：《奉文学之名：中国现当代作家作品学习》，载《语文学习》，2018(12)。
② 胡昌烈：《浅析现当代文学作品阅读教学》，载《中学语文》，2017(15)。

四、实施策略

(一)专题教学

中国现当代作家作品数目繁多，年代跨度大，课本中编排的规律性较弱。将学生难以理解的篇目材料按照年代、作者、事件进行划分，对某一专题进行教学，明确学习方向，将单篇内容整合为专题，提高学生学习效率，例如对鲁迅作品进行专题教学时，可带领学生进行群文阅读，体悟作者暗传的深意，将作品放置在时代大背景下理解品读，达到深入研习的效果。

(二)任务驱动教学

回归语文课程核心素养的要求，该任务群旨在培养学生的感悟能力，学习体悟现当代文学经典。在语文课堂上引导学生从作品视角理解文本，对于学生理解作品，起着重要作用，任务驱动侧重学生主动参与，在此过程中感受文化经典的魅力。教师依托助读系统对教学目标做具体表述，引导学生有目的地学习，提升思维品质。

推荐阅读

[1] 钱理群，温儒敏，吴福辉. 中国现代文学三十年(修订本)[M]. 北京：北京大学出版社，1998.

[2] 洪子诚. 中国当代文学史[M]. 北京：北京大学出版社，2003.

[3] 胡昌烈. 浅析现当代文学作品阅读教学[J]. 中学语文，2017(15).

[4] 张全民. 行读南京：中国革命传统研学之旅[J]. 语文学习，2018(11).

[5] 褚树荣. 奉文学之名：中国现当代作家作品学习[J]. 语文学习，2018(12).

(张菁菁撰写)

12 语言积累、梳理与探究

一、概念界定

在对语言积累、梳理与探究的概念进行定义时，要注意三个关键词：积累、梳理、探究。语言积累主要是积累丰富的语言资料和口语活动经验，从而培养出良好的语感；语言梳理指的是在已有的语言资料之间建立起一种有机的联系，能够根据语感和语言应用整理出语言的规律；语言探究要在探究过程中，对母语文字使用的基本规则有一个清晰的认识，并且要把所积累的语言素材和所学到的语言知识进行系统化，把口语活动的经验逐步转变成具体的学习方式和策略，让学生能够有意识地把它们应用到语言实践中去。

语言的积累、梳理与探究三者相辅相成，而这一学习任务群就是提升学生“语言建构与运用”这一核心素养的重要内容，目的在于让学生对语言文字的运用规律进行探索，体会语言文字的独特魅力，从而加强对自己国家语言文字的热爱。“语言积累、梳理与探究”是十八个学习任务群中的一个，它贯穿了必修和选择性必修两个阶段，是语文教学中的核心内容，在语文教学中有着举足轻重的作用。

二、研究现状

当前对“语言积累、梳理与探究”任务群的研究主要集中在以下几个方面：

一是对“语言积累、梳理与探究”任务群设置的价值与定位研究。王宁教授认为这一任务群“与语文课程的性质紧密相连，又直接体现了语文学科核心素养的第一项”，因而它应该处于所有学习任务群的中心枢纽地位。蔡可教授则认为，该专题组“应该与其他专题组相结合”。

二是对“语言积累、梳理与探究”任务群在教科书中的编排研究。如《“语言积累、梳理与探究”在教科书中的编排及教学建议》一文中，作者强调这一任务群在教科书中的编排体现出“结构化”特点，强调在进行设计时充分考虑了从积累到建构、从语感到语理、从零散到结构三个方面的关系。

三是对“语言积累、梳理与探究”任务群的实施路径研究。如《“语言积累、梳理与探究”学习任务群活动设计原则及方法初探》一文提出，设计该任务群时要遵循课内与课外互补原则、理论与实践结合原则、集中与穿插配合的原则等，并强调运用分类摘记法、符号标记法、思维导图法、语境分析法、撰写笔记法、课题研讨法等进行该任务群的学习。

四是对“语言积累、梳理与探究”任务群的案例设计与分析，如《“语言积累、梳理与探究”任务群案例：借助部首追溯本义》一文指出，借助部首追溯本义的案例设计充分实现了教师从现象入手引导学生借助知识跨越障碍，实现古今沟通，是一个非常好的尝试案例。

三、实施策略

(一)创设学习情境，捕捉学生敏感点

教师根据学情，创设合理、真实的学习情境，贴近学生生活，捕捉到学生的敏感点，会让学生乐在其中、积极参与，获得良好的教学效果。

如中原名师韩秀清《魅力的汉语》教学设计，其中任务情境如下：“汉语热”逐渐兴起，很多外国人开始学习汉语。美国小伙子皮特便是其中一员，他现在已经能够用汉语进行基本交流了，但仍有许多细节不够清楚，这会导致他在交流中发生哪些趣事呢？以此为前提，教师播放几个外国人学习汉语的短视频，让学生说说从中发现了汉语的哪些特点。

(二)优化学习方法，合理选择运用

在任务群的实施过程中，将听、说、读、写的训练贯穿其中，每个任务选择与之相对应的训练，从而实现学生的综合能力的提高。如对语法规则的学习，教师不能要求学生硬背，可以通过具体语境及课本所学的句子的积累，循序渐进地梳理总结出对应的语法规则，并通过多种方法进行验证。

(三)整合学习资源，高效全面学习

语言文字知识庞杂琐碎，学生在学习过程中易产生畏难情绪，因此教师需要通过互联网、多媒体、课外书籍等进行教学资源的整合，拉近学生与知识的距离。

如学习总结古诗词的意象时，教师可以为学生搜集关于意象的论述片段，

让学生对意象的概念有更全面、深刻的理解，同时梳理诗词中的常见意象进行全面高效的学习。

推荐阅读

[1] 王丹霞，朱俊阳. “语言积累、梳理与探究”任务群课标设计详解[J]. 语文建设，2019(17).

[2] 张悦. “语言积累、梳理与探究”任务群案例：借助部首追溯本义[J]. 语文建设，2019(17).

[3] 张安群. “语言积累、梳理与探究”学习任务群活动设计原则及方式初探[J]. 语文教学通讯，2021(1).

(石申杰撰写)

13 文学阅读与写作

一、概念界定

文学阅读与写作涵盖了语文学习的两大内容：阅读与写作。文学阅读是为了了解文学知识、掌握阅读方法。学生阅读经典著作，理解其中的内容要义，进行鉴赏品悟、评价研究。文学写作指学生以阅读为基础，从而激发自己的写作兴趣，并运用文学作品的写作技巧和规律展开创作实践，它是一种将语言文字符号再传达的过程，是一种更主动的过程。文学阅读与写作一定要注意实现阅读与写作的双向互动、相互促进，以写作倒逼阅读，以阅读促进写作，读写结合。“文学阅读与写作”学习任务群是十八个任务群之一，在高中语文必修课程中内容最多、课时最多、学分最多、分量最重，值得重视。

二、研究现状

针对“文学阅读与写作”学习任务群的研究主要集中在理论研究和实践探索两个部分。

首先，关于“文学阅读与写作”任务群的理论研究，主要集中在对该任务群的解读以及教学建议方面。郑桂华老师以“任务群的形式组织内容的意义、内容庞大与有限教学实践之间的矛盾以及文学写作与文学阅读并列的操作形式三方面”，进行该任务群的解读，给出实操建议。杨九俊则从“情境设置、核心任务、教学设计、实践性、读写结合、结合时代”等几方面给出了理论教学方面的建议。谢澹《追问意义 探索路径——“文学阅读与写作”任务群解读》中指出该任务群的重要地位，又抓住“阅读与写作”两个层面，以专题的形式展开阅读与写作融合的探讨。

其次，在学习任务组的实践探索中，着重探讨了以阅读为基点的学生提高写作水平的策略，并进行了教学项目的设计。高笑旭重点探讨了文学阅读与写作任务群的写作层面，并结合具体案例，从"仿写、补白、续写补写策略来提高学生的创作能力"入手。孙晋诺的《文学阅读与写作(一)——唐诗专列》，就是根据诗歌研究的主要特征，并根据时代的发展，将地铁 6 号线的每一节列车，都设定了一个主题，从意象和意境出发，对诗歌进行了解读，并由此确立了一个主题。与之类似的案例，都是根据不同的主题展开本任务群的教学实践探索。

不论是在理论方面的阐释，还是在实践方面的探索，大部分研究都是以一个概念化的介绍为基础，却没有对具体的实践成果进行过系统的研究。所以，针对"文学阅读与写作"学习任务群的研究依然有很大的发展空间和价值。

三、困境

(一)读写结合收效甚微

教师进行了读写结合的尝试，但收效甚微，绝大多数教师都无从下手，有些人是因为自己的专业水平有限，有些人是因为心理原因，认为读写并不是一门重要学问，而是两个很庞大的体系，没有必要将读写融为一体。怎样选择适当的读写结合策略，将二者有机地结合起来，更全面地促进学生的审美鉴赏与创造素养的形成，是一线教师面临的难题。

(二)学生阅读方式随性、写作形式单一

学生接触到的信息越来越多，可选择的阅读方式也越发多样化，现在学生普遍存在急于求成、浮躁等问题，不管是什么类型的文章，学生都采取了泛读的方法，不进行深刻的思考，显得十分随性。写作方面学生则陷入僵化的模式，写出的作文不会有什么大错，只是缺少创新，千篇一律。

(三)课外指导和评价开展困难

"文学阅读与写作"任务群的课外指导，教师不知该如何进行，而局限于课堂教学中，学生的核心素养很难真正提升。除此之外，如何有效地评估任务群的效果，进而构建一套科学的、行之有效的评估方法，是目前教师面临的一个重要问题。

四、实施策略

（一）提升课程开发和设计能力，使课堂别开生面

教师充分利用新教材，对教材进行信息整合，创造性地利用“一文多读”“一文多篇”等方式，进行文章的归纳和迁移的学习。比如《烛之武退秦师》《荆轲刺秦王》《鸿门宴》，虽然故事发生在不同的年代，但教师还是可以大胆地创造出一些新的东西，比如：以人物为主线，通过分析人物之间的异同，来感受他们的智慧。

（二）创设读写结合点，进行读写训练

教师在阅读教学中要抓住读写结合点，在阅读中融入写作，可以抓住经典语段，通过比较分析等多种形式进行读写训练。

例如，《故都的秋》《荷塘月色》这两篇写景抒情的散文，虽然都是描写北京的风景，但是，阅读起来，却有一种别样的韵味，这就可以让学生体会到，不同的作家，他们所写出的文字，有着不一样的魅力，同时，教师还可以让学生模仿一些重要的段落，进行写作练习。

（三）构建新的评价体系，贯穿教学活动始终

教师对学生的表现进行诊断性评价、过程性评价和结果性评价，在学习过程中，要考虑到读写的效果，还要考虑到学情，对不同的学生要有不同的评价方法。学生也要着重培养自我评价能力，形成标准并根据这些标准检测自己的学习成果。

如《故都的秋》和《荷塘月色》重点段落的仿写，仿写前教师要明确仿写要求，如对修辞手法、语句等方面提出明确的要求，学生自己也要有评价标准，更有利于教学效果的实现。

推荐阅读

[1] 郑桂华．“文学阅读与写作”任务群的理解与实施[J]．语文建设，2019(1).

[2] 郑桂华，季丰，羊立彦，黄卉．“文学阅读与写作”任务群案例：秋的发现与表达[J]．语文建设，2019(1).

[3] 于瑜．论“文学阅读与写作”学习任务群的特征[J]．语文建设，2022(7).

（石申杰撰写）

14 整本书阅读

一、提出背景

近年来，“整本书阅读”在中小学语文课程改革的过程中越来越受到重视。温儒敏曾指出当前中学语文教学推进整本书阅读教学的重要性。他指出：尽管教师们都能意识到读书是语文教学的“牛鼻子”，但是在实际的教学中，“但读书还是太少，课外阅读量得不到基本的保证。”① 在这种教学背景下，“整本书阅读与研讨”任务群的主要内容就是整本书阅读。2022 年颁布的《义务教育语文课程标准(2022 年版)》也把“整本书阅读”纳入义务教育阶段语文教学和学习内容的整体中。

实际上，“整本书阅读”并不是一个全新的概念，它与语文教学的渊源早在中国古代就产生了。比如古代的私塾、书院等教学场所主要采用整本书的教学，私塾在启蒙阶段学习《三字经》《千字文》等，进而学习四书五经，尽管古代教学场所学习的内容繁多，但学习的对象都是整本书。到了近现代，语文成为一门独立的学科，有了专门的语文教材，语文的教学内容才开始以单篇独章的形式出现，而这种语文教学内容的组织方式暴露出的学生阅读量、阅读能力的问题则越来越明显。因此，叶圣陶先生认为“该把整本的书做主体，把单篇短章作辅佐”。这一提法成为当前推进中小学语文教学“整本书阅读”工作的重要依据。

二、概念界定

徐鹏指出整本书阅读是“内嵌于语文课程中、作为一种正式学习活动的整

① 温儒敏：《〈中学整本书阅读课程实施策略〉序言》，载《语文教学通讯》，2018(14)。

本书阅读”[1]，“整本书阅读”包含了“整”“书”和“阅读”三个主要概念。首先，“整”的内涵不仅在于阅读内容的完整性，还在于阅读过程的整合性，更在于阅读方法的整理性。徐鹏老师指出：“整本书阅读”的“整”具有完整、整体的意思。[2] 阅读内容的完整性强调阅读整本的书，主要区别于教材中单短篇课文，在情节、结构等方面更完整，因此整本书需要较长的阅读时间。对于“整本书阅读”教学的过程和目标而言，“整”则更多地指整合性和整理性，由于整本书的篇幅较长，所以，教师需要引导学生归纳整理其结构和内容，比如《西游记》《三国演义》等需要学生将情节相近的章节集中起来，同时还需要以某些人物和思想为线索，串联起主要情节，以提高学生的阅读效率。其次，整本书阅读中的“书”也并非广泛意义上的书，余党绪老师指出：“这里的‘书’，指的是与作者的生命联系在一起的、有独特的灵魂与气质的著作。”[3] 同时，这里的书，是能够“发展学生的核心素养，使学生的素养向专业性阅读转变”[4]的书。最后，“阅读”也有着丰富的内涵。“引导学生通过阅读整本书，建构阅读整本书的经验”是整本书阅读教学的核心目标，整本书的阅读要掌握一定的阅读方法，整本书阅读在阅读方法上有较多的选择，可以是深读、浅读，也可以是略读、泛读，学生可以根据个人阅读需求和阅读重难点选择阅读的方法。值得注意的是，整本书阅读是单篇阅读在内容和思想上的延伸和补充，整本书阅读和单篇阅读应该是相辅相成的关系。

三、研究现状

当前，语文教育界对“整本书阅读”的相关研究已经趋于全面和成熟，随着统编版教材的使用，阅读越来越重要，“整本书阅读”也越来越被重视，因此近几年也涌现出大量的理论研究，研究的主要内容包括整本书阅读思想的相关理论研究、整本书阅读教学现状和教学策略研究、整本书阅读教学的困境和突围路径研究、整本书阅读的评价等方面。

关于“整本书阅读”思想的相关理论研究主要从“整本书阅读”思想的思想来源、整本书阅读的内涵和价值等方面展开。如李功连、李怀源等人通过阐述叶圣陶先生的“读整本书”思想体系、思想内涵及其在语文教育领域中的重

① 徐鹏：《整本书阅读：内涵、价值与挑战》，载《中学语文教学》，2017(1)。
② 徐鹏：《整本书阅读：内涵、价值与挑战》，载《中学语文教学》，2017(1)。
③ 余党绪、叶开：《为什么我们都主张“整本书阅读”?》，载《语文教学通讯》，2016(Z1)。
④ 程翔：《从“整本书阅读”的学科定位谈起》，载《中学语文教学》，2017(1)。

要地位，指出了叶圣陶“读整本书”的思想对“整本书阅读”思想的奠基作用。在整本书阅读的价值研究方面，徐鹏和吴欣歆都认为整本书阅读是提高学生语文学科核心素养的重要途径。徐鹏从课程论视角阐述了整本书阅读对语文课程变革的深层意义①，吴欣歆则从文化场域的完整性、认识过程的完善、阅读策略的综合应用等方面阐释了整本书阅读思想的重要意义。

整本书阅读教学的现状和教学策略研究属于实践研究，主要是在实践中总结当前整本书阅读教学中的经验和存在的问题，并以某本书为依托提出有针对性的教学策略，比如吴欣歆、王春晶分别以《小王子》和《红楼梦》为例，从“读”探寻整本书阅读教学的方法；还有部分研究从宏观角度入手，对语文整本书阅读教学的策略进行探讨，这种研究虽然缺乏针对性，但通用性较强。如高红、朱文晖、袁媛、陈怀等分别从学生兴趣、课堂边界、成果产出、教学模式、思维提升等方面入手，探讨整本书阅读教学的有效路径。

还有一些研究指出了整本书阅读教学的难点和困境，同时探索突围路径和优化策略。如王泳伦、冉浪芬在《新课标视域下初中整本书阅读教学的破与立》一文中指出要破除当前整本书阅读教学中“功利化、节选式、泛指导、结果性”阅读等问题，同时提出引导学生“树立良好的阅读意识、建立信息化整体阅读系统、确立项目式课程化的教学模式”②等优化策略；黄厚江、孙国萍指出了整本书阅读教学存在的“书外谈书、浮光掠影、随便挖洞、注重知识、简单化运用等问题”③，并提出了针对性的解决策略。

关于整本书阅读评价的研究，该研究着眼于教学评价，积极探索整本书阅读的评价手段。王小东、袁源首先厘清整本书阅读评价的定位，而后从日常作业、阶段性评价、学业水平测试等方面尝试对当前整本书阅读的评价进行优化，有效促进了整本书阅读评价的改革和教学质量的提升。赵霞指出：“教师可以从评价维度、方式、标准、主体等方面进行多元评价，借助阅读评价促进整本书阅读的有效开展。”④

---

① 徐鹏：《整本书阅读：内涵、价值与挑战》，载《中学语文教学》，2017(1)。

② 王永伦、冉浪芬：《新课标视域下初中整本书阅读教学的破与立》，载《语文建设》，2022(23)。

③ 黄厚江、孙国萍：《整本书阅读教学的常见问题及其解决策略》，载《语文建设》，2021(23)。

④ 赵霞：《整本书阅读，如何评价？》，载《基础教育课程》，2018(11)。

四、实施策略

(一)找准重心，精读与略读相结合

整本书阅读的特点在于教师教的、学生学的是具有独特性的整本的书。因此教师需要根据教学目标的指导和学生的兴趣需要选择相应的精读内容和略读内容，将一些能够提升学生的语文核心素养的内容作为教学的重点内容指导学生进行精读，其他的作为略读部分。学生在略读的过程中，教师也应给予一定的指导。比如教师在进行《红楼梦》的整本书阅读教学过程中，将《大观园试才题对额　荣国府归省庆元宵》选取为精读内容，指导学生学习阅读《红楼梦》的方法，以及对贾府大厦将倾前的繁华富足的认识。

(二)制定计划，正确引导学生阅读

整本书阅读周期长，其中大部分的内容需要学生自己略读，这就需要学生有较强的自主性。因此教师应该帮助学生制定合理的阅读计划，监督学生按照计划进行阅读，并且定期召开读书交流会或者指导学生撰写读书笔记，培养学生良好的阅读习惯。

(三)引入评价，注重多元阅读评价

教学评价是巩固整本书阅读教学效果的有效途径。长期以来，整本书阅读教学的困境在于教师忽视评价的作用或者评价流于形式。因此，教师在整本书阅读教学过程中，应将评价作为一个重点内容进行设计，教师不仅要重视评价，还要设计多元化的评价方式，评价应以提升学生的阅读能力为目的，引导学生进行反思和对文本进行深入理解。比如在《西游记》的整本书阅读教学中，教师可以指导学生制作“人物介绍手册”，其中可包含人物的动漫画像、人物关系、人物性格等内容，并且在全班进行展示交流。

推荐阅读

[1] 李怀源. 由叶圣陶“读整本书”思想谈小学整本书阅读[J]. 课程·教材·教法，2009(4).

[2] 李功连. 叶圣陶“整本书阅读”教育思想概述[J]. 语文建设，2017(25).

[3] 高红. 探索整本书阅读的路径[J]. 语文建设，2022(23).

[4] 袁圆. 专题教学：整本书阅读教学的有效路径[J]. 中学语文教学，2022(4).

(封自鑫撰写)

15 语文跨学科学习

一、理论溯源和概念界定

“跨学科”又叫“交叉学科”，即一种运用两个或两个以上学科解决问题的方式。跨学科学习的研究兴起于20世纪20年代的美国。赫尔巴特的“教材联络说”和“统觉团”等理论强调课程设计和内容的系统性和关联性，他虽然没有正式提出“跨学科学习”的概念，但这些理论无疑是对“跨学科学习”理念的阐释。1989年，美国学者舒梅克正式提出了“跨学科教学”的概念，他认为跨学科教学是“一种跨越学科界限，在遵循各学科内在逻辑基础之上重新建构知识系统，建立学科之间有意义、有价值的联系”的教学方式。也就是说，跨学科教学或跨学科学习的要义在于打破各个学科之间的界限，将不同学科的知识和技能构建成有意义的联结。20世纪80年代，我国关于“跨学科学习”的研究在知识经济和信息时代的背景下开始流行，跨学科学习的理念也符合“培养创新精神和时代能力的社会主义建设者和接班人”的教育任务，“跨学科学习”成为我国教育教学改革中的重要内容。因此，《义务教育语文课程标准(2022年版)》提出“在综合运用多种学科知识发现问题、解决问题的过程中，提高语言文字能力”。就语文课程而言，跨学科学习就是以语文学科为立足点，运用两个或两个以上的学科知识或方法，解决语言文字应用过程中的问题或者是提升语言文字应用的能力。由此可见，跨学科学习首先是基于语文学科，其次是以解决现实问题为目的或者依托于真实情景的一种学习方式，有力地体现了语文课程的综合性和实践性。

二、研究现状

20世纪80年代以来，随着跨学科学习的理论在我国逐渐成熟，跨学科学习开始深入各个学科，语文跨学科学习就是其中之一。从整体上看，关于语文跨学科学习的研究主要包括语文跨学科学习的理论研究和语文跨学科学习的实践研究两大方面。

语文跨学科学习的理论研究主要包括语文跨学科学习的溯源研究、语文跨学科学习的内涵和特征研究、语文跨学科学习的价值与意义研究三个方面。在语文跨学科学习的相关研究上，谈清怡、肖晓燕在《语文跨学科学习的溯源与探索》一文中首先从赫尔巴特的“教材联络说”和“统觉团”等理论中寻找到跨学科学习的理念来源，继而深刻阐释了舒梅克的“跨学科教学”理论，并比较了中西方跨学科教学研究的异同，深化了对跨学科学习的内涵等方面的理解。在语文跨学科学习的内涵和特征研究方面，温小军从广义和狭义两个方面分析了语文跨学科学习的内涵，而许红琴、陈晓波认为跨学科学习的内涵更具动态性，它“伴随着社会的变化和语文课程的改革的深入而不断丰富”①。在语文跨学科学习的价值与意义方面，张广录从语文学科核心素养的实现角度阐释了语文跨学科学习的价值；许红琴、陈晓波则从学习领域、学科界限、学习方式和育人目标等方面全面地阐述了语文跨学科学习的价值追求。② 关于语文跨学科学习的实践研究主要包括对语文跨学科学习实施路径和语文跨学科学习的模式化研究两个方面。关于语文跨学科学习的实施路径研究，杨华和冉建权以王维的《山居秋暝》为立足点，融合了多个学科，开展专题性学习，探索出一条语文古诗跨学科学习的有效路径③；管然荣和杨毅在《语文跨学科学习的认知与实施》一文中提出了与地理学科的“空间”跨界中的杜诗学习专题④，为语文跨学科学习的教学提供了具体的实例；在语文跨学科学习的模式化研究方面，部分学者提出跨学科学习和项目化学习、专题学习等语文学习形式，还有学者从语文跨学科学习校本化实施方面，对某学段的跨学科学习方案进行整体规划，如孙凤霞对第三学段的跨学科学习方案进行了整体规划。

三、实施策略

(一)把握语文学科基础，明确课程主线内容

语文学科的跨学科学习要以语文学科为核心，以发展学生的语文核心素

---

① 许红琴、陈晓波：《“跨学科学习”的内涵、实施探索与价值追求——以第二学段“跨学科学习”活动为例》，载《语文建设》，2022(22)。

② 许红琴、陈晓波：《“跨学科学习”的内涵、实施探索与价值追求——以第二学段“跨学科学习”活动为例》，载《语文建设》，2022(22)。

③ 杨华、冉建权：《〈山居秋暝〉跨学科学习路径探究》，载《中学语文教学》，2022(7)。

④ 管然荣、杨毅：《语文跨学科学习的认知与实施》，载《中学语文教学》，2022(2)。

养为目的。因此教师在指导学生进行跨学科学习的过程中，要充分围绕语文学科核心素养、跨学科学习任务群的学习要求和教学的内容，把握语文学科的关键概念，根据学习内容对应的单元导语提炼单元大概念，抓住语文教学的主线内容，主次分明，才能更好地与其他学科深入融合。

以统编版高中语文选择性必修上册第二单元借助历史和政治学科的相关内容帮助学生理解本单元的关键概念，从而提升学生的核心素养。

(二)基于真实情境，实现学科深度融合

从一定程度上讲，语文学习尤其是阅读活动，是学生对抽象的文字符号进行意义化的理解的过程，这个过程需要极强的逻辑思维能力，而大部分的学生的逻辑思维能力是达不到语言文字应用的要求的，跨学科学习更是如此。因此，教师在课堂中应创设真实的情境帮助学生理解抽象的语言文字，以促进知识的迁移应用。教师可以以其他学科作为创设情境的辅助手段，进行学科间的深度融合。

比如教师在引导学生阅读学习《苏武传》一课时，由于故事的发生背景年代较为久远，教师可以使用文字或者视频资源的形式对该故事的历史背景进行补充，或者利用美术、音乐等学科将苏武的各种境遇表达出来，使学生代入真实的情境氛围，从而帮助学生理解本文的内涵和人物的性格。

(三)建设学习共同体，合作完成学习任务

跨学科学习一般指向高阶思维，学生如果依靠个人的力量一般无法完成特定的学习任务，教师要有组建学习共同体的意识，要践行新课程改革倡导的合作学习理念，指导学生通过小组合作、网络求教、学生与教师合作，组建生生、师生、网络等不同主体的学习共同体，通力合作、取长补短从而提高学习质量。

推荐阅读

[1] 刘丰，徐鹏. 高中语文跨学科学习的实施路径探析[J]. 中学语文教学，2022(2).

[2] 管然荣，杨毅. 语文跨学科学习的认知与实施[J]. 中学语文教学，2022(2).

（封自鑫撰写）

16 综合性学习

一、概念界定

综合性学习曾先后受到西方人文主义教育思想、自然主义教育思想、进步主义教育思想的影响，最终从“发现学习”中取得灵感，又在“终身学习”与“人的全面发展”理论中寻得支持。综合性学习既是一种课程组织形态，又是一种学习方式。如王文彦和蔡明提出语文综合性学习是基于学生的直接经验，密切联系学生自身生活和社会生活，体现对语文知识的综合运用的学习形态。也有学者将这二者结合，提出：从形式上看，语文综合性学习是一种自主化、生活化的学习方式；从内容上看，语文综合性学习是一种开放化、灵活化、整合化的课程内容。[①] 加强综合性学习能够更好地适应社会对于教育的实际要求，使学习者可以综合运用所学知识处理具体问题。

语文课程关注培养学生理解和运用祖国语言文字的能力，创设真实情境为学生提供了学语文、用语文的舞台。语文综合性学习基于真实情境，在教师适当引导下，学生运用掌握的知识进行自主、合作、探究。综合性学习主要集中在初中学段。综合性学习可以是语文课程自身内部的整合，还可以将语文与其他学科、社会生活整合。

二、研究现状

2001 年教育部颁布的《义务教育语文课程标准》，首次将“综合性学习”纳入教学体系中。此后，许多学者与专家纷纷探讨研究，“综合性学习”成为热门研究选题。当前语文综合性学习的研究大概分为三方面。

首先，在语文综合性学习的概念上，王文彦和蔡明认为，语文综合性学

① 曹明海、钱加清：《语文课程与教学论》，221～222 页，济南，山东人民出版社，2005。

习与学生的生活和社会之间有着密切的联系，强调学生直接经验的获得，对语文学科知识和其他学科知识综合运用，帮助学生学会发现、学会探究。让学生在实践活动中对语文知识综合运用。① 郑国民认为，语文综合性学习首先要立足于语文课程，是一种强调发挥学生自主性的学习方式，通过开展各种语文实践活动促进学生提升自身的语文素养，让学生在各种实践活动中获得全面发展。

其次，在语文综合性学习的特点上，大致可以总结为综合性、语文性、开放性、发展性、实践性等几种。包建新认为发展性是语文综合性学习的根本特征，开展综合性学习的前提是保证其语文性，综合性学习的外显特征和过程特征分别为综合性和探究性。很多研究者在探究综合性学习的特点时都特别强调了语文性，综合性学习活动本身就是语文学习活动。②

此外，对于语文综合性学习的具体实施问题，研究者也从理论角度或者教学实践出发提出了建议与对策。如张正荣强调：学生的探究学习就不能再局限于教室、学校，而要走出教室，走出校门，进行广泛的语文实践活动。③

三、实施策略

(一)研读课标，制定目标

《义务教育语文课程标准(2022 年版)》中提出学习任务群，对学生提出了整体性的要求。虽然较为笼统，但不难看出综合性学习的重点内容集中在“活动策划”“成果展示”“资料搜集”“合作交流”“问题解决”五方面。教师需始终围绕这几点并将其分解细化，合理安排任务。这样就能保证学生综合性学习能力呈螺旋式上升的态势。课标是风向标，是教师应该经常阅读的内容，从而保证教学不偏离目标。

(二)构建科学的测评体系

完成初中语文综合性学习的课标分解后，教师还需要根据分解出的学习目标配套制定相应的评价要求，构建完整的测评体系；否则，很容易出现教、

① 王文彦、蔡明：《语文课程与教学论》，187 页，北京，高等教育出版社，2002。
② 倪丽竹：《统编本初中语文综合性学习的现状与对策研究》，济南大学硕士论文，2021。
③ 张正荣：《关于综合性学习教学的思考和建议》，载《语文建设》，2021(18)。

评分离的现象，学习效果自然大打折扣。彭瑞华认为“新型的综合性学习正面临评价方式老化的问题，缺少有效的评价方式。评价成为老师的任务，学生难以参与到评价环节之中，也就无法去评价他人”①。可见评价机制必不可少。如根据初中语文综合性学习的学期学习目标，我们可以制定出与之相匹配的评价目标，让语文综合性学习的评价有据可依。制定评价目标时要注意：评价目标可采用布鲁姆教育目标分类学中的外显的、可观察的动词，使学生尽可能明白且做到。

(三)合理开发教材与课外资源

中学语文教材的每一个综合性学习专题几乎都有详细的活动方案和丰富多样的活动方式。不同的专题提供不同的活动方案，这让学生在开展语文实践时能够有据可依，充分保证了综合性学习活动的可操作性。所以，在进行综合性学习的教学时，一线教师要充分利用好教材，积极开发整合教材资源。此外，语文教师还要具备从生活中拓展各种课程资源，开发各种有利于实现语文教学目标的资源的技能。师生积极开发使用学校资源、社会资源，用好数字化资源，教师引导学生在自然和社会的大课堂中观察、获取信息，获得语文学习效果，坚持和树立大语文观念。

推荐阅读

[1] 刘国正. 叶圣陶教育文集(第3卷)[M]. 北京：人民教育出版社，1994.

[2] 熊梅. 当代综合课程的新范式：综合性学习的理论和实践[M]. 北京：教育科学出版社，2001.

[3] 王文彦，蔡明. 语文课程与教学论[M]. 北京：高等教育出版社，2002.

[4] 朱绍禹. 中学语文课程与教学论[M]. 北京：高等教育出版社，2005.

[5] 靳彤. 语文综合性学习：理论与实践[M]. 北京：中国社会科学出版社，2007.

[6] 郑国民，等. 中学语文教学研究[M]. 北京：中国广播电视出版社，2004.

[7] 林志强. 边教边想：执教三十年一线特级教师的语文教学心语[M]. 福州：福建教育出版社，2013.

[8] 王荣生. 语文综合性学习教什么[M]. 上海：华东师范大学出版

① 彭瑞华：《初中语文综合性学习存在问题及对策研究》，载《才智》，2017(6)。

社，2014.

[9] 石义堂，李金云．初中语文有效教学[M]．北京：北京师范大学出版社，2015.

[10] 陈隆升．语文综合性学习论[M]．北京：语文出版社，2020.

（胡璐璐撰写）

17 教学评一致性

一、概念界定

“教学评一致性”是指教师在教学的过程中使教学、学习以及评价三者充分融合、环环相扣，完成学习要求以及教学任务。《义务教育语文课程标准(2022年版)》特别强调教师应树立教一学一评一体化意识，力求改变传统课程质量评价教考分离和传统教学有教无评或者评价流于形式的现状，促进课程与教学中教学、学习、评价的相互融合、有机整合，充分发挥评价在提高学生核心素养和教学专业性方面的积极作用。《义务教育语文课程标准(2022年版)》指出：语文课程评价的主要方式“语文课程评价包括过程性评价和总结性评价”。从语文课程这一大的视角来看，教、学、评的一致性表现为教、学与终结性评价的一致；从具体的课程实施视角来看，教、学、评的一致性主要表现为教、学与过程性评价一致。崔允漷教授“教、学、评一致性”的三个因素结构是从理论分析的视角提炼的，并且进行了实证性的研究，主要是教学视域下的研究。三因素包括“学—教一致性”“教—评一致性”“评—学一致性”①。

二、理论基础

(一)有效教学理论

有效教学理论来源于20世纪西方的教学科学化风潮，受美国实用主义哲学和行为主义心理学的影响。有效教学理论一般有三种取向，即技能取向、目标取向和成就取向，其中目标取向和教学评一致性有异曲同工之处。可以说有效教学理论是教学评一致性理念的重要理论来源。

---

① 崔允漷、夏雪梅：《“教—学—评一致性”：意义与含义》，载《中小学管理》，2013(1)。

(二)教育评价理论

教育评价理论的思想来源是泰勒的教育评价思想。泰勒不仅认为课堂教学的核心是目标，并且提出"教育评价本质上是一种测定教育目标在课程和教学方案中究竟被实现多少的过程"，也就是说制定目标和评价是教学过程必不可少的两个环节，并且教学和评价都是围绕目标进行的。教学评一致性理念的核心观点显然与泰勒的教育评价理论不谋而合。

三、研究现状

关于语文课堂教学的教学评一致性的相关研究当前还比较少，相关的文献比较匮乏，就目前的研究来看，大部分的研究属于教学评一致性的课堂实践研究，小部分的研究是教学评一致性的策略研究。

首先是关于语文教学评一致性的策略研究。如肖玉秀结合教、学、评一致性的教学思想，从设计教案、课堂教学、教师评价等几方面来寻求提高教学质量、提升学生的学习体验的路径。

其次是语文教学评一致性的课堂实践研究。比如胡希霞的以"教学评一致性"理念为指导，围绕习作的讲评和修改教学，对教学目标的制定进行了深入的探索。还有的学者以某篇具体的文本为依托，进行教学评一致性的实践研究，如刘飞《目标引控下的一致性语文教学设计的实践与思考——以苏轼〈赤壁怀古〉教学设计为例》等。

四、实施策略

(一)设计可评价的教学目标

教学目标是教、学、评得以统一的基础。课堂中，教、学、评三者都围绕目标进行，教学目标的设计是一节课的开始，同时在整个教学过程中也起着导向作用。教学目标的设计不仅要合理，陈述也要有可评价性，"教学目标陈述是否准确、清晰、明确和具体会对教学任务分析、教学内容确定、教学策略选择和教学评价实施产生一定的影响"①。美国心理学家马杰提出的行为目标说、格兰伦的 ABCD 表述法都存在可观察、可测量的外在行为表现的因

① 何更生：《语文教学目标陈述的学理与策略》，载《课程·教材·教法》，2018(12)。

素——行为表现、行为动词。比如在小说教学中，“了解小说的大致情节”这一目标表述比较模糊，如果表述成“概括小说的主要情节”后，评价的标准就更清晰，也明确了评价的标准，可根据该目标制定相应的评级量表，保证评价结果的准确性和科学性。

(二)将评价纳入教学准备阶段

教师在进行教学设计时，就应该确定评价的方式、内容和工具。威金斯等人提出的“逆向教学设计”模式倡导确定预期结果—确定评估证据—设计教学活动的设计顺序，重视评估证据的作用。这种设计理念转变了设计顺序，而目标的导向性更强了，是实现教、学、评一致性的有益探索。以《鸿门宴》为例，课文中一些重点实词、虚词的一词多义，特殊句式的翻译等文言知识是帮助学生理解核心内容的支架，可以用课堂文言知识测验的方式进行评价。而“通过分析主要人物性格，总结项羽失败的原因”“项羽算是英雄吗?”这样的目标和问题则需要通过画出人物关系图、座位图、主题辩论、作文等评价手段来检测。不论是哪种评价方式，都需要教师在教学设计阶段将其完整地设计出来，这个阶段的评价是“应然”的而不是“实然”的。

(三)关注学生的自我反馈

《义务教育语文课程标准(2022 年版)》着重强调：注重提高学生的自我评价、自我反思的能力，引导学生合理运用评价结果改进学习。可见，自我反思和自我评价将成为课堂评价的重要组成部分。因此，课堂教学要更关注学生的自我反馈，教师需根据学生的反馈结果制定个性化的学习方案。新课程理念充分吸取了活动主义课程理论的营养，倡导任务型教学，即以任务驱动学生探索知识，而任务主要是以一系列螺旋上升式的活动为载体。

推荐阅读 >>>>>>>>

[1] 中华人民共和国教育部. 义务教育课程方案(2022 版)[S]. 北京：北京师范大学出版社，2022.

[2] 拉尔夫·泰勒. 课程与教学的基本原理[M]. 施良方，译. 北京：人民教育出版社，1994.

[3] 张爱军. 备课专业化[M]. 长春：东北师范大学出版社，2020.

[4] 曹荣平. 形成性评估的概念重构[M]. 北京：北京大学出版社，2012.

(封自鑫撰写)

18 中国革命传统作品专题研讨

一、概念界定

高中语文课标指出“中国革命传统作品专题研讨”任务群是在“中国革命传统作品研习”的基础上，选择出反映中国革命传统的代表性作品，设置相关研究专题进行深入学习，旨在进一步认识中国革命、建设和改革的历程，加深对中国革命传统的认识和理解，激发热爱中国共产党、热爱社会主义祖国的情感，进一步提升研究性学习的能力。[①] 根据作品范围的界定，“中国革命传统作品专题研讨”任务群在相应的教学阶段更具有经典性、主题性以及深度性。

二、研究现状

“中国革命传统作品专题研讨”的相关研究文献较少，众学者的视角更多地聚焦于“中国革命传统作品研习”学习任务群，并在此基础上主要指向专题性的研究。基于课程标准已经对该任务群的目标与内容设置列举出明确要求，因此相关研究主要集中于课堂教学实施方面。

党成会提出“这个任务群的运营方式与是否可以精准的在教学活动中定位的有效展开直接关联”[②]，要求精读与略读相结合，借助外围资源展开专题教学，逐步渗透教学策略，进而由点及面，立足于专题式任务群的特点实现对作品的深度剖析与解读。陈昌禄则表示“研习中国革命作品要把用红色基因植

---

① 中华人民共和国教育部：《普通高中语文课程标准(2017 年版 2020 年修订)》，28 页，北京，人民教育出版社，2020。

② 党成会：《语文的姿态：浅析中国革命传统作品的文学价值——以“中国革命传统作品专题研讨”任务群为例》，载《长江丛刊》，2019(19)。

入学生心灵当作激发学生情感的触发剂，要与同类型作品比照阅读”[①]。对比阅读强调学生以思辨性思维去理解作品，由此强化对作品内涵的感知，并与社会实践及其他学科相结合，以扩充课程资源，该学者注重的主要是学生红色基因的感知与表达。李孟珈根据资源类型、研究选题与实施方式的不同将专题研究分为课题探究式和实践活动式[②]，使该任务群教学实施更加细化，便于教师区分与操作。

这些研究主要针对教学层面，相关的理念指导研究尚有不足之处，同时在具体的实践操作上缺乏可靠的教学案例，没有进行细化剖析来提高任务群教学的可操作性与科学性，且对于专题研讨成果的评价研究不够重视，因此该任务群还留有较大的研究空间。

三、理论基础

(一)建构主义理论

建构主义理论表明学生的学习过程是意义建构的过程，并非单纯地依靠教师的传授，而是学习者在一定的社会文化背景下，利用学习手段与学习资料主动建构的过程。[③] 建构主义学习理论强调学生对于知识体系的主动建构，在该过程中学生将自身的生命经验与学习经验进行相互转化，从而实现知识的内化，完成学习者与知识之间的互动。在学习中国革命传统作品专题研讨任务群时，就需要教师通过情境的创设使学生处于一定的社会文化背景中，以切实的情感体验实现对该学习任务群的意义建构，深化学生对中国革命传统作品所承载的精神内涵的理解，突出强调学生主体的自我探究，从而利于学生将主题思想内化于心，逐步形成对中国革命传统作品的文学鉴赏力。

(二)布鲁姆情感领域的教育理论

1964 年，克拉斯沃尔和布鲁姆等编著的《教育目标分类学第二分册：情感领域》将情感领域分为接受、反应、形成价值观念、组织价值观念、价值体系性格化 5 个亚类，以此证明学生情感内化的过程。语文学科在整个学校教

---

① 陈昌禄：《植入红色基因 培育英雄情怀——“中国革命传统作品研习”“中国革命传统作品专题研讨”任务群教学思考》，载《中学课程辅导(教师教育)》，2018(13)。

② 李孟珈：《中国革命传统作品选修专题研究性学习设计与实施》，天津师范大学硕士论文，2022。

③ 王晓茜：《建构主义教学论探析》，载《教育探索》，2006(11)。

育过程中发挥着情感领域教育的重要作用，语文课程在充分发挥其工具性属性的同时，还要注重人文性。我国革命传统文化教育在学校教育的全过程中，对学生情感态度社会价值观的良好养成起着举足轻重的作用，学生在学习本任务群的相关作品时，必然伴随着语言运用能力、思维能力和审美鉴赏能力的同步发展，在整个学习过程中要形成正确的情感态度与价值观，实现对中国革命传统文化精神内核的体系内化与传承，从而达到教育教学目标对情感领域的要求。

（三）文化教育学

19 世纪末，德国文化教育学出现，文化教育学也被叫作精神科学教育学，在 20 世纪成为西方教育的主导思想，并对我国的教育也产生了很大影响。文化教育学认为“学校文化的价值在于‘唤醒生命’的‘陶冶’之魅力，而不仅仅在于传递知识与技能。学校教育是一直深入到精神生活的根，教育之根和文化之根的寻求，只能通过人的灵魂的唤醒与陶冶才能实现”①。就中华民族而言，中国革命传统是其重要的传统文化资源，教师通过“体验”的方式将关注革命传统的理论层面转向关注如何传承、发扬革命传统的实践层面，从中实现生命经验的内化，进行革命传统文化知识的建构，并通过情感陶冶以实现学生与作品之间的灵魂交流，对学生进行精神滋养。

四、教学策略

（一）立足红色经典，注重情感激发

革命传统文化中红色经典作品叙述着那个时代的英雄情怀、时代风貌、崇高品质等典型内涵，对学生的革命情感激发具有重要意义。因此教师在教学过程中要通过情境创设、目标解读、兴趣引入等多种方式唤醒学生的情感状态，结合教学主题，深入教学情境，使学生全身心投入到作品的品读之中，并从中获得深刻的情感体验，与自身的生命经验相结合，以实现情感的熏陶与升华。

比如，教师开展“毛泽东革命诗词专题研讨”，在导入环节播放《恰同学少年》经典片段，从听觉与视觉的角度对学生的情感领域进行激发，唤醒学生内在的使命意识，在明确社会背景的基础上领悟作者的革命情怀。同时在相关

① 戴乃恩、姜勇、戴双翔：《论注重“陶冶”的教师——基于文化教育学派的思考》，载《教育发展研究》，2016(Z2)。

的教学环节开展中，教师要始终让学生围绕情感主题进行表达与交流，在此基础上实现语言的表达与运用、审美的鉴赏与创造等，深入感知毛泽东革命诗词的精神内核，实现情感的内化与升华。

(二)品读红色经典，灵活运用阅读方式

经典作品的研读可采取多种阅读方式，教师以教学目标为核心定位，帮助学生掌握不同的文学作品品读技巧，从而发展学生的多元思维能力。教师根据设定的专题主题，选择相应的经典作品进行精读、群文阅读、比较阅读、读写结合等，阅读方式的不同，使学生对红色经典作品的解读侧重点也不尽相同，从而形成对经典作品的纵向挖掘与横向拓展，培养学生思辨性的阅读能力，使学生掌握文学作品阅读的技巧，习得不同的语文学习方法，提升学生的文学阅读素养，从而在此基础上加深对专题作品的多方面理解与领悟。

比如，开展陈毅诗歌的专题研习，主要理解其代表作品《梅岭三章》，即可选择革命先烈表达慷慨赴死决心的就义诗作为辅助读物进行群文阅读。如夏明翰烈士的“砍头不要紧，只要主义真。杀了夏明翰，还有后来人”，杨超烈士的“满天风雨满天愁，革命何须怕断头。留得子胥豪气在，三年归报楚王仇”，皆展现了革命烈士的英雄豪气，能够激发学生的情感共鸣，学生从不同文学作品中体悟就义诗深层的精神内核，在群文阅读的基础上使学生更加明确革命文化的深刻内涵与感召力。

(三)研习红色经典，实现专题渗透

教师开展学习任务群最终要落实知识水平与语言运用能力的提升，因此要引导学生进行深度学习，探究专题的文学本质内涵与外延，并将所学内容运用语言文字加以表达，突出自身的理解与创造，从而达到研究性学习。实现专题渗透的重要方面在于要使学生立足于语文实践活动，遵循语文学科的内在逻辑，在专题主题的限定下通过学习任务驱动，有效联结教师的教与学生的学。学生通过专题任务展开系统性的研习，如通过主题辩论、制作作品集、经典作品演绎等活动，实现对专题主题的深层理解与多维剖析，将学生的所思所得呈现出来，映射的是学生情感内化与自身知识体系相结合所形成的理性转化。

比如，以鲁迅的杂文为教学资源，教师引导学生制作革命时期鲁迅的杂文作品鉴赏集，并搜集相关的评述，梳理时代背景的社会面貌、人物群像等，形成一定的语文研习任务。在对鲁迅杂文进行解读的过程中，因任务要求，学生实际需要以更丰富的视野去审视文学作品的内涵表达与时代价值，体会

鲁迅杂文中对封建礼教吃人的残酷揭露与无情批判，对麻木民众的呼唤，欣赏其作品犀利尖锐的语言风格，由此加深对鲁迅杂文所体现的文学艺术的感知与理解，同时更加深入地感悟革命时期民族的压迫与反抗，建立起与革命时代的情感关联。以发展的历史眼光审视鲁迅杂文在革命时代的改良意义，从而实现有效研习。

推荐阅读

[1] 王云峰，范锦荣，王锡婷，成颖．谈中国革命传统作品学习任务群的教学[J]．中学语文教学，2018(8)．

[2] 王忠亚，刘志江，张秋玲．基于学习任务群的语文专题学习设计思路[J]．语文教学通讯，2018(Z1)．

（张晗撰写）

19 中国现当代作家作品专题研讨

一、概念界定

“中国现当代作家作品专题研讨”是在选择性必修“中国现当代作家作品研习”学习基础上的提升与拓展。普通高中课标指出该任务群是在“中国现当代作家作品研习”的基础上，就我国现当代作家作品的若干专题深入研讨，进一步培养理性思维与探究能力，提高学生对现当代文学的理解和认识，提升鉴赏品位，把握时代精神和时代走向。[①] 学生可选择自身感兴趣的文学话题进行专题研讨，并根据文学热点问题展开文学评论以提高思辨力。通过该任务群的学习，学生能够更加深入地了解现当代作家作品的相关文学常识，并在自身认知的基础上把握现当代文学的发展脉络，建立一定的文学立体框架，形成对中国现当代文学的体系化认知。

二、研究现状

针对“中国现当代作家作品专题研讨”的相关文献研究数量极少，目前只有汪政针对苏教版高中教材对该任务群提出了相关的教学建议。该学者主要强调要使学生对中国现当代文学形成基本的认知，基于历史唯物主义认识论，根据中国现当代文学发生发展的背景，去剖析这一时期中国历史与社会变迁的同构关系。[②] 教师可引导学生透过文学的时间本质，领悟其反映和表达的现当代人的思想感情，从而有助于学生明确作者的创作意图，置身于当时的社会历史环境，解读作品的时代意义。

① 中华人民共和国教育部：《普通高中语文课程标准(2017 年版 2020 年修订)》，29 页，北京，人民教育出版社，2020。

② 汪政：《培育现代精神 参与文化创造——苏教版〈中国现当代作家作品专题研讨〉教学建议》，载《中学语文教学参考》，2022(19)。

通过文献梳理可知，“中国现当代作家作品专题研讨”学习任务群的研究是基于“中国现当代作家作品研习”学习任务群的细化与聚焦，目前研究集中于后者，因此要在充分的研究基础上展开实际的教学应用与研究尚有一定距离。

三、理论基础

（一）社会历史批评

社会历史批评主张从社会历史角度观察、分析、评价文学现象。语文教学可以通过引导学生了解社会背景与运用辩证性的历史眼光去解读文学作品所反映的时代内涵，从而培养学生从文化视角进行文学作品的审美鉴赏，由此推动学生的认知与社会文化发展相衔接。教师在进行中国现当代作家作品教学的时候，可基于该理论，引导学生进行探究性学习，打破时空壁垒，从社会历史观出发深入思考文学作品的本质，更加精确地把握时代走向与内涵。

（二）建构主义理论

建构主义理论表明学生的学习过程是意义建构的过程，并非单纯地依靠教师的传授，而是学习者在一定的社会文化背景下，利用学习手段与学习资料主动建构的过程。[①] 建构主义学习理论强调学生对于知识体系的主动建构。在学习中国现当代作家作品专题研讨任务群时，就需要教师为学生提供一定的学习情境，使学生以切实的情感体验实现对该学习任务群的意义建构，突出强调学生主体的自我探究，从而培养学生多方面的思维品质，提高审美水平，实现对当代作家作品的体系化认知建构。

（三）“最近发展区”理论

维果茨基认为教育是建立在“最近发展区”的基础之上，通过对学生进行教育，使其从当前的发展水平逐渐过渡到新的发展区，从而促进其认识能力的提高。教师在开展该学习任务群的教学时，需要充分考虑学生当前的知识与技能水平，相应地提出更深层次、精确化的任务群学习要求，合理调节任务难度，进而布置一系列进阶性的学习任务，使学生逐步达到学习目标，帮助学生进行有效的知识建构，为培养学生语文素养奠定扎实基础。

① 王晓茜：《建构主义教学论探析》，载《教育探索》，2006(11)。

四、教学策略 >>>>>>>

(一)设定素养型目标，实现目标转化

语文学科素养是语文学科人文素质的重要组成部分。语文学科核心素养与任务群教学的关系密不可分，语文学科核心素养是目的，任务群教学则是途径。素养型的目标要求目标的设定要紧贴语文核心素养，而并非按照核心素养进行明确分类，核心素养的培养需要长期的转化，进而体现为学生的价值观、关键能力与必备品格。教师要根据学生所选感兴趣的文学性专题，帮助学生明确适切的研究切入点，如梳理其语言特点，探究其表达技巧，或从正确的唯物史观出发辩证看待作品的时代意义与人物形象，由此立足于语文核心素养，结合教学需要综合构建素养型目标体系，进而开展针对性的语文实践活动。专题研讨的核心素养发展的侧重点，要依据专题内容进行剖析，以语言的建构与运用为基础，思考专题探究的思维模式，挖掘其中的审美要素及文化内涵，从而使学生在语文实践活动中实现素养型目标的转化。

比如，在开展沈从文作品《边城》的作家作品专题研讨中，教师可布置撰写研究报告的学习任务。通过感知作者打造的牧歌世界，引领学生感受其清新自然的语言，纯朴和谐的社会环境，并透过宁静的本质挖掘湘西人民的苦难与无奈，进而通过思辨性阅读培养学生批判性、发散性等思维特质，并基于牧歌世界的解读丰富学生的人文审美，从中体会民族文化的多样形态。教师依据对于沈从文及其作品的剖析，进一步将其表述为素养型学习目标，为学生的专题研讨提供明确清晰的方向。

(二)扩充教学资源，立足内容的开发与整合

学习任务群的教学具有充足的创生空间，允许教师在遵循教学原则与规律的基础上为学生提供丰富的教学资源以提升学生的文学素养。教师在整合教学资源时要考虑作家作品的经典性、适切性，从学生的兴趣出发，并以开放的理念选择教学内容。对于教学内容的整合，教师要根据主题而定，从作者、题材、体裁等不同角度出发，形成专题式的研究内容。现当代的文学作品因作家所处的时代背景不同体现出不同的社会精神和面貌，选取时代相同、风格接近、主题相似的作家作品进行教学资源的整合，有助于学生掌握现当代文学的历史发展脉络，以体系性的认知展开多角度的文学作品的研习，在广阔的文学视野辅助下深入理解现当代文学的文化内涵，继承和弘扬现当代

文学中所表达的民族精神，进而提高文化鉴赏力。

比如，艾青被称作“芦笛诗人”，他的诗坚持用“我的姿态”来表达“我的歌”，体现了强烈的自我意识，在中国新诗的历史上占有重要的地位。以艾青的作品为教学资源展开专题研讨，可对其作品进行开发与整合，他的代表作品有《大堰河——我的保姆》《我爱这土地》《雪落在中国的土地上》《向太阳》《吹号者》等，让学生分析其诗作中土地、太阳等核心意象的象征意义，通过朗诵、比读等方式感知其诗作的语言风格，教师要立足于艾青诗作的特性进行深入多维的开发，充分发挥教学资源的利用价值，深化学生的文学体验。

(三)打造灵活课堂，注重教学转化

教师在开展学习任务群教学时，是在教学活动的支撑下进行的，学生通过开展层次递进的活动逐步领悟所学知识，并在实践的基础上实现知识的“活化”。但从教师的教到学生的学必然会出现一定的教学落差，这就需要教师有意识地引导来实现两者的转化。清晰具体的学习目标是开展学习任务群的重要前提，教师通过以学定教来确保教师与学生努力的方向一致，且便于学生将教学信息合理地转化为可理解的学习信息，从而帮助学生成功地将教师设定的教的活动转化为自身实践的学的活动。同时教师要注重教学情境的创设，贴近学生的生活现实，通过形式多样的学习活动培养学生的多元思维与审美能力，并重视学生的参与度以及自主性探究，激发学生的想象力与创造力，通过可视化的学习成果对学生展开评价，注重评价标准，坚持评价主体的多元化和评价方式的多样化以获得有效评价，体现学生实时的学习表现，以评促学，进而促进学生语文素养的发展。

比如，开展曹禺《雷雨》的专题研习，教师首先要根据教学需要设定学习目标，并由此设定演绎课本剧的学习任务，在激发学生学习兴趣的同时促进学生深入思考，学生在自我理解的基础上展开角色演绎，以评价标准为依据，有效地开展学习活动。在开展课本剧演绎前期，学生要充分学习剧作的语言特点等方面的内容，以确保领悟课本剧活动所需的文学要素，实现学习信息的自我转化，通过演绎表达自身对于《雷雨》内涵的理解，并借此展开学生本人、同学和教师的多主体评价，通过真实的反馈来评判课本剧的演绎。

推荐阅读 >>>>>>>>

[1] 童庆炳. 文学理论教程[M]. 北京：高等教育出版社，2004.

[2] 郑桂华. 高中语文学习任务群的教学建议[J]. 中学语文教学, 2017(3).

[3] 黄厚江. 让学习任务群走进课堂[J]. 语文建设, 2020(11).

（张晗撰写）

20 跨文化专题研讨

一、概念界定

高中语文课标指出本任务群是在“外国作家作品研习”的基础上，深入研讨外国文学名著和文化经典的若干专题，旨在引导学生思考丰富多样的人类文化，汲取人类思想精华，培养开放的文化心态，发展批判性思维，增强文化理解力。① “跨文化”立足于学生的发散思维，在接触外国文学作品过程中，了解相关的世界文学和解读方法，并在中外文化的比较中，在对中华文化深入理解的基础上增强文化自信。该任务群扩大了学生对于文学的认知范围，学生可通过探讨不同民族文学之间的共同话题和文化差异，了解文化多样性，丰富审美鉴赏视角，从而提升文化鉴别力，深化对中华文化体系的认知，增强文化自信。

二、研究现状

通过梳理“跨文化专题研讨”学习任务群相关的研究文献，以“跨文化专题研讨”任务群为主的研究已具备一定的基础，主要指向教学价值与教学实施两方面的研究。

首先，在教学价值方面，黄书彤表示其可促进学生的语言建构与运用的能力，在跨文化视域下提升学生的文学审美能力，以及深化学生对中华传统优秀文化的理解②。可见该学者依据核心素养进行了定向剖析。曹东峰同样从语言、审美、思维、文化四个角度出发进行了任务群的价值阐释，并表明

① 中华人民共和国教育部：《普通高中语文课程标准(2017 年版 2020 年修订)》，30 页，北京，人民教育出版社，2020。

② 黄书彤：《“跨文化专题研讨”学习任务群：教学价值、实施困境与解决路径》，载《中学语文》，2022(8)。

开展学习任务群的教学最终是落实于核心素养的培育，是对课程理念的实践。[①]

其次，在教学实施方面，众学者从任务群的特点出发，针对性地提出相关实施策略。袁国超提出“选择研讨对象—确定研讨目标—明确研讨任务—搭设研讨支架—自主研讨问题—合作研讨问题—写作文学评论”七个环节，明确了任务群教学的具体步骤。[②] 时剑波则提出可通过项目学习与读写结合，将文本阅读与任务解决相融合来实现文化的多元理解与观照。[③] 从具体的教学方法入手，强调在任务驱动下对文化的深入理解。

通过文献梳理，发现该任务群的研究具有一定的集中性，实施策略较为笼统，缺乏规范性及对其细化后的实践论证。实际的教学实施对于核心素养的培育践行力度不够，因此该方面仍具有较大研究价值。

三、理论基础

(一)比较文学理论

比较文学是指跨国家、民族和语言界限的文学比较，跨文化研习是以宏观视角来研究世界文学的发展，从而使学生认识到民族文学的独特魅力。在“跨文化专题研讨”的教学中，可以通过比较阅读的方式来分析鉴赏相关的文学作品，扩展学生的文化认知视野，并培养学生的思辨性思维能力，促进学生建构宏观的知识格局，进而掌握不同文学作品的解读技巧。

(二)文化自觉理论

费孝通先生提出了“各美其美，美人之美，美美与共，天下大同”的文化自觉的主张，一方面要求我们要形成文化认同感，增强文化自信；另一方面强调要交流、发展文化，在世界文化中明确民族文化的价值定位。[④] 这实际也是倡导学生进行跨文化学习的重要主张，文化异质性为人们提供了研究角度，立足于文化自觉理论，学生通过“跨文化专题研讨”，从多方文化感知中

---

① 曹东峰：《基于高中语文核心素养下的跨文化专题研讨的课堂教学实践研究》，载《课外语文》，2021(21)。

② 袁国超：《“跨文化专题研讨”学习任务群教学内容的选择和确定——以中外文学经典为例》，载《语文教学通讯》，2019(16)。

③ 时剑波：《观照与镜鉴——外国作家作品研习及跨文化专题研讨任务群解读》，载《语文学习》，2019(1)。

④ 吴娟：《“跨文化专题研讨”学习任务群的设计与实施》，湖南师范大学硕士论文，2020。

明确民族文化的本源定位与价值，强化对于不同文化的鉴赏力，顺应民族文化发展的时代潮流，借鉴与吸收其他优秀文化，树立文化自信，实现民族文化的创新传承与发展。

(三)学习支架理论

学习支架理论是对于建构主义学习理论、“最近发展区”、认知学习发展理论等理论的衍生，是理论认知向实践应用意识的转化。“支架”对于教学而言是一种外力支撑，能够帮助学习者在主动建构知识的过程中突破学习壁垒，从而助推学习目标的达成。“学习支架是一种对塑造学生独立学习能力行之有效的，理想化、个性化、动态化的干预方式。”①因此，“跨文化专题研讨”学习任务群，对于学生来讲具有一定的研究难度，教师可根据专题性质提供学习支架来帮助学生消除理解障碍，减少教师意图与学生理解之间的误差，避免学生学习积极性的降低，帮助学生完成知识网的建构，促进新知识与旧知识的融合生成，从而确保学生研究方向的准确性，在认知领域的大跨度下保持学习状态。

四、教学策略

(一)开展比较教学，体悟文化差异

“跨文化专题研讨”学习任务群的教学载体主要是经典的西方文学作品，教师在选择相关作品的教学解读时可通过比较阅读方法来展开教学。一方面是原典阅读，教师可将翻译作品与原著对比，不仅使学生能够更理解作者的创作意图，且利于学生了解中西文化在作品翻译时体现出的文化差异性。另一方面是中西作品的对比阅读，该方法能够给学生带来更直观的阅读体验，通过从多种角度出发来分析作品在不同的文化背景下所体现的不同文化形态，丰富学生的阅读体验与文化认知。

比如，卡夫卡的《变形记》和蒲松龄的《促织》，这两篇小说内容上都有涉及人格的异化，但二者在写作背景、创作意图、艺术特色等方面并不相同，教师可以此作为出发点引导学生探究中西方文学作品不同的表达方式，体会中西方文化思维的差异。

(二)开辟跨媒介渠道，打造多元视角

跨媒介渠道的开辟主要帮助学生能够随着教学技术的改进接触到更新颖

① 蒋思琪：《初中写人记叙文写作中学习支架的运用研究》，西南大学硕士论文，2020。

丰富的教学资源。首先，对于较难理解的文学作品，教师可通过影视作品的演绎为学生提供直接的感官体验，基于视觉刺激，让学生直观感知作品的艺术效果。其次，学生在阅读西方文学作品时由于文化差异会造成理解上的困难，教师可以搜集相关的文学评论，使学生了解立足于我国文化背景下对西方文学作品的解读视角，进一步帮助学生掌握西方作品的剖析技巧与切入点。最后，文学作品是依托其所处时代创作而成，这就需要教师通过信息化的手段普及作品的时代背景及文学思潮，为学生的跨文化阅读提供充分的阅读资源，利于学生开展深层次的阅读。

比如，学生阅读四大悲剧之一的《罗密欧与朱丽叶》，在凄美的爱情故事背后深藏的是西方深层的阶级矛盾以及人性的黑暗，为帮助学生理解，教师可以将经典片段的原著以及戏剧演绎提供给学生，从而让学生领会不同文化形态下悲剧的叙写方式。同时根据其创作的时代背景是以人文主义为内核的文艺复兴时期，强调个性解放，以此来反对封建社会宣扬的禁欲主义，鼓励个体追求自身的自由和幸福，教师可以此引导学生正确看待《罗密欧与朱丽叶》的悲剧价值，体悟其内在艺术价值。

（三）建构阅读支架，深入文化内核

中西方文化的差异使学生在展开跨文化研究时面临多重困难，教师作为引导者就要为学生建构适切的学习支架，发展学生的多元思维，从而更深入地理解西方文化潜在的思想意识。一方面是提供比较直接的课程资源，比如上述跨媒介的方式等，为学生提供与作品相关的文化背景、社会理念等知识补充；另一方面则是阅读方法的指导，教师可以通过思维导图、辅助阅读的梳理表格、精读略读的选择等，辅以一定的学习支架以降低阅读难度，避免文化壁垒影响学生的阅读兴趣，推进学生对文学作品深层内涵的理解，从而帮助学生知识建构的系统化。

比如，学生在阅读长篇著作《堂吉诃德》时，教师可提供一定的阅读框架以及关于情节、人物、环境等方面的梳理示范，帮助学生对这部长篇著作形成更清晰的认知，掌握阅读长篇著作的梳理技巧。同时教师可提供资料库作为阅读支架，使学生了解作品创作的背景信息，进而体会骑士文学所宣扬的生命精神，挖掘其内在的悲剧因素。教师也可引导学生撰写阅读记录，使学生随时记录所思所想，避免长篇著作的阅读难度影响学生对作品的整体感知，阅读记录可体现学生自身的鉴赏思维与观点，进而逐步提升阅读鉴赏力。

推荐阅读

[1] 陈惇，刘象愚. 比较文学概论[M]. 北京：北京师范大学出版社，2010.

[2] 袁国超. “跨文化专题研讨”学习任务群教学论[J]. 语文建设，2018(35).

[3] 时剑波. 观照与镜鉴——外国作家作品研习及跨文化专题研讨任务群解读[J]. 语文学习，2019(1).

[4] 袁国超. “跨文化专题研讨”学习任务群教学内容的选择和确定——以中外文学经典为例[J]. 语文教学通讯，2019(16).

[5] 中华人民共和国教育部. 普通高中语文课程标准(2017年版2020年修订)[S]. 北京：人民教育出版社，2020.

(张晗撰写)

21 语言文字积累与梳理

一、概念界定

“语言文字积累与梳理”是《义务教育语文课程标准(2022 年版)》中唯一一个作为基础型任务群设置的任务群，该任务群是一切语文学习的基础，它融合在其他任务群之中，也贯穿整个义务教育语文课程。《义务教育语文课程标准(2022 年版)》中强调：“该任务群重在引导学生在语文实践活动中，积累语言材料和语言经验，掌握语言文字运用规范，感受汉字的文化内涵，奠定语文基础。”① 可见该任务群在整个语文学习过程中发挥的基础作用和占据的重要地位。

二、研究现状

由于《义务教育语文课程标准(2022 年版)》颁布时间不长，所以对于“语言文字积累与梳理”学习任务群的研究相对比较少。但对于与之紧密相连的《普通高中语文课程标准(2017 年版 2020 年修订)》中的“语言积累、梳理与探究”学习任务群的研究相对较多，能为之提供很多的指引与借鉴。蔡可认为“语言积累、梳理与探究”任务群应贯穿于其他所有的学习任务群，其他的十七个学习任务群都要为这一个任务群提供实施的材料，提炼有价值的问题②，这给此任务群的价值以定位，说明了该任务群在学生语文核心素养培养中的基础地位。在此任务群的课程特征研究上，王忠亚、刘志江、张秋玲提到“学

① 中华人民共和国教育部：《义务教育语文课程标准(2022 年版)》，20 页，北京，北京师范大学出版社，2022。

② 蔡可：《语文学习任务群的整体框架及相互关系》，载《语文建设》，2018(25)。

习任务群强调解决问题途径的链条化"①。在此任务群实施路径上，徐鹏提出要重视情境化和系统性的评价机制。褚树荣提出要遵循一定的逻辑顺序对其做出三年的教学规划。这些都为我们研究《义务教育语文课程标准(2022 年版)》"语言文字积累与梳理"提供了重要的参考。

三、教学策略

首先，教师需要关注学生学习过程中的兴趣和情感的激发。该任务群的价值不仅是培养学生的语言知识和语文技能，更多的是培养学生对于语文学习长远的兴趣，所以在落实该任务群时需要结合学生兴趣特点，联系学生已有的知识和经验，用学生喜闻乐见的形式，满足学生探究的欲望，增强学生的兴趣，让学生发现祖国语言文字的美，增强学生的文化认同感。

其次，教师需要教给学生基本的语言文字积累与梳理的方法。该任务群要求学生能够掌握基本的语言文字运用规范，需要奠定学生的语文基础，积累学生的语感。《义务教育语文课程标准(2022 年版)》在教学提示部分对该任务群的四个学段设置了不同的学习内容建议。教师在践行落实该任务群的时候，可以结合不同学龄段采用不同的教学方式。

最后，语言文字积累和梳理是基础，拓展和使用更是关键，在此任务群的落实中，要有充分的评价方式，《义务教育语文课程标准(2022 年版)》在"教学提示"部分提出了："识字评价要考察学生认清字形、读准字音、掌握汉字基本意义的情况，在具体语言环境中运用汉字的能力。"② 所以教师要以此任务群为基础，建立恰当的评价标准和评价体系。

四、困境

首先，建立"语言文字积累与梳理"这一基础型任务群的课程目标是教师需要面临的首要问题，学生经过该任务群的学习，语文学科核心素养能够得到进一步的发展。其次，如何创设真实的语言环境和典型活动激发学生的语言学习兴趣，让学生在有意义的实践活动中经历语言文字的积累也是教师面

① 王忠亚、刘志江、张秋玲：《基于学习任务群的语文专题学习设计思路》，载《语文教学通讯》，2018(Z1)。

② 中华人民共和国教育部：《义务教育语文课程标准(2022 年版)》，23 页，北京，北京师范大学出版社，2022。

临的重要问题。最后，教师如何开展动态的过程性评价，如何落实“语言积累与运用”任务群教学评一致性，让学生在语言文字学习中实现自我的成长，这也是教师面临的问题。

推荐阅读

[1] 蔡可. 语文学习任务群的整体框架及相互关系[J]. 语文建设，2018(25).

[2] 王忠亚，刘志江，张秋玲. 基于学习任务群的语文专题学习设计思路[J]. 语文教学通讯，2018(Z1).

[3] 王丹霞，朱俊阳. “语言积累、梳理与探究”任务群课标设计详解[J]. 语文建设，2019(17).

[4] 谭畅. 在生活运用中积累，在积累基础上梳理——“语言文字积累与梳理”学习任务群设计与实施例谈[J]. 语文建设，2022(12).

[5] 王崧舟，陆虹. 厚积而薄发 知类而通达——新课标“语言文字积累与梳理”解读[J]. 语文教学通讯，2022(21).

（王时物撰写）

22 实用性阅读与交流

一、概念界定

“实用性阅读与交流”任务群是《义务教育语文课程标准(2022年版)》中“发展型学习任务群”中的第一个任务群，该学习任务群指向生活，主要包括“实用性”和“阅读与表达”两个关键部分，包含了生活中我们会遇到的实用性的阅读与表达，听说读写都包括在内，是语文课程“综合性”与“实践性”的课程性质的写照，旨在引导学生在日常学习生活的真实情境中，学习语言文字运用的知识与技能，培养学生在日常生活中的语言文字运用能力，从而满足学生在家庭、学校、生活中沟通与交流的需要。《义务教育语文课程标准(2022年版)》中强调：该任务群要“引导学生在语文实践活动中，通过倾听、阅读、观察，获取、整合有价值的信息，根据具体交际情境和交流对象，清楚得体表达，有效传递信息”①。

二、研究现状

首先，关于实用类文本的定义，王荣生教授认为“除诗歌、小说、戏剧和散文之外的所有文章，统称为实用文”②，并且他将现行教科书上出现的实用文划分为十三类。此外，2018年高考考试大纲也对实用类文本阅读提出要求：“了解新闻、传记、报告、科普文章的文体特征和主要表现手法。”③由此可见，实用类文本包括的范围相对较广，文章较多。

---

① 中华人民共和国教育部：《义务教育语文课程标准(2022年版)》，23页，北京，北京师范大学出版社，2022。

② 王荣生：《实用文教学教什么》，47页，上海，华东师范大学出版社，2014。

③ 教育部考试中心：《2019年普通高等学校招生全国统一考试大纲》，11页，北京，高等教育出版社，2018。

其次，《义务教育语文课程标准(2022 年版)》颁布时间不长，对于“实用性阅读与交流”任务群的研究相对比较少，而“实用性阅读与交流”同样也作为《普通高中语文课程标准(2017 年版 2020 年修订)》中学习任务群，研究相对较多，具有重要参考价值。

陆志平认为学生在“实用性阅读与交流”学习任务群中所学习的“实用性语文”完全就是真实的生活情境中真实的语文生活。因此情境性便是本任务群最大的特点之一[①]；黄玉玲、彭小明则将本任务群的特点概括为“目标性、任务性、真实性、情境性、综合性、实践性”六点。[②] 褚树荣老师对于如何进行“实用性阅读与交流”，提出了“基于文本特征”和“基于情境中的实践”两条重要原则。[③] 胡勤认为该任务群学习目标与内容要在社会实践活动情境中落实，强调自主性、实践性和实用性，要写出有实际效果的材料。[④] 综上所述，不管是概念还是教学要求，都能够看出该任务群实用性和情境性的特点。

三、教学策略

首先，教师紧扣“实用性”特点，指向学生实际生活需要的开发主题，结合学生真实情境展开教学，从而引导学生交流和表达对日常生活的感受。教师在进行该任务群的设计时，需要从学生的日常生活实际出发寻找任务主题，解决实际问题，这是该任务群落实的具体要求，也是《义务教育语文课程标准(2022 年版)》中培养学生核心素养的必要要求，也是语文能力成长的需要。

其次，教师需要在真实的语言实践活动中展开该任务群的学习。由于该任务群“实用性”的特殊性，任务群开展需要结合学生真实的生活情境，教师从学生的生活实际出发，开展教学设计，只有这样才能够培养学生真实的实用的语文学习能力。由于该任务群“表达与交流”的特殊性，可以开展丰富多样的学生喜闻乐见的活动，做好资源准备，充分开发调动和利用资源，从而锻炼学生的语文核心素养，例如：朗读、复述、游戏、表演、讲故事等活动。

最后，教学评价应注重学生在真实情境中的语言运用。任务的确定、实施、评价应是相互照应、统一的，为了实现教学目标，评价要嵌入过程之中。

---

① 陆志平：《语文学习任务群的特点》，载《语文学习》，2018(3)。

② 黄玉玲、彭小明：《〈普通高中语文课程标准(2017 年版)〉学习任务群解析》，载《学语文》，2019(2)。

③ 褚树荣：《经世致用：“实用性阅读与交流”任务群解读》，载《语文学习》，2018(9)。

④ 胡勤：《统编教材实用性阅读与交流学习目标、内容与途径》，载《语文建设》，2020(9)。

由于该任务群“实用性”的特点，所以该任务群的评价应该着重体现在学生真实生活情境中语言文字的运用能力，体现在学生生活与实践中表达与交流的能力。“围绕个人生活、学校生活、社会生活中阅读与交流的实际任务，评价学生实用性阅读与交流的能力。”①

四、困境

首先，教师在教学目标的确立和教学过程的设计过程中容易忽视“实用性”，更多的是立足在“表达与交流”上；忽视了学生日常生活的真实情境，不能够体现该任务群的特殊性。其次，该任务群在执行上的困境，该任务群更多的是依靠活动组织展开的，这与传统的语文学习特点是不同的，在教学时间的安排、教学资源的开发等方面都是教学时需要着重注意但参考借鉴严重不足的部分。最后，该任务群的评价不容易体现“实用性”的原则，在实际教学中，如何在情境中对学生的学习行为作测评是教师教学评价的难点，尤其是和传统的语文终结性评价不同，该任务群不是简单的纸笔测试就可以完成的。

推荐阅读

[1] 吴东．“实用性阅读与交流”任务群的理解与实施[J]．语文建设，2019(15).

[2] 朱于国．“实用性阅读与交流”任务群的内涵、课程价值与实施策略[J]．语文建设，2020(9).

[3] 胡勤．统编教材实用性阅读与交流学习目标、内容与途径[J]．语文建设，2020(9).

[4] 孙采文，徐鹏．“实用性阅读与交流”任务群的学习情境建构探究[J]．中学语文教学，2021(8).

（王时物撰写）

① 中华人民共和国教育部：《义务教育语文课程标准（2022年版）》，26页，北京，北京师范大学出版社，2022。

23 文学阅读与创意表达

一、概念界定

“文学阅读与创意表达”是《义务教育语文课程标准(2022年版)》中“发展型学习任务群”中的第二个任务群，该任务群主要包括“文学阅读”与“创意表达”两个部分。其中“文学阅读”是“创意表达”的基础，“创意表达”可以提高“文学阅读”的质量，二者相辅相成。该任务群是落实核心素养中语言运用、思维能力、审美创造、文化自信的重要任务群，贯穿整个义务教育阶段。《义务教育语文课程标准(2022年版)》指出：该任务群“引导学生在语文实践活动中，通过整体感知、联想想象，感受文学语言和形象的独特魅力，获得个性化的审美体验；了解文学作品的基本特点，欣赏和评价语言文字作品，提高审美品位；观察、感受自然与社会，表达自己独特的体验与思考，尝试创作文学作品”①。

二、研究现状

《义务教育语文课程标准(2022年版)》颁布时间不长，目前对于“文学阅读与创意表达”任务群的研究很少，可供参考的文献资料不多。

张玉新和马双认为落实“文学阅读与创意表达”学习任务群的必由之路，是宏观上遵循课程改革的总要求转变教学范式，中观上依据语文新课程标准要求制定相应的教学策略，微观上转化已有经验为语文新课程服务。② 袁曹阳认为《义务教育语文课程标准(2022年版)》背景下，语文教师应重视发掘文

① 中华人民共和国教育部：《义务教育语文课程标准(2022年版)》，26页，北京，北京师范大学出版社，2022。

② 张玉新、马双：《转变既往范式，转化已有经验——文学阅读与创意表达的必由之路》，载《中学语文教学》，2022(6)。

学类文本的特质，整合学生阅读的兴趣点、困惑点和阅读成长的必需点，开发个性化的阅读与表达活动，努力开展具有文学性、文艺范、文化味的阅读与表达活动。① 王崧舟和彭才华认为，作为发展型学习任务群之一的“文学阅读与创意表达”任务群：旨在引导学生感受、欣赏和评价文学语言和形象，以文学方式表达自己的体验和思考，丰富精神世界，提高审美品位。② 何夏寿认为“文学阅读与创意表达”任务群需要凸显文学的价值，体现文学的内涵，获得文学的独特审美。③ 对于该任务群的实施路径，牛文明和于红梅认为可通过整合教材、关注语言、优化资源、创新思维等四种途径，在文学阅读中引导学生实现创意表达。

虽然目前对于“文学阅读与创意表达”任务群的研究不多，但是大多数学者都将该任务群与其他的五个任务群，尤其是与其他两个发展型的学习任务群联系在了一起，将该任务群的作用与学生的核心素养培养联系在了一起，将该任务群的落实与学生的审美品位和审美体验联系在了一起。

三、教学策略

《义务教育语文课程标准(2022 年版)》从三个方面对“文学阅读与创意表达”这一学习任务群提出了教学要求和实施建议：“根据学段学习要求，围绕多样的学习主题创设阅读情境；注意整合听说读写，引导学生综合运用朗读、默读、诵读、复述、评述等方法学习作品；评价应围绕学生阅读文学作品的过程性表现进行。”④

具体而言，第一条教学提示主要强调主题情境的创设与实施。意在以实践活动为主线，以具体的任务群为载体积极开展文学阅读与创意表达的活动，教师引导学生在阅读和表达的过程中感受祖国语言文字之美，从而提高学生的语言表达能力、思维能力和审美鉴赏水平。何夏寿老师认为主题情境的设计思路是：先从一组课程内容中提取一个主题，然后围绕这个主题确定一组

① 袁曹阳：《例谈新课标学习任务群中的“文学阅读与创意表达”》，载《新课程研究》，2022(16)。

② 王崧舟、彭才华：《立象以尽意 情动而辞发——〈义务教育语文课程标准(2022 年版)〉“文学阅读与创意表达”解读》，载《语文教学通讯》，2022(27)。

③ 何夏寿：《“文学阅读与创意表达”学习任务群的理解与实施》，载《语文教学通讯》，2022(18)。

④ 中华人民共和国教育部：《义务教育语文课程标准(2022 年版)》，28 页，北京，北京师范大学出版社，2022。

统整的目标，创设学习情境，围绕这个情境确定一组学习任务。①

第二条教学提示从阅读和表达两个方面对教学提出了要求。阅读方面主要是针对学生阅读方式而言，教师引导学生综合运用多种阅读方法来学习作品，整合提升自己的听说读写的能力。表达方面主要是让学生运用多种的形式呈现，引导学生积极表达自己的想法，发挥自己的创造性。

第三条教学提示明确了教学评价的标准和评价的重点，明确了该任务群评价应侧重过程性评价。课标中指出："过程性评价重点考察学生在语文学习过程中表现出来的学习态度、参与程度和核心素养的发展水平。"② 这要求我们在实施的过程中不能以终结性评价作为唯一标准，而是在教师教的过程和学生学的过程中依据学习内容和学段要求，积极落实"教—学—评"的一体化。此外，该教学提示针对不同的学段提出了不同的要求。从阅读兴趣和大体感受到理解和具体感受再到审美领悟和体验，三个阶段层层递进，为提高学生文学审美素养的提高和学生核心素养的全面发展打下坚实的基础。

四、困境

首先，"文学阅读与创意表达"任务群的"文学阅读"部分。"文学阅读"是语文教学老生常谈但是一直困扰无数教师的问题，选择什么样的文学文本让学生阅读，怎样提高学生文学文本的阅读兴趣是困扰教师的主要困境。其次，该任务群的"创意表达"部分。如何界定创意的标准，怎样激发学生表达的创新，怎样教导学生创意表达是教师在该任务群落实中的主要困境。最后，在该任务群的评价上，教师怎样进行过程性评价和终结性评价，如何准确判断学生阅读的成效，如何对学生创意表达进行准确的评定是该任务群落实的困境。

推荐阅读

[1] 张玉新，马双. 转变既往范式，转化已有经验——文学阅读与创意表达的必由之路[J]. 中学语文教学，2022(6).

[2] 牛文明，于红梅. 文学阅读培养创意表达能力的实施路径[J]. 中学

① 何夏寿：《"文学阅读与创意表达"学习任务群的理解与实施》，载《语文教学通讯》，2022(18)。

② 中华人民共和国教育部：《义务教育语文课程标准（2022年版）》，46页，北京，北京师范大学出版社，2022。

语文教学，2022(6).
[3] 何夏寿. "文学阅读与创意表达"学习任务群的理解与实施[J]. 语文教学通讯，2022(18).

（王时物撰写）

24 思辨性阅读与表达

一、概念界定

《现代汉语词典》中对“思辨”的解释为，一是指普遍意义上的思考，也就是“思考辨析”；二是指向哲学范畴，是运用逻辑推导而进行纯理论、纯概念的思考。思辨性阅读与表达既是高中阶段十八个学习任务群之一，同时也是《义务教育语文课程标准(2022 年版)》中“发展型学习任务群”中的第三个任务群。

在进行思辨性阅读与表达任务群的教学时，应注意思辨过程中的认知技巧与思维，即所包含的分析、综合、演绎、归类、推理、想象等多方面的思维活动，其概念核心环节就在于分析质疑、反思评价和论证创造。阅读与表达是人们日常学习和生活中不可或缺的两大技能，高中阶段的学生需要充分培养其阅读、写作和口语交际的能力。“思辨性阅读与表达”也就是“思辨性阅读”“思辨性表达”，即在阅读和表达活动中运用和提高学生的思辨能力，归根结底就是提高学生的思考能力。

二、研究现状

目前，关于义务教育阶段“思辨性阅读与表达”任务群的研究还不多，但与之相关联的《普通高中语文课程标准(2017 年版 2020 年修订)》中的“思辨性阅读与表达”任务群研究相对较多，具有重要的参考价值。

对于“思辨性阅读与表达”的教学价值解读，课标修订组认为：“作为专门训练学生逻辑思维、理性思维和思维品质的课程内容。”① 陈兴才认为“思辨”

① 王宁、巢宗祺：《普通高中语文课程标准(2017 年版 2020 年修订)解读》，131 页，北京，高等教育出版社，2020。

旨归于批判性思维，该学习任务群扎根于语文的阅读和写作学习，以培养思辨品质，实现深度学习为宗旨。① 目前，大多数的研究者认为该任务群的教学价值主要是学生思辨能力的提升，也就是提高学生的批判性思维能力。

在“思辨性阅读与表达”学习任务群教学方式的研究中，褚树荣强调无论是阅读、写作，还是口语交际，都需要批判性思维的相关知识介入，议论文写作必须补习逻辑知识和技能，口语交际要补习“讨论”的知识和技巧。② 张玉新提出“整合论辩性文本与传统经典文本，整合时文、娱乐文本、思辨其价值”③。邓可成以《夜归鹿门歌》为例，认为在思辨性阅读教学中要做到以文本为基石，利用矛盾，善于提问，广掘资源，从而搭建思维平台，激发学生的辩证意识。④

三、教学策略

2022 年版课标从四个方面对“思辨性阅读与表达”这一学习任务群提出了教学要求和实施建议：设置学习主题和学习情境、设置多样的活动、利用信息技术搜集资料、注意学习评价。

首先，教师需要根据不同学龄段学生的教学任务和要求，将文本的阅读、自主学习、探究学习相结合，创造出适合学生阅读与表达的环境，为学生的思考、交流、探究提供适宜的情境。其次，教师要根据不同学龄段学生的学习能力设置多样化的学习活动。课标中对不同学段设置了不同的教学提示，例如第一学段保护孩子的好奇心、自信心；第三学段引导学生区分观点与证据，条理清晰地表达自己的观点。再次，教师要借助现代信息技术手段，引导学生学会信息搜集的方法。这是“思辨性阅读与表达”学习任务群教学提示方面特有的一条，能够拓展学生思路，区分原始资料和间接资料。最后，教学评价，教师需要及时地关注与评价学生的表现，关注学生的学习动态和学习方法，准确地给予学生建议，落实“教—学—评一致性”。

---

① 陈兴才：《“思辨”：阅读与表达的品质保障——兼评几个设计案例》，载《教育研究与评论（中学教育教学）》，2018(10)。

② 褚树荣：《思辨何为：“思辨性阅读与表达”解读》，载《语文学习》，2018(8)。

③ 张玉新：《整合：思辨性阅读的有效策略》，载《中学语文教学》，2017(8)。

④ 邓可成：《开掘文本内外资源　培养思辨性阅读能力——以〈夜归鹿门歌〉教学为例》，载《语文教学通讯·D刊（学术刊）》，2019(5)。

四、困境 >>>>>>>>

首先，义务教育阶段的学生理性思维尚不成熟，对于思辨性的文本兴趣不高，如何培养学生兴趣，培养学生对思辨性文本的兴趣，进而进行阅读，是该任务群落实中的主要困境。其次，作为发展型的学习任务群，如何引导学生发现问题，如何锻炼学生的问题意识是教师在该任务群落实时常遇到的最大困扰，这也是教学的困境。教师如何调动学生参与其中是解决该困境的首要问题。最后，鉴于该任务群的特殊性，如何制定符合学生思维的评价标准，如何评价学生的思维过程也是教师教学的主要困境。

推荐阅读 >>>>>>>>

[1] 陆志平，张克中．“思辨性阅读与表达”任务群的理解与实施[J]．语文建设，2019(3).

[2] 孙晋诺．“思辨性阅读与表达”任务群案例：跟四位“名师”学思辨[J]．语文建设，2019(3).

[3] 薛法根．理性思维：做负责任的表达者——“思辨性阅读与表达”任务群的内涵解读[J]．语文建设，2022(8).

[4] 沙伊露．“思辨性阅读与表达”学习任务群的实施路径建构[D]．华东师范大学硕士论文，2019.

（王时物、石申杰撰写）

25 批判性阅读

一、概念界定

批判性阅读也称反思性阅读，是西方国家为培养学生批判性思维而提出的一种阅读模式。文本是反映客观世界的一种媒介，在文本阅读过程中需对其进行质疑、分析、判断并加以评价，这就是批判性阅读。[①] 与传统阅读模式相比，它关注对文本深层次的理解，通过文本阅读来辨别文本中的事实与观点，以揭示隐藏在文字背后的意识形态，并依此形成读者自身的个性化观点与看法。

二、研究现状

批判性阅读教学的研究在国内起步较晚，1996 年刘儒德首次提出。批判性阅读教学是培养学生批判性思维的主要途径。近年来，国内学者对批判性阅读重视起来，并进行相关研究，但成果不多。国内研究主要集中在理论研究和课堂教学应用方面。

理论研究主要体现在对国外批判性阅读研究成果的综述方面，如批判性阅读的界定、批判性阅读技能的总结。罗楠在《批判性思维》中尝试将批判性的思维引入我国，并试图与我国具体的教育实际情况相结合，探索出适合我国本土教育的培养方式。张志敏和武宏志在《批判性思维初探》中详细探究了国内外关于批判性思维的定义以及相关运动，论述了批判性思维教学的方式，为我国批判性思维的教学提供了理论来源。

批判性阅读的应用研究主要是以学生为研究对象的各年级课堂教学应用，如教学策略和教学步骤的研究。张旭在《基于批判性思维培养的中学语文阅读

① 张三香、谢薇薇：批判性阅读理论的依据与策略，载《江西社会科学》，2012(7)。

教学策略研究》中根据批判性思维的核心能力，拓展阅读材料，培养学生的批判性阅读能力，提出对学生进行提问技能、批判性思维流程、论证方法等训练。

三、理论基础

批判性阅读的提出来自批判主义的兴起和批判性思维的培养。1940 年始，批判性思维在美国教育改革中就已成为一个重要的主题。20 世纪 90 年代起，美国的教育与教学就开始以批判性思维为基本目标。随着对批判性思维的日益重视，国内外相关学者和教育研究者对批判性阅读进行深入探讨研究。建构主义学习理论和批判性语篇分析为批判性阅读及其研究提供了有力的理论支撑。

当代批判性阅读理念主张：人们对同一事物会有不同而清晰的认知和看法。批判性阅读以建构主义学习理论为基础，建构主义认为，知识是由学习者基于自己已经获得的知识经验，通过与他人、社会中其他成员或已有观念的相互作用而获得的。因此，学习者需要在原有知识基础上对知识进行补充、扩展和更新。在这个过程中，学习者通过自己的活动，建构起新的知识、技能和态度。学生只有通过阅读才能形成一定的知识观和学习态度，并逐步将已有的知识观内化。由于每个人都不可能对自己已有的知识和经验作全面的、系统的了解，因而就有必要建构知识，对自己的知识作必要的解释。对一个事物的认识不可能完全由教师或权威人士进行直接灌输，而是要根据个体已有的知识和经验进行选择、加工，再由学生去建构。学生通过阅读，创造了一种新的认知方式并加以运用，就是一种自主建构。建构主义强调：个体只有通过自我建构才能形成其所理解的新知识。这种认知方式是以自己的知识经验为基础的，是个体主动建构的，而不是他人强加的。强调读者在阅读文本时，要有批判意识，要求人们对他人建构的东西进行检验、批判和反思，最终形成自己对文本的理解。

四、实施策略

(一)准备与预习

创设问题情境，唤醒批判意识。教师通过创设问题情境，使学生产生疑惑与质疑，激发学生的好奇心，进而利用本身已有的知识结构，通过思考、分析、质疑、整理等环节来解决问题，从中发展学生的创造性能力和批判性思维。

(二)建构与整合

优化阅读过程，发展批判技能。在阅读教学过程中，教师不能忽略学生的个性化理解和情感体验，要尊重学生的个体差异性，以情感鼓励为主，启发诱导为辅，调动学生思考和参与课堂的积极性，推动阅读教学过程中批判性思维的深入。

(三)应用与拓展

增强迁移能力，培养批判思维。教师阅读文本时，要注意整体和部分相互迁移，具体和抽象相互迁移，只有这样，才能更客观、更全面地用发展的眼光分析、解读文本。

推荐阅读

[1] 张三香，谢薇薇. 批判性阅读理论的依据与策略[J]. 江西社会科学，2012(7).

[2] 高星. 高中语文教学中批判性阅读能力的培养研究[D]. 天水师范学院硕士论文，2019.

(马群莺撰写)

26 探究性阅读

一、概念界定

《普通高中语文课程标准(2017 年版 2020 年修订)》明确提出“注重个性化阅读，学习探究性阅读和创造性阅读”。探究性阅读符合语文教育课程改革的基本理念和语文学科核心素养的发展方向，对语文教学起着极其重要的影响和作用。

探究性阅读是指通过教师的指导和引领，学生主动独立地对阅读材料进行整体感知和分析理解，对于其相关内容善于和其他人交流讨论，从而从阅读材料中获得独特新颖的阅读感受和审美体验。探究性阅读的开放程度高、自主学习强度大、挑战力度强，因此教师在引导学生进行探究性阅读时应鼓励其独立自主地思考，勇于发现问题并解决问题，善于和别人进行交流沟通合作，倾听别人的观点和意见，从而融会贯通，达成对阅读材料的深度学习和广度理解。探究性阅读要求教师在日常课堂和阅读指导及写作研究中尝试建构起一种类似于科学思维的主动探究式学习和情境结构形式，以促进培养学生自觉思考的兴趣和自主探索学习的方式，让学生在教师的正确指导及帮助下，对阅读材料进行分析质疑、比较推敲，最终获得创新的结论和观点。

二、研究现状

关于探究性阅读概念的研究，倪文锦认为：探究性阅读是创造性阅读的花朵。它使读者不迷信书本，边读边思考，深入探讨，细究精神，以求根究底地主动阅读。[1] 陈玉秋认为：探究性阅读是开放性、自主性、挑战性与综

---

① 倪文锦主编：《小学语文新课栏教学法》，210 页，北京，高等教育出版社，2003。

合实践性的阅读，它从方法到途径都对教学、学生提出了新要求。①

关于探究性阅读方法的研究，何强生提出从文体学视角、美学视角、文化学视角和语义学视角来探究文本。仇定荣认为，探究性阅读有四种方法：文本式探究、迁移式探究、应用式探究和活动式探究。

三、理论基础

(一)接受美学理论

接受美学理论认为读者的任何一种阅读活动都有“期待视野”的参与。读者在接受文学作品时，本身所具有的经验、知识、趣味和能力等方面在阅读时会促使其对作品显现出一种定向性的期待。期待视野不仅对整个阅读实践活动进程有正向驱动导向作用，而且以一种经验背景和参考框架的形式发挥其影响，而阅读实践的过程同时也是期待视野的对象化发展过程。

(二)探究教学理论

杜威认为世间不存在任何永恒存在的真理，知识和经验总是接受不断变化的实践的考验。他坚持主张教师应当让学生从做中学，在实际做中深入思考，强调应以实际的行动检验或用“思想实验”来进一步验证猜想和假设，强调应该培养学生的主动探索求知精神和解决客观世界实际问题的能力。萨其曼和加涅等还认为教学应该首先注意教学信息处理过程本身，主张教师通过各种实践探究活动进行实践探究教学，学生可以通过多种实践探究活动进行探究学习。人本主义还认为每一个人都具有种种固有的先天的优良潜能，教育的作用在于使人的先天潜能最终得以实现。

四、实施策略

(一)立足文本

教材选文具有文质兼美的艺术特点，富有历史文化内涵和浓厚时代气息。教师在进行探究性阅读时应善于使用教材选文，立足文本，从文本的角度出发，引领学生读会文本、读懂文本、读好文本，在关注文本本身的价值取向的同时，尊重学生独特的审美体验。

---

① 陈玉秋：《语文课程与教学论》，54页，桂林，广西师范大学出版社，2004。

(二)学会迁移

教师在进行探究性阅读时要学会迁移，把阅读活动从课内延伸到课外，引导学生把阅读从文本拓展到工具书、报刊、影视、网络、戏剧、图书馆、博物馆、纪念馆、展览馆等，善于利用多种特色语文课程资源和多样化的阅读方式，把阅读探究变成贯穿学习生活和社会实践的第一大人生乐趣。

(三)实践应用

学习的最终目的是应用，阅读的最终目的也是如此。学生在探究性阅读时要注意筛选和提取文本的关键信息，并利用文本提供的相关信息和自己筛选提取的关键信息解决现实生活所遇到的具体问题。

(四)组织活动

教材或课堂中的相关问题被学生发现并提出后，可能从教材中不能直接找出问题的答案，教师可以组织语文实践活动，让学生自主查找资料，调查实验，取舍信息，通过活动解决新问题，从而充分地释放学生的探究潜能。

推荐阅读 >>>>>>>>

[1] 何强生. 语文探究性学习论[M]. 合肥：安徽人民出版社，2008.
[2] 仇定荣. 聚焦初中语文探究性阅读[J]. 中国教育学刊，2005(6).

(王思聪撰写)

27 外国作家作品研习

一、概念界定

“外国作家作品研习”是属于高中语文选择性必修中的一个任务群。根据新课程标准，本任务群旨在引导学生研习外国文学名著名篇，感受人类精神世界的丰富，培养阅读外国经典作品的兴趣和开放的文化心态。[①] 该任务群上承必修任务群“文学阅读与写作”，下接选修任务群“跨文化专题研讨”，是必修与选修之间深化提升的过渡，反映出课程的层次性和差异性。同时，该任务群搭建了一个学习平台，与学生思维发展的关系密切，有助于学生综合素质的发展提升。

二、研究现状

“外国作家作品研习”学习任务群的相关研究主要由教学内容和教学策略两方面构成。

在教学内容方面，时剑波对“外国作家作品研习”和“跨文化专题研讨”这两个相似的任务群进行对比解读，阐述设置这两个任务群的目的所在，并提出共同的学习策略。[②] 高碧珍在其硕士论文中，结合课标的要求和问卷调查反映的问题，提出了该任务群的教学原则，并从课标的课内外读物参考、人教版的外国文学作品整理、自主构设的专题角度三个方面整理教学内容，具有很大的参考价值。[③]

---

① 中华人民共和国教育部：《普通高中语文课程标准(2017 年版 2020 年修订)》，24 页，北京，人民教育出版社，2020。

② 时剑波：《观照与镜鉴——外国作家作品研习及跨文化专题研讨任务群解读》，载《语文学习》，2019(1)。

③ 高碧珍：《高中“外国作家作品研习学习任务群”教学探究》，广州大学硕士论文，2020。

关于“外国作家作品研习”的教学策略，李雅岚提出应在遵循整体性原则、情境化原则、合作性原则及生本位原则的基础上组织教学，构建了“主题研习、比较研习、组群研习和项目研习”四个实施路径，并从教学目标、教学内容、教学方法和教学原则四个方面组织教学策略，为一线教师提供教学参考。① 姜克春根据该任务群教学所存在的具体问题，提出了“教师要提高专业素养；创设真实的学习情境，开展群文阅读；注重讲解背景知识；加强对学生课外阅读的指导；教学完成后实施多元互动教学评价”等具体可行的教学策略。② 杨大忠认为“外国作家作品研习”学习任务群教学设计，可从“横向比较、中外对比、延伸拓展”三个方面着手，且三个步骤从教学层次上是逐层加深的，实施的过程应循序渐进。③ 时剑波提出“专题教学”的方式，专题的选择可以时间为序，兼顾代表性地域，选择在人类文学史上产生过重要影响的经典作家作品或反映某一国家或民族典型心理、风格的作品。④ 有研究者基于具体的专题教学或文化视角，对“外国作家作品研习”学习任务群的教学实施进行探索，如刘玥以“多元文化教育”为切入点，提出了“外国作家作品研习”学习任务群设计与实施的具体策略。⑤

目前，针对“外国作家作品研习”学习任务群的研究成果主要集中在教学内容及教学策略上，具体的教学价值、教学原则等方面的相关研究有待进一步补充和完善。研究者大多从理论层面为该任务群教学提供建议，值得注意的是时剑波的“专题教学”策略以及所设计的专题主题，为一线教师提供了具体的教学方向。

三、实施策略

结合有关学者、教师对该任务群的研究，在实际教学中，教师要认真研究教材文本，根据相关课标要求，以多样化的教学策略引导学生深入阅读作

① 李雅岚：《“外国作家作品研习”学习任务群实施路径初探》，湖南师范大学硕士论文，2020。

② 姜克春：《高中语文“外国作家作品研习”学习任务群教学策略研究》，江西师范大学硕士论文，2021。

③ 杨大忠：《“外国作家作品研习”学习任务群教学内容的设计策略》，载《教学与管理》，2022(4)。

④ 时剑波：《观照与镜鉴——外国作家作品研习及跨文化专题研讨任务群解读》，载《语文学习》，2019(1)。

⑤ 刘玥：《多元文化教育视角下“外国作家作品研习”教学研究》，广东技术师范大学硕士论文，2022。

品，拓展文化视野，落实核心素养的培养。

（一）补充背景信息，扫除知识盲区

不同的地域不同的时期往往产生各具特色的文学作品，这一方面促成了文化发展的多样性，另一方面也产生了文化之间的壁垒。因此中西方文化上的巨大差异，使得学生在学习外国作品时会产生隔膜。教师在对外国作品展开教学之前，补充相关的背景知识，扫除知识盲区，这是学生深入阅读外国作家作品前至关重要的一环。

（二）加强内容整合，展开比较阅读

该任务群的教学需要教师认真分析教材，整合文本，连接必修教材中的外国作家作品或外国作品的整本书阅读等，精选教学内容，以求调动学生关于世界历史、地理以及不同民族文化的知识。在阅读策略上，教师可以选择比较阅读。比较阅读不仅能够帮助学生深入理解文本，还能够扩大学生的阅读量，促进学生思维能力的发展，主题、题材、作者等多个角度都可以作为比较阅读的切入点。通过对中外不同作家作品进行比较阅读，可以加强学生对作家独有的风格的理解，同时也可以比较不同作家的性格、遭遇等，加深学生对作品主旨、内涵的感受。

（三）拓展课程资源，推动文本探究

在该任务群的教学中，教师可以组织学生选择自己感兴趣的作家作品或专题，以丰富的课程资源，多样的教学形式促进语文课堂的开展，引导学生在课堂上展开探究学习。如相关电影、演讲、话剧资源等，教师以问题为引导，推动学生对文本的深入研讨。对于不符合中文语言习惯的外国作家作品来说，丰富的课程资源一方面可以提升学生学习的兴趣；另一方面，多角度的内容呈现可以加深学生对文本的理解，形成自己的思考。

推荐阅读

[1] 褚树荣，时剑波．海外云天：外国作家作品研习[M]．上海：上海教育出版社，2018．

[2] 时剑波．观照与镜鉴——外国作家作品研习及跨文化专题研讨任务群解读[J]．语文学习，2019(1)．

[3] 蒋君芳，邹春盛．“外国作家作品研习”学习任务群实施探究——海明威作品专题的叙述性解读[J]．语文教学通讯，2020(34)．

（朱瑞琳撰写）

28 科学与文化论著研习

一、概念界定

“科学与文化论著研习”是属于高中语文选择性必修中的一个学习任务群。科学与文化论著以著作的形式表达和传播人们的科学、文化研究成果。高中新课标明确指出：“本任务群研习自然科学和社会科学论文、著作，旨在引导学生体会和把握科学与文化论著表达的特点，提高阅读、理解科学与文化论著的能力，开阔视野，培养求真求实的科学态度和勇于探索创新的精神。”①

二、研究现状

“科学与文化论著研习”的研究主要集中在相关理论分析层面。部分研究者首先从该学习任务群的功能定位、特征分析两个方面展开研究。如王宁、巢宗祺认为该学习任务群的基本功能是通过阅读文章，学习语言并提高运用语言的能力，培养阅读科学与文化论著的能力，促进思维的发展，培养科学精神。刘川江从课程论角度进行分析，指出该学习任务群具有整合倾向的特征，顺应了当前学科融合的大趋势，培养学生的科学思维是该学习任务群课程目标的重要取向。②

其次，一些研究者基于“科学与文化论著研习”学习任务群的特性，提出相关教学策略。如赵天娇从“科学与文化论著研习”学习任务群的特点出发，设计了语言、思维、审美、文化四方面的教学策略，适用于该学习任务群的

① 中华人民共和国教育部：《普通高中语文课程标准(2017 年版 2020 年修订)》，25 页，北京，人民教育出版社，2020。

② 刘川江：《“科学与文化论著研习”学习任务群的课程论分析》，载《教学与管理》，2020(21)。

教学实践。[1] 陈怡认为进行该任务群教学时，可以进行多角度、多课程融合的活动设计，其学习重点应指向文本结构脉络、论证逻辑。[2] 其中，胡晓认为这类论著的阅读策略和方法以及其思维和表达的特点更值得在教学中关注，并以选择性必修下册第四单元为例，专门对自然科学论著应如何围绕语文核心素养开展研习提出相关教学要点。[3]

目前，研究者们关于"科学与文化论著研习"学习任务群的研究处于起步阶段，研究热点集中在"科学与文化论著研习"学习任务群的功能定位、价值分析、教学策略等方面，教学策略也都是从较为宏观的角度提出。研究者对具体的教学方法、教学原则、教学过程等方面的研究相对较少，同时缺乏具体的教学设计案例，该学习任务群的教学策略等方面存在着巨大的研究空间。

三、实施策略

基于科学与文化论著的文本特点，教师在实际教学中可采用"1＋X"的群文阅读策略，并且要重视阅读方法的指导，以多种手段调动学生的阅读兴趣。

(一)重点研读一篇，自主探究多篇

传统的"一篇一课"教学精讲模式显然不适合该任务群下的教学实际，教师需要基于该任务群特点，扩充课程容量，如开发教材资源，融合多任务群进行群文教学，相同作者、相同领域或相同论述方法等都是教师选文时可以参考的角度。在具体教学中，教师可以通过重点研读一篇，自主探究多篇的方式，通过创设问题情境等手段，带领学生感受文章缜密的思维逻辑以及严密准确的语言特点。此外，教师鼓励学生自主探究多篇文章，要重视对选文深浅内涵的把握，选择适合学生的文章。

(二)重视阅读指导，强调读思结合

自然科学与社会科学论著为论述类文本，这两类文章的内涵都较为丰富，句式结构复杂，需要学生具备一定的抽象思维与逻辑能力。不同类型的文本，需要教师针对性地选择阅读策略，搭建阅读支架，同浏览、泛读、精读、跳

---

① 赵天娇：《"科学与文化论著研习"学习任务群教学策略研究》，哈尔滨师范大学硕士论文，2022。

② 陈怡：《"科学与文化论著研习"教学之我见》，载《语文世界(教师之窗)》，2022(1)。

③ 胡晓：《自然科学论著"研习"什么，如何"研习"——选择性必修下册第四单元教学要点分析》，载《语文建设》，2022(7)。

读等多种阅读方法相结合，着重加强学生对文章内容的深入探究。根据不同文章的特性，注重培养学生的理性思维能力，边读边思，以读促思。

(三)解锁多种教学手段，激发学生兴趣

在课堂上，教师可充分运用多媒体技术，引入丰富的课外资源，帮助学生学习文本。教师通过列思维导图、搭建知识图表等方式帮助学生厘清内容结构，梳理文章脉络，推动文本的精读、深读。课后，教师可通过知识竞赛、辩论赛、有奖征文或研讨会等活动，激发学生的阅读兴趣，引导学生阅读这类的课外读本，丰富自身知识体系，在充分体现语文学科的自身优势下，锻炼学生的阅读与思维能力。

推荐阅读

[1] 王宁，巢宗祺. 普通高中语文课程标准(2017年版)解读[M]. 北京. 高等教育出版社，2020.

[2] 胡晓. 自然科学论著“研习”什么，如何“研习”——选择性必修下册第四单元教学要点分析[J]. 语文建设，2022(7).

(朱瑞琳撰写)

29 汉字汉语专题研讨

一、概念界定

“汉字汉语专题研讨”是属于高中语文选择性必修中的一个学习任务群。新课标指出，该任务群是在必修和选择性必修“语言积累、梳理与探究”的基础上，就汉字或汉语的某一问题，加以归纳、梳理，训练学生从应用中观察语言文字现象的能力和总结规律的综合分析能力，旨在加深学生对汉字、汉语的理性认识。[①] 该任务群也可以训练学生规范书写汉字、从应用中了解汉字汉语特点、总结汉字汉语规律的能力，促进语文素养的综合全面提升。

二、研究现状

汉字汉语专题研讨相关研究主要集中于该任务群的教学层面上。

教学范式方面，张钧以汉语语言学描写研究三种方式为学科知识依托，在语文课程与教学的话语体系中，针对“汉字汉语专题研讨”学习任务群提出三种教学范式，分别是共时规律归纳范式、历史演变考察范式和中外语言比较范式，并提供具体的教学操作策略。[②]

教学实践方面，汪大昌结合自己的教学工作经验，就如何引导学生发现问题，从语法学、方言学、文字学、语音学等方面提示操作细节。[③] 时剑波认为该任务群教学中，汉字汉语研讨是一项较为抽象的活动，关键要将其转化为有真实情境和意义的学习任务，并基于此进行了专题为“姓名文化”的教

① 中华人民共和国教育部：《普通高中语文课程标准(2017 年版 2020 年修订)》，26 页，北京，人民教育出版社，2020。

② 张钧：《“汉字汉语专题研讨”任务群的教学范式》，载《中学语文教学》，2018(9)。

③ 汪大昌：《汉字汉语专题研讨”学习任务群选修课的几点建议》，载《中学语文教学》，2018(9)。

学设计，为教学实践提供案例。[①] 教师康琮琮和郭翠翠在“汉字演变”专题研讨任务群中，以“名字”为载体，设计了“名正理顺”和“名如其人”两个语言实践活动。[②] 邱兼顾基于当地的现实情况，以“探寻汉语中的地方味”为活动情境，以“汉语南京”为项目主题，设计了具体的学习活动，供一线教师参考实践。[③]

综上，针对“汉字汉语专题研讨”学习任务群的教学实践方面的研究较多，大部分一线教师提出具体的专题教学活动设计，具有极大的参考价值。同时也暴露出研究者对该任务群理论研究方面的不足，缺乏对“汉字汉语专题研讨”学习任务群功能定位、价值特征等方面的研究，尤其是对该任务群与“语言积累、梳理与探究”任务群区别与联系的探究，缺乏系统的研究框架。

三、实施策略

语文是一门学习祖国语言文字运用的综合性、实践性课程，“汉字汉语专题研讨”任务群需要引起广大教师的重视。在该单元教学中，教师要以学生为主体，以任务为驱动，创设真实情境，以丰富多样的课程内容促使学生学好汉字、用好汉语。

（一）以学生为本，关注学生的学习需求

学生是学习的主体，汉字汉语与学生的学习和生活息息相关。“汉字汉语专题研讨”选修课程要从学生已有的学习经验和现实需求出发，积极关注学习主体的认知特点、学习兴趣、体验天性以及研讨本真，发现与汉字、汉语相关的问题，有意识地提高学生对语言现象的理性认识。同时，专题的选择还应考虑到学生的未来使用需求，要利于学生的长期应用。

（二）积极开发课程资源，丰富课程内容

“汉字汉语专题研讨”选修课程的开发与实施应注重课程资源和教学内容的开放与创新。课程资源方面，应满足普通高中语文课程多样性和选择性的需要，教师可充分利用互联网资源、多媒体资源、图书馆资源等，针对语言

---

① 时剑波：《基于任务驱动 创设语用情境——“汉字汉语专题研讨之姓名文化”教学设计》，载《中学语文教学》，2019(4)。

② 康琮琮、郭翠翠：《基于问题情境的汉字汉语专题研讨任务群设计》，载《北京教育（普教版）》，2021(1)。

③ 邱兼顾：《探寻汉语中的地方味——以“汉语南京”项目为例》，载《语文教学通讯》，2019(Z1)。

生活中的现实问题，例如课标所提示的网络语言与汉字汉语规范问题、方言与普通话关系问题、成语典故运用问题等，选择生动、有趣的教学内容来丰富学生对于汉字汉语的认识和理解。学生也可通过辩论赛、撰写调查报告等丰富多样的活动来展现学习成果，在实际语言运用中提高对祖国语言文字的认识与应用能力。

（三）基于任务驱动，创设真实语用情境

该任务群教学中，教师可通过任务驱动的教学模式，创设真实的语用情境，促进学生的真学习、真发展。学生在进行专题研讨时，教师可通过一系列任务为引领，指导学生以多种多样的合作模式展开探究与思考，如“读书报告会”“语言专题调查小组”等。此外，教师要确保活动展开得真实、有效，避免流于表面、虚张声势的活动形式。其中，情境是学习内容的有机组成部分，要与该专题的主题、任务融为一体。基于汉字汉语学习的特殊性，教师应努力为学生创造真实的、具体的汉语运用情境，使活动主体获得言语实践的真切体验，在真切体验中积累言语经验，提升语言运用能力。

推荐阅读 >>>>>>>>

[1] 张钧．“汉字汉语专题研讨”任务群的教学范式[J]．中学语文教学，2018(9).

[2] 汪大昌．“汉字汉语专题研讨”学习任务群选修课的几点建议[J]．中学语文教学，2018(9).

[3] 时剑波．基于任务驱动 创设语用情境——“汉字汉语专题研讨之姓名文化”教学设计[J]．中学语文教学，2019(4).

[4] 邱兼顾．探寻汉语中的地方味——以“汉语南京”项目为例[J]．语文教学通讯，2019(Z1).

（朱瑞琳撰写）

30 中华传统文化专题研讨

一、概念界定

“中华传统文化专题研讨”是《普通高中语文课程标准(2017 年版 2020 年修订)》在选修阶段设置的学习任务群。在课标规定的 18 个学习任务群中，涉及“中华传统文化”内容的主要有“中华传统文化经典研习”“中华传统文化专题研讨”两个学习任务群。新课标对“中华传统文化专题研讨”任务群有如下界定：“本任务群是在‘中华传统文化经典研习’的基础上，选择中华优秀传统文化的相关内容组成专题进行深入研讨，旨在加深学生对传统文化的认识和理解，增强传承、弘扬中华优秀传统文化的自信心、责任感。”①

二、研究现状

通过查阅文献及相关资料发现，与“中华传统文化专题研讨”任务群相关的研究相对较少，主要集中于“中华传统文化专题研讨”学习任务群的价值取向和教学设计案例两方面。

关于该任务群的价值取向，蒋蕾、钱加清认为其指向语文核心素养的整体性提升，注重对中华传统文化的深入性体验，追求对传统文化作品的创造性转化。并且提出了“加强整合关联；关注文化体验；联通经典与现实”三个有效实现该任务群功能价值的实践路径。② 符宏毅认为可以围绕传统文化中的讲仁爱、重民本、守诚信、崇正义、尚和合、求大同六大核心理念进行专

① 中华人民共和国教育部制订：《普通高中语文课程标准(2017 年版 2020 年修订)》，28 页，北京，人民教育出版社，2020。

② 蒋蕾、钱加清：《“中华传统文化专题研讨”任务群：价值取向及实践路径》，载《语文教学通讯·D 刊(学术刊)》，2022(1)。

题分析，以便更好落实“中华传统文化专题研讨”任务群的学习。[1]

此外，部分研究者以具体的专题案例为依托，来探究该任务群教学策略。如张艾功以《论语》专题研讨为例，认为设计“中华传统文化专题研讨”任务群的教学应有更高的站位，例如研读课标，基于大概念整合内容，以创设学习情境为起点，组织多样化活动等，最终促进学生深度认知中华传统文化，理性继承中华传统文化。[2] 除此之外，眭金祥以“古诗的阅读与改写”专题为例[3]；施辉、郭录波以“中华传统孝文化专题”为例[4]；高培圣以“传统家训的价值导向”为例，进行具体的教学设计。[5]

综上，对“中华传统文化专题研讨”任务群的研究以相关教学实践案例为主，进行教学策略的总结。针对高中语文“中华传统文化”相关理论方面的研究更多集中于任务群“中华传统文化经典研习”上，对“中华传统文化专题研讨”任务群以及两个任务群之间关系的相关研究有待进一步补充与完善。

三、实施策略

蕴含中华文化思想精华的代表作品数不胜数，教师在该单元的教学中，要精选文本，确定专题，在学习过程中促进学生核心素养的培育和落实。

(一)多角度确定专题，适应学生需要

“专题学习”的建立是进行该任务群学习与研讨的前提与关键。该任务群位于高中语文选修阶段，其专题的确定可以从多方面、多角度出发，学生可以自主设计，确定学习专题。教师也可以通过多个任务群融合教学，积极开发教材资源，或进行跨学科学习，与历史、地理等专业进行融合，推荐适合学生发展的、易激发学生兴趣且能够体现传统文化思想精华的专题进行教学，以保证选修阶段的任务群教学效果。

① 符宏毅：《中华传统文化学习任务群的构建与教学》，载《中学语文教学参考》，2021(36)。

② 张艾功：《“中华传统文化专题研讨”学习任务群的目标、内容与实施——以〈论语〉专题研讨为例》，载《语文教学通讯》，2021(4)。

③ 眭金祥：《[中华传统文化专题研讨]多姿古诗韵恒在，长短骈散纵我心——古诗的阅读与改写》，载《语文教学通讯》，2019(Z1)。

④ 施辉：《说说心中的孝——中华传统孝文化专题的学习任务群设计》，载《教育研究与评论(中学教育教学)》，2019(3)。

⑤ 高培圣：《精神门楣：传统家训的价值导向——“中华传统文化专题研讨”微专题教学案例》，载《语文学习》，2019(3)。

(二)加强阅读指导，促进理性思考

在专题教学时，教师需要引导学生在阅读学习的过程中注意记录，以保证知识的有效摄取。学生阅读时应做读书笔记，记录自己的探究与理解、发现与感悟，教师可以通过开展相关交流会，让学生进行读书笔记的呈现，在此过程中增进对中华文化核心思想理念和中华人文精神的认识和理解，促进学生深度思考。同时，教师引导学生以小组合作探究的方式，围绕中心论题进行有准备的研讨，培养学生系统整理知识、自主学习的品质。

(三)多元互动交流，加深知识理解

在该任务群教学中，教师可以在引导学生独立完成相关专题研习的基础上，从研究的资料、过程、方法、收获等多个角度展示研究成果，例如小组分享会、读书报告会等多种形式，也可以围绕学习中的问题，与同学、教师、家长等进行交流讨论等，呈现自己的探究与发现，加强对该专题知识的理解与掌握。

推荐阅读

[1] 眭金祥. 中华传统文化专题研讨多姿古诗韵恒在，长短骈散纵我心——古诗的阅读与改写[J]. 语文教学通讯，2019(Z1).

[2] 张艾功. “中华传统文化专题研讨”学习任务群的目标、内容与实施——以《论语》专题研讨为例[J]. 语文教学通讯，2021(4).

(朱瑞琳撰写)

31 活动课程

一、概念界定

活动课程也叫作儿童活动经验课程，或被称为儿童中心课程。活动课程指系统地研究儿童通过从事与参加某种具体社会性活动后出现的一系列共同社会兴趣和学习心理动机等特征的课程。活动课程首先突出强调教师在实际教育活动过程中要积极进行教育互动，充分强调并发挥活动中学生的主体作用，教师往往只起到一个积极协助的作用。同时课程应力求做到逐步打破过去严格划分的学科界限，使学习者在活动和探究中整体把握世界。

活动课程应该具有以下四个核心特点：第一，经验性，它充分主张学习者主动以新获得的知识或重构社会经验的方法来实践学习内容；第二，主体性，充分倡导尊重学习与实践激发培养学生在实践中学习内容的自觉主动性，发挥学生的内在主体性；第三，综合性，打破过去严格抽象的学科界限划分与知识单元框架，以现代生活实际题材为主体；第四，乡土性，可以充分利用地区优势与特色，开展具有鲜明地域特色的学习活动。

二、研究现状

活动课程的设计思想可以追溯到法国的思想家卢梭。19 世纪末 20 世纪初，英国美国教育学派运动的重要领袖发扬光大了这一思想。

20 世纪 70 年代以后，终身教育思想开始得到全面普及，教育心理学不断深入发展，活动心理课程教育也因此被人们赋予了新时代的重要含义。学科课程改革和公共活动的课程设置趋于相互融合，成为另外一个教育发展重要趋势。在整个课程结构改革体系中，活动课程远比以往任何时候显得更有意义。

三、实施策略

语文活动课程内容具有综合性、开放性、实践性突出的时代性特征，这又决定了实践活动形式丰富多彩，常见形式有以下七种。

（一）阅读式

阅读是提高学生搜集及处理世界信息、认识精神世界、发展科学思维素质的有效途径。通过阅读，学生将获得充分和个性化的审美阅读体验。因此，教师应尽可能引导学生自己在这些主动或积极进行的创造性思维和创造性情感活动中，有所感悟体验，获得各种情感体验与思想的启迪。

（二）写作式

学生能够通过写作实践直接参与社会，运用已有的知识与能力，以文字的形式解决社会实践中的问题。在写作活动中，学生将学习与日常生活建立起紧密的联系，把“读万卷书”和“行万里路”紧密联系起来，充分张扬个性，展现自我。

（三）听说式

语文的社会实践源于听说（语言），文字发明出来以后，才有了读写的功能。在现代社会，各种数字信息技术的发展更是强化和发展了听说。从语文的工具性来说，听和说是日常生活交流中最常使用的功能，教师应组织听说活动对学生的沟通交流能力进行充分锻炼。

（四）竞赛式

竞赛活动融科学性、知识性、趣味性于一体，可以充分激发所有参赛班级学生们积极向上的好胜之心与奋发拼搏的斗志，有助于教师全面培养并提高学生学习的主动性、合作精神、实践创新能力与临场应变能力。

（五）表演式

表演的形式能够加深学生对文本以及现实世界的认识与理解，能够向学生提供经验，向学生输出一定的情感、态度、价值观，从而帮助学生个人品质的建构。在表演活动中，教师应扮演指导者的角色，要使学生掌握有关角色扮演的基本知识和基本技能，指导表演活动顺利进行。

（六）游艺式

游艺式教学法是以一种游戏性教育组织的形式出现的，让所有学生集中在一起进行动脑、动口、动手玩教具的游戏学习活动过程，可以让学生身心同时得到愉悦，拓宽学生课外学习范围与思维视野。其最明显的特点就是“乐趣”，让学生在愉快的氛围中学习，在学习的过程中感到愉悦。

(七)编创式

编创式活动课程是一种带有内容编撰和内容创作性质的教学活动课，要求学生具有一定的创作能力。学生能在编创设计活动环境中，自己独立搜集各类信息资源和相关材料整理、加工、编辑、设计、实践，在实践中锻炼提高学生多方面的艺术创造性思维素质与实践能力。编创式组织的文学活动方式有黑板报、编作文题选、写文艺广播稿、制文学贺卡、诗画互译配、改编创作课本剧集等。

推荐阅读

[1] 金永志．简论杜威的“活动课程”——从教育的“三中心”看杜威的课程论[J]．辽宁教育学院学报(社会科学版)，1989(3)．

[2] 杨金玉．活动课程简论[J]．课程・教材・教法，1994(8)．

[3] 钟启泉．中国课程改革：挑战与反思[J]．比较教育研究，2005(12)．

[4] 陈肖蕾．初中语文活动课程研究[D]．华东师范大学，2007．

(商晋撰写)

32 素养性课程

一、概念界定

“素养性课程”指以培养学生素养为目标的课程。素养性课程倡导学科教学要以素养为导向，而不是以知识为导向。就语文学科而言，自从《义务教育语文课程标准(2022年版)》提出“语文学科核心素养”后，语文教师的教学与专家学者的研究都紧紧围绕语文核心素养。

2022年，郑国民教授在《以文化人，建设素养型语文课程标准》一文中解读了《义务教育语文课程标准(2022年版)》的新突破与新变化，指出：“新课标要以核心素养为统领，构建素养型课程目标，研制体现核心素养特征的学业质量标准。”① 由此可见，素养型课程是当今语文学科教学着力打造的课程。

二、研究现状

(一)国外研究现状

20世纪末21世纪初期，许多国家都开始关注学科核心素养研究。当然，学科核心素养的研究领域要比素养性课程更广泛，素养性课程是对核心素养的具体化。在该领域相对领先的国家包括澳大利亚、加拿大、新西兰、芬兰、美国、英国、法国等，例如澳大利亚在体育课程中采用的模式是“通用学科素养＋跨学科素养＋体育学科素养”，致力于培养“完整的人”。

(二)国内研究现状

进入“核心素养”时代之后，课程标准的立意丰富化，由学科立意转为教育立意，也就是说，在学校教育中，所有的教育思考与教育行为都要基于学

① 郑国民：《以文化人，建设素养型语文课程标准——义务教育语文课程标准(2022年版)解读》，载《基础教育课程》，2022(9)。

生立场，聚焦学生素养，从而致力于学生的全面教育。关于素养性课程的直接研究数量不多，目前，国内与之相关的研究课题主要集中于以下两点。

第一，对于素养概念界定的相关研究，包括本土定义与该词在国内外的发展演变。崔允漷教授在《素养，一个让人欢喜让人忧的概念》一文中，论述了作为教育概念的“素养”的来源以及形成的主要学术传统。

第二，主要集中于核心素养方面的研究，也就是以核心素养为统领，构建素养型课程目标。语文课程是基础课程，也是最重要的学科课程之一，需要综合体现文化自信、语言运用、思维能力和审美创造四个核心素养。例如王崧舟的《落实语文要素，发展核心素养》。王凯《基于核心素养的课程与教学改进》则重点论述了教育改革的全球“素养热”和核心素养引导下的教学改革布局。

三、实施策略

（一）理解学科本质，建立完善的教学流程

学科教师在设计教学流程时，需要建立一个完善的流程。以课时作为切入点，和单元教学设计、学期设计结合起来。教学设计的改革中教师需要时刻关注学生提取信息、运用知识、理解和联结的能力。

（二）创设有体验感的学习情境，使课堂迈向真实世界

受考试压力的影响，中学语文教学往往更重视学生知识的习得以及阅读、写作的能力培养，对情感体验以及课程和社会生活的联结重视不足，许多学生对语文学习有潜在的抵触情绪，认为语文是一门枯燥的学科，甚至感受不到语言、文字以及传统文化的魅力。因此，教师可以创造轻松愉快的学习环境，将文本语境与现实环境巧妙地结合起来，让课堂走出书本、走出教室，让学生能接触到真实的生活场景或自然景物，从而激发学习兴趣，让书本内容“活起来”。

（三）资源整合，提升个人与团队课程素养水平

教师在教学过程中，适当连通线上线下，从而提升学习与研究资源的利用效率，提高课程素养水平。在语文课堂教学中，教师可以引导学生利用好教材，从有限的文本中探寻无限的资源。语文教师应利用好广播站、黑板报、图书角等学校资源，采取诗朗诵、文学创作、舞台剧等多种形式，把语文知识与语文实践结合起来，让学生感受到生活中处处有语文，处处是语文。

推荐阅读

[1] 郑国民. 以文化人，建设素养型语文课程标准——义务教育语文课程标准(2022年版)解读[J]. 基础教育课程，2022(9).

[2] 刘大伟. 承继与嬗变：陶行知研究的学术谱系[M]. 北京：中国社会科学出版社，2018.

（党湘达撰写）

33 语文素养

一、概念界定

“语文素养”是指语文学科需要培养的学生的素质与能力。语文素养具体包括哪些素养，学者们一直争论不休。直到“语文学科核心素养”概念的提出，学术界才对语文素养有了清晰认识。

2017年，教育部制定的《普通高中语文课程标准(2017年版)》发布，第一次明确提出“语文学科核心素养”的概念及构成。《普通高中语文课程标准(2017年版2020年修订)》中认为语文学科核心素养是“学生在积极的语言实践活动中积累与建构起来，并在真实语言运用情境中表现出来的语言能力及其品质”①。并将其分为“语言建构与运用、思维发展与提升、审美鉴赏与创造、文化传承与理解”四个方面。

2022年，《义务教育语文课程标准(2022年版)》发布，与2011年版相比，2022年版新增了核心素养的内涵，明确了义务教育语文课程培养的核心素养，认为“语文学科核心素养”是文化自信、语言运用、思维能力、审美创造的综合体现。因此，现在教育界普遍认同语文学科核心素养主要是由文化、语言、思维、审美四方面构成的。

二、研究现状

目前，有关语文素养的研究集中在语文学科核心素养的探索方面。对于语文核心素养的研究则主要是内涵理解与实践应用两方面。

① 中华人民共和国教育部：《普通高中语文课程标准(2017年版2020年修订)》，4页，北京，人民教育出版社，2020。

(一)关于内涵理解的研究

对于语文学科核心素养内涵的界定和理解先后围绕两个问题讨论。一是“语文学科核心素养是什么”，二是“语文学科核心素养的构成”。比如，以丁文静《基于语文核心素养的高中阅读教学研究》(2017)为代表的论文都在讨论语文核心素养的内涵，她认为语文核心素养是语文素养的核心内容和关键要素。而以顾之川《论语文学科核心素养》(2016)、杨若男《语文核心素养研究》(2016)为代表的文章着重分析语文核心素养的结构。顾之川是在 2017 年《普通高中语文课程标准(2017 年版)》提出核心素养之前阐述了语文核心素养的四部分：“一是必要的语文知识，包括语言文字、文学审美、人文素养等知识，二是具有较强的识字写字、阅读与表达(包括口语与书面语)能力，三是语文学习的正确方法和良好习惯，四是独立思考能力与丰富的想象力。”①

(二)关于实践应用的研究

在实践应用领域，基于语文核心素养的初高中教学研究多不胜数，主要集中在阅读、写作、口语交际、综合性学习等方面的教学研究。张蕾(2019)、弭凯(2021)、宁鸟(2021)、裴靖文(2022)等通过阅读板块的古诗词、文言文、小说、散文、戏剧、群文阅读、整本书阅读教学去培养学生的语文核心素养。陈茜(2019)、何芳(2020)则分别将语文核心素养运用于综合性学习、口语交际、写作教学中，都有一定的理论价值和实践意义。比如，周迪认为在初中口语交际教学中，要想培养学生的语文核心素养，教师要营造良好的语言环境。

三、实施策略

语文素养的落实需要语文教师围绕语言、思维、审美、文化四个要素去设计教学活动，提升学生的综合能力。

(一)立足文本，发展思维

如何引导学生从形象思维向抽象思维转变，是语文教师必须思考的问题。抽象思维与形象思维不同，它不是人的直接感知，而是透过现象看本质。语文教师在课堂上的提问、分析、比较、概括、讨论、综合、抽象过程，可以很大程度上发展学生的思维，提高学生的抽象思维能力。

① 顾之川：《论语文学科核心素养》，载《中学语文教学》，2016(3)。

(二)建构语言情境，培养语感

教师通过引导学生细心分析课文中的关键词句，推敲其作用，有助于提高学生阅读鉴赏能力与理解分析能力。此外，教师还应鼓励学生反复朗读课文，在整体感知和深入研读中培养他们对文字的领悟能力，提升语感。

(三)陶冶情操，培养健康的审美观

教师应鼓励学生多读书、读好书，在中外名著中陶冶性情，向优秀主人公学习，培养学生乐观开朗、坚持不懈的宝贵品质，树立正确的价值观及审美意识。

(四)开阔视野，增强文化自信

学生不仅要学习中国古典小说与现当代小说，还要学习外国小说，借鉴人类文明优秀成果，取长补短，和而不同，去开阔文化视野，增强自己的文化底蕴。

推荐阅读 >>>>>>>>

[1] 顾之川. 论语文学科核心素养[J]. 中学语文教学，2016(3).

[2] 王云峰. 试析语文学科核心素养[J]. 语文建设，2018(4).

[3] 尹达，田建荣. 语文核心素养循证教学：内涵、特点与原则[J]. 语文建设，2018(35).

[4] 杨伟. 语文核心素养概念的背景、意义与理论资源——论《普通高中语文课程标准(2017年版)》的创新[J]. 课程·教材·教法，2019(7).

(党湘达撰写)

34 审美素养

一、概念界定

“审美素养”是指个体应具备的审美方面的素质、涵养。对于审美素养的构成一直众说纷纭，杜卫在《论审美素养及其培养》中的观点就代表了当下学者对于审美素养概念和构成的看法。杜卫认为，审美素养“主要由审美知识、审美能力和审美意识三部分组成。其中，审美知识是基础，审美能力是核心，审美意识是灵魂”①。具体来讲，审美知识是指美学、艺术方面的知识，审美能力是发现美、鉴赏美的能力，审美意识是人的审美倾向。

《普通高中语文课程标准(2017 年版 2020 年修订)》及《义务教育语文课程标准(2022 年版)》中，“审美素养”作为语文学科核心素养的一方面被提出，即审美创造的素养。具体来说，审美创造是指“学生通过感受、理解、欣赏、评价语言文字及作品，获得较为丰富的审美体验，具有初步的感受美、发现美和运用语言文字表现美、创造美的能力；涵养高雅情趣，具备健康的审美意识和正确的审美观”②。由此可见，审美素养已成为当今中学生语文课程培养的重要目标。

二、研究现状

目前国内对于审美素养的研究主要集中在以下三个方面。

第一，关于审美素养概念的研究。对于审美素养的重要性，学术界观点一致，都认为其对于个体或社会都非常重要。对于审美素养概念的界定，学术界还未形成完全统一的定义，多依托于美学、教育学等领域进行解释。但

① 杜卫：《论审美素养及其培养》，载《教育研究》，2014(11)。

② 中华人民共和国教育部：《义务教育语文课程标准(2022 年版)》，5 页，北京，北京师范大学出版社，2022。

总体而言，专家学者都认为审美素养是在个体与外界社会不断接触中演变出来的，主要包括审美的知识、观念、能力等。

第二，关于语文审美素养的研究。主要集中在语文与审美素养的关系研究、语文审美素养的提升方法研究方面。多数研究者从美育的角度出发，强调在语文教材和语文教学中渗透美育，但是有的研究存在一定局限性，比如只重视语文学科的美育功能，割裂了语文与其他学科的关系。

第三，中学语文教学中审美素养的培养研究。这类研究其实是审美素养在中学语文教学中的落实研究，往往结合具体的语文课程或文体进行研究。比如姜宜冰的硕士论文《高中语文小说教学中审美素养培养研究》就探究了如何在高中语文的小说教学中培养学生审美素养，她提出了依托文本、引导学生朗读经典、关注小说审美特征等教学策略。

三、实施策略

第一，提升语文教师自身审美素养。要想提高学生的语文审美素养，教师首先就要具备较高的审美素养。因此教师应该系统地学习美学知识，接受专业的美学培训，了解美的特点、美的分类，提高自身的审美素养和审美观念。

第二，善于发现语文审美教学资源。教师不仅要熟练掌握语文教科书中的审美资源，比如教材中反映人性美、哲理美的课文，还应该善于从生活中发现美，并带领学生一起从课外寻找美的事物或美的言行举止，从而培养学生健康的审美观。此外，教师还可以开展语文教学审美活动。比如，有关审美的辩论赛、报告会，让学生围绕某一审美主题进行研讨。

第三，探索多样化的审美教学方式。教师应积极开掘多样化审美教学方式，力求潜移默化地提高学生的审美素养。比如，欣赏古诗词、撰写美文等。教师可以在语文教学活动中，让学生自己去发现文章中蕴含的审美资源，通过小组讨论解决问题，最后展示探究成果。同时，应实行多元化审美教学评价。教师可以对学生进行审美评价，学生之间也可以互相进行审美评价。通过语文教师的引导，激发学生发现美、创造美的能力，从而促进学生综合素质的发展。

推荐阅读

[1] 贡如云，冯为民．高中语文核心素养的实质内涵及培育路径[J]．教

育理论与实践，2017(5).

[2] 余晗．高中语文教师审美素养提升策略研究[D]．西南大学硕士论文，2018.

（党湘达撰写）

35 工具性与人文性

一、概念界定

《义务教育语文课程标准(2022年版)》指出“工具性和人文性的统一，是语文课程的基本特点”①。工具性就是以语言的“工具性”为前提和基础，在学生的认识领域，揭示了语文课程的价值和外在意义；“人文性”指在学生的精神领域，揭示了语文课程的价值和内在意义。“工具性”着力解决的是“学什么，怎么学”，而“人文性”着力解决的是“为什么学，将会怎么去学”的问题。语文课程是工具性与人文性相结合的产物，重视工具性是基础，关注人文性是内在价值。语文教学的过程就是工具性与人文性相统一的过程，它们互相渗透、不断促进。因此，教师不仅要培养学生理解和运用祖国语言文字的能力，即实现语文的工具价值；同时也要培养学生的人文主义关怀及社会主义核心价值观，帮助学生树立积极正确的人生观、世界观和价值观。

二、研究现状

(一)国外研究现状

工具性与人文性之间的论争同国外科学主义与人文主义思潮的消长存在着一定的共通之处，人文主义思想在经历了博雅教育、近代理性人文主义和现代科学人文主义等阶段之后，将以人为本的核心观念渗透进了现代教育思想。如美国的“人本化教育”将人本主义心理学作为基础，指出教育应该培养整体的、自我实现的以及有创造性的人。人本化教育家提出“课程人本化”的主张，认为“学校应该为学生创设自由的心理气氛”，并提出了“学校要为学生而

---

① 中华人民共和国教育部：《义务教育语文课程标准(2022年版)》，1页，北京，北京师范大学出版社，2022。

设，教师要为学生而教”的学生中心理论。

（二）国内研究现状

我国自 1949 年就展开了语文教学方面的相关探索。1950 年的《高中语文课本·编辑大意》、1960 年的《中学语文课本(初稿)·编者的话》以及 1963 年颁布的《全日制中学语文教学大纲(草案)》，分别在不同程度上指出了文言文的教学目的，提出“要培养学生阅读文言参考书和文学作品的能力”，这体现出对语文教学工具性和人文性融合的要求。叶圣陶认为要重视语文学科的工具性，对语言文字的学习与掌握才是基础。

于漪、程红兵在《关于语文教育人文性的对话》一文中提出语文教学过程是工具训练和人文教育的综合过程。王少非在其著作《新课程背景下的教师专业成长》一文中指出，“虽然高中语文新改革取得了较大成就，但仍存在着与新课改精神不相协调的方面，对人文性和工具性把握不够”。至此，语文学科的工具性与人文性相统一的课程性质逐渐走入大众视野，并为大众所接受。

三、理论基础 >>>>>>>>

（一）结构主义教学理论

结构主义教学理论认为在实施方面要做好的三点工作分别是：激活工作、维持工作和方向性工作，这实际上就是注重课堂上的学生学习的主动性，注重教学中的“人本主义”。

（二）掌握教学理论

该理论提出教学目标分类的内容：认知领域包括知识、理解、运用、分析、综合和评价；情感领域包括接受、反应、价值判断、价值组织、价值个性化等，这些内容的分类，体现了教学的工具性与人文性的融合。

（三）“非指导性”教学理论

该理论的特征和原则包括“极大地依赖于个体的自身成长，通过自身的努力，克服各种障碍。不是直接教授他人，而只能使他人的学习得以容易地开展”。

四、实施策略 >>>>>>>>

（一）树立良好的教学观与学生观

根据新课程的教育理念，教师的教学策略要由过去的以学科为本位转向以人的发展为本位，课程教学要服务于人的全面健康发展；由以往的重知识传授转向重学生发展，由统一规格教育转向差异性教育，由重结果转向重过程，由重认知转向重情感，由重教师教转向重学生学，由重教书转向重育人。

(二)使用正确的教学法与学习法

素质教育以人和社会发展的实际需要为依据，以全面提高学生基本素质为根本目的，以尊重学生的主体性和主动性、帮助学生开发智慧潜能、形成健全个性为根本特征。《义务教育语文课程标准(2022 年版)》体现了语文课程工具性与人文性相统一的要求，从课程目标来看，三维目标既包含了知识与能力方面的工具性目标，又包含了情感、态度和价值观方面的人文性目标。

(三)在阅读中共促工具性与人文性

首先，以教材为阅读范本渗透人文教育。语文教材是语文教学的必要范本，也是实现阅读教学的首要材料，教师在重视字、词、句、段、篇和讲解的同时，也要注重挖掘教材中的人文种子。

其次，通过阅读课外经典名著让学生感受人文熏陶。语文教材毕竟只是语文教学的范本，学生若想感受更多的阅读乐趣，更好地完成阅读教学目标，对课外经典名著进行拓展阅读是必然的。

最后，学生在生活阅读中树立明辨是非的道德观念，拥有健全的心灵，以培养合理的世界观、人生观、价值观。

(四)通过综合实践教学统一工具性与人文性

综合实践活动是学生在做中学的过程，学生在实践中积极观察、探究并收集生活资料，可以整体提高学生的动手、动脑能力并促进学生之间的相互配合，从而提高学生创新能力和解决问题能力的发展。在语文教学中，教师要不断鼓励学生深入实践，积极发现问题、提出问题、研究问题、解决问题。

推荐阅读

[1] 靳玉乐. 新课程改革的理念与创新[M]. 北京：人民教育出版社，2003.

[2] 叶圣陶. 叶圣陶教育名篇[M]. 北京：教育科学出版社，2013.

(卢伟婷撰写)

36 课程资源开发

一、概念界定

课程资源也叫教学资源，是课程教学信息的主要来源，或者指一切对课程教学有用的物质和人力资源。与课程资源的概念相对应，语文课程资源是指满足语文课程活动需要和保障语文课程活动顺利进行的一切设备和材料。换言之，凡是能够在语文教学活动中帮助学生把握语文知识、形成语文能力、提高语文素养的一切校内、校外自然资源和社会资源，都叫作语文课程资源。语文课程资源又包括课程资源和课外资源。课程资源如教材、报纸、电影、广播、戏剧、图书馆、广告标牌等，课外资源如自然风景、名胜古迹、地方风俗民情、国内外重要事件以及日常生活话题等。语文课程资源开发指语文教师通过合理运用语文教学资源，构建课程资源结构、创设语文教学环境、引导学生学习、培养学生语文素养、满足时代发展的需求从而实现课程资源价值的超常发挥。《义务教育语文课程标准(2022 年版)》指出教师要重视开发和利用语文课程资源，为学生提供更多的实践机会，从而充分发挥学生的主观能动性，提高学生的综合实践能力。

二、研究现状

(一)国外课程资源开发现状

“课程资源的开发”在 1949 年由美国教育学家泰勒首次提出，他认为课程教学在充分利用学校基础资源的同时，也要加强校外课程资源建设，从而帮助学生联系校外环境。许多国家都将课程资源开发作为教育改革的一个尤为关键的环节，通过大力开发课程资源，不断调整人才培养的目标，改变人才培养的模式，提升人才培养的质量，进而大大增强国家的综合实力。

(二)国内课程资源开发现状

20 世纪 90 年代前后的语文教学课程资源除了语文教材之外，还包括应试教育的大量相关教学参考书、辅导用书、练习册等，但是这些课程资源的内容结构十分单一，其内容都是服务于应试教育的。

2001 年，语文课程标准提出语文课程要致力于形成、发展和提高学生的语文素养。《普通高中语文课程标准(2017 年版 2020 年修订)》指出，高中语文教师必须强化课程资源的意识，注重课程资源的开发与利用。

近年来，相关研究不断推进，大致分为以下三种。

首先是有关地方课程资源开发方面的研究，如唐勇峰在《"通渭地方文化"语文校本课程资源开发研究》一文中尝试开发"通渭地方文化"语文校本课程资源，试图探求出一条符合通渭实际的语文校本课程资源开发的途径，以引起通渭教育者的共同关注，其研究成果也可以适当加工转化为校本课程教材，从而填补通渭地区语文校本课程资源开发的空白。

其次是有关农村课程资源开发方面的研究，如文武龙在《农村中学语文课程资源开发和利用的现状研究》一文中对影响语文课程资源开发和利用的原因进行了全面客观的分析，主要包括：当地物质条件的制约，学校相关制度和政策的影响以及语文教师课程观念的影响。他提出了一系列改进、开发的实施策略，主要包括学校应该为农村语文教师提供必要的支持；拓展农村语文课程资源的开发途径；合理开发农村教师、学生、生活，以及信息资源和乡土资源。

最后是有关传统文化资源开发方面的研究，如柯梦琪在《中学语文传统文化课程资源开发与应用探究》一文中详细论述了如何让优秀传统文化走入中学语文课堂，实现将传统文化"嵌在学生的脑子里，成为中华民族的文化基因"的目标，培养出有文化底蕴的现代中国人。

三、理论基础

(一)能力结构理论

心理学家查尔斯·斯皮尔曼提出的智力二因论认为，智力具有两种潜在因素，一是一般因素，是个体从事一般活动所需要的心理特征；二是特殊因素，是个体从事特殊活动所需要具备的特殊能力。课程资源开发能力是教师从事教学活动需要具备的特殊能力，该项能力通常由教师的一般能力发展而来。

(二)情境学习理论

课程资源往往具有直观性，其创设的语文学习情境，可以帮助学生在特定的场合感知并理解文章，调动学生的知识积累，从形象感知达到理性的顿悟，不仅缩短了认识时间，提高了学习效率，还激发了学生的学习兴趣，使学习活动成为学生自觉的活动。

(三)建构主义理论

建构主义理论强调学生学习的主动性、社会性和情境性，认为学生应该主动吸收信息并建构对信息的解释，学习者对于事物及其过程的把握，不是对外界信息的直接翻版，而是通过自己已有的认知结构对新的信息进行加工而形成的。

(四)泰勒的课程原理

泰勒的课程原理，尤其是对于课程开发步骤的阐释，与教师课程资源开发的步骤有异曲同工之妙，即教师需要依据教学目标、学习者本身进行课程资源开发，从学生生活经验中开发有价值的课程资源，并将其与教学内容有序整合，根据教学目标与教学效果评价课程资源的价值。

四、实施策略

(一)以目标为导向，优选课程资源

课程资源的开发与利用要坚持正确的政治导向，将全面贯彻落实社会主义核心价值观、促进学生的身心健康发展作为首要原则；要从核心素养形成和发展的规律出发，紧扣语文教材内容，选择有利于实施综合性语文实践活动的优质课程资源，构建出一个开放多元的教学资源体系；要立足于学生的学习实际，遴选出经典的古今作品，以文质兼美为选择标准，体现出语文课程资源在文化传承和促进学生发展方面所发挥的作用。

(二)主体多元化，丰富资源类型

语文课程资源包括纸质资源和数字资源、日常生活资源和地域特色文化资源、显性资源和隐性资源。语文教师要充分发挥自身的优势与潜力，积极开发、利用各类优质课程资源，增强课程资源意识。此外，学校应努力争取社会各界的大力支持，不断拓展资源领域，丰富资源类型；应重视信息化大

背景下的课程资源建设，对语文学习过程中的生成性资源进行整理与加工，运用课程资源促进学生学习方式的转变。

(三)建立合作机制，实现资源共建共享

各个地区和学校要树立课程资源共建共享的意识，形成动态发展的资源观念，有步骤有计划地建设课程资源开发系统；重视利用现代信息技术来推进资源的建设，通过开发跨媒介阅读平台等多个数字资源，逐步建立地区与学校之间的资源互补、共建、共享的机制；还可建立中小学与高等院校以及研究机构的资源建设共同体，建设、整理、优化课程资源库，持续更新课程资源，通过资源开发促进教师的专业发展。

(四)发挥育人功能，优化资源的使用

学校以促进学生的核心素养发展为根本目的，多角度挖掘课程资源的育人价值，与课程内容之间构成有机联系，促进课程目标的全面达成。语文教师要多角度分析和使用课程资源，善于筛选和组合课程资源，利用优质课程资源营造良好的学习情境，优化教学活动，提高教学效益。学校积极整合课程实施区域和地方特色资源，设计出独具学校和区域特色的语文实践活动，贯彻落实学习任务群的目标要求，加强语文课程内容的丰富性和课程实施的开放性。

推荐阅读 >>>>>>>>

[1] 徐玉珍. 校本课程开发：概念解读[J]. 课程·教材·教法，2001(4).

[2] 廖哲勋. 关于校本课程开发的理论思考[J]. 课程·教材·教法，2004(8).

[3] 徐玉珍. 是校本的课程开发，还是校本课程的开发——校本课程开发概念再解读[J]. 课程·教材·教法，2005(11).

[4] 李臣之. 校本课程开发的三个基本问题[J]. 课程·教材·教法，2012(5).

(卢伟婷撰写)

37 “互联网+”时代

一、概念界定

互联网以更高效的方式将人与人、产业与产业更紧密地联系起来，由此出现了“互联网+”这一概念。2012 年 11 月，于扬首次提出“互联网+”的理念，它是在信息时代和知识社会的创新形态下由互联网发展的新业态。这里的“互联网+”可以理解为“互联网+传统行业”，将互联网技术与传统行业进行深度融合，创造新的发展生态，从而带动社会经济实体的生命力。随着时代的发展以及科学技术的进步，智慧课堂、空中课堂等线上教育资源逐渐普及，推动了“互联网+教育”的发展，为教育教学提供了新的支持。

二、研究现状

2015 年 3 月 5 日十二届全国人大三次会议上，李克强同志在《政府工作报告》中提出了“互联网+”行动计划，提出“互联网+”是两化融合的升级版，将互联网作为当前信息发展的核心特征提取出来并与全社会各行各业全面融合。伴随着人工智能、物联网、云计算等技术的发展成熟和在教育行业的不断应用，“互联网+教学”成为“互联网+”时代开展教育教学活动的重要方式。关于“互联网+教学”的研究是从 2015 年开始的，李娟在《“互联网+”教学模式在社会工作教学中的应用研究》一文中首次运用了“互联网+教学”这个词，她认为典型的“互联网+教学”模式当属大规模网络公开课 MOOC。① 2016 年，张广君在《“互联网+教学”的融合与超越》中更加明确地提出了“互联网+教学”概念，他认为“互联网+教学”是在互联网搭建的环境中，在学生主动参与的前提下，教师有目的地通过教授文化科学知识和技能指导学生学习，促

① 李娟：《“互联网+教学”模式在社会工作教学中的应用研究》，载《黑龙江高教研究》，2016(2)。

进学生身心全面发展的教育活动。[1] 目前，各学科关于“互联网＋教学”的研究，主要表现在与各学科教学结合方式及策略的研究上。语文学科与“互联网＋教学”结合的研究成果相对较少。2015 年，严兴云首次提出了“互联网＋语文”。[2] 而关于“互联网＋语文”研究者们大多都是从具体的教学形态来展开研究的，如语文教学中“微课”“翻转课堂”“MOOC”“空中课堂”等教学形式的研究。“互联网＋教学”作为一个独立的概念，并非一个新名词，但是目前学者们对其研究方向还不全面，研究内容也有待深化。

三、理论基础

（一）多媒体认知理论

多媒体认知理论是美国当代教育心理学家、认知心理学家理查德·迈耶提出的，他在《多媒体学习》一书中阐明学习是一个过程，在经历呈现、选择、组织和整合四个阶段后，学习也就达到了长时记忆的目的。而字词与图像相结合的多媒体阅读方式也比单独的字词阅读更加有效，从而实现深刻记忆的目标。在“互联网＋”时代，正确使用互联网可以帮助学生更好地学习，同时，课堂也不再是教师进行阅读教学的唯一场所，学生运用互联网进行信息搜索时往往扮演着更加积极的角色，提高了学生语文学习的兴趣。

（二）建构主义学习理论

建构主义认为情景再现或者借助实物，能够使学习者实现知识建构。“互联网＋语文”教学是运用信息技术和语文课堂教学完全融合的一种全新教学模式，对传统语文课堂教学给予提升和深化，从而使传统的以教师为中心的课堂教学结构发生根本性变革，可有效地改善学习方法，让语文知识穿越时空融合到学生生活经验中，促进学生在新情境下语文人文性的理解，让“互联网＋语文”教学如虎添翼。

四、实施策略

（一）创设真实的语文教学情境

互联网背景下，语文教学可以从知识本位更进一步，走向融合知识的情

① 张广君：《“互联网＋教学”的融合与超越》，载《教育研究》，2016(6)。
② 严兴云：《互联网＋语文，语文新常态》，载《语文教学之友》，2015(11)。

境创设，进而引导学生发现问题，在问题解决中获得知识。情境的创设可以调动多方面的资源，像音频、视频、图片等，如教师在讲授《荷塘月色》前，可出示几张荷花的图片，将学生带入美的情境当中；或者是构建完整的情境学习体验，如收集学生学习数据、记录学生学习行为等，现在的“互联网＋阅读”平台、互联网教室产品就有类似的产品开发。从情境中学习，引导学生在情境下运用知识，让学生真正做到学以致用。

(二)整合多种资源，优化阅读教学

互联网背景下，语文阅读教学可以突破传统的教室空间界限，拓宽学生阅读的渠道，像现在许多“互联网＋阅读”产品所做的那样，提供大量的阅读资源供学校选择，生成学校个性化书单或阅读课程，推动线下阅读，在线上结合网络特点设计多样化的阅读活动。除此之外，教师还可以运用微课网、微博、在线公开课等平台，创建在线公开课、话题讨论区等内容，以任务型学习驱动对学习内容的探究，为学生的语文阅读学习提供有力的环境支撑。除了课内阅读，学生还可以根据自己的兴趣爱好，借助各种电子工具和平台，选择合适的课外书，拓展课外知识。

(三)改变学习方式，实现资源共享

传统的学习方式基本上是教师讲学生听的模式，学生可以小组合作，但是仅限于课堂中，基本上是师生合作或生生合作。但是初中高年级段或者高中，研究性学习板块主题活动涉及文学、历史、文化的探究，仅靠一两个人很难完成，这时学生就可以借助互联网平台，共同寻找资源、互相激发、共同完成。参与的人员不仅包括本校师生，也包括其他学校师生或专家学者，所有人在一起探讨问题，必然能够碰撞出思维的火花。除此之外，互联网时代下，一些跨数据、跨地区的大数据共生共享平台也给师生提供了更多的资源支持，资源的共享为更好地教与学提供了帮助。

总之，在互联网时代，语文教学一定要想方设法充分利用网络资源，实现互联网背景下语文教学的开放性与自主性，使语文课堂焕发新的生机与活力。

推荐阅读 >>>>>>>>

[1] 李娟. “互联网＋教学”模式在社会工作教学中的应用研究[J]. 黑龙江高教研究，2016(2).

[2] 张广君. “互联网＋教学”的融合与超越[J]. 教育研究，2016(6).

[3] 严兴云. 互联网+语文，语文新常态[J]. 语文教学之友，2015(11).

[4] 周娥. 充分利用互联网平台不断创新语文教学模式[J]. 教育教学论坛，2013(49).

[5] 蔡可. 互联网对语文课堂的重构[J]. 中学语文教学，2017(7).

[6] 唐修亮. “互联网+”背景下高中语文教学变革的思考与实践[J]. 中小学数字化教学，2017(2).

（李圆圆撰写）

38 表现性评价

一、概念界定

表现性评价又称表现性评定，是国外兴起的一种质性评价方式。表现性评价是在尽量合乎真实的情境中，运用评分规则对学生完成复杂任务的过程表现或/与结果做出判断。① 相较于传统纸笔测验的评价方式，表现性评价要求教师为学生创设真实的学习情境或布置表现性的任务，同时制定详细适当的评价标准，通过观察学生的演示、口头表达、实验或表演等行为来评价学生的知识掌握情况。这样的评价方式突出了评价的主体性、多样性和发展性原则。新课改背景下，表现性评价深刻地践行了基础教育课程改革中提出的从“知识本位”走向“素养本位”的教育理念，促进我国教育评价体系的不断完善。

二、研究现状

（一）国外研究情况

表现性评价的渊源可追溯到公元前，西方学者对学生知识能力的测试以师生问答、辩论的形式展开，在此过程中来考查学生的语言组织能力和逻辑思维能力，最具有代表性的便是苏格拉底的“产婆术”。20 世纪三四十年代，泰勒第一次提出现代的教育评价概念，将教育评价定义为考察重要目标达成程度的手段，并逐渐运用于教育测量学领域。20 世纪 80 年代，以认知主义理论为基础的建构主义学习理论逐渐在教学领域中发挥作用，并推动了教学与评价领域的改革。此后，人们在评价中越来越注重对实际操作、解决问题等能力的关注，并出现了“真实性评价”“表现性评价”等有别于传统的新型评

① 周文叶：《中小学表现性评价的理论与技术》，53 页，上海，华东师范大学出版社，2014。

价方式。20 世纪 80 年代末美国学者斯蒂金斯率先提出“表现性评价”的概念，他认为“表现性评价就是让学生参与一些活动，要求他们实际表现出某种特定的表现性技能，或者创建出符合某种特定标准的成果或作品”。经过几十年的发展，西方学者对表现性评价的研究逐渐趋于成熟，并不断扩展到表现性评价的特征、表现性评价的任务类型以及实践应用等方面。尤其是一些学者关注到了表现性评价在母语学科中的实践，提供了许多语文学科的表现任务和评分规则样例，众多国家和地区在母语教育中也积极推行表现性评价。

(二)国内研究情况

我国古代也出现了表现性评价的雏形，周朝时期对礼、乐、射、御、书、数这六种技能的考查，本质上也属于对学生操作技能的评价。作为一种西方的评价方式，表现性评价于 20 世纪末引入我国。随着第八次课程改革的实施和推进，我国学者开始进行相关书籍的翻译工作，如《教育性评价》《教学中的测验与评价》等，初步了解“表现性评价”这一概念，随后展开其本土化研究。目前我国学者对表现性评价的研究主要集中在理论和实践两方面。首先在理论方面，周文叶在《中小学表现性评价的理论与技术》一书中详细地阐释了表现性评价的理论基础、概念框架、评价目标的界定、任务的设计、评分规则的开发等。[①] 赵德成明确提出了表现性评价在教育实践中存在的问题，同时也给出了推进表现性评价实践应用的建议。[②] 其次是表现性评价的实践应用方面，在英语、数学和物理学科等方面均有涉及。在语文学科方面主要集中于阅读和写作两个板块。如钱荃、陈沛将表现性评价应用于文学类文本阅读教学中，以此推动阅读能力的提高和核心素养的养成。[③] 邓彤从“围绕教学目标设计评价活动、深度加工学习元素、设立多元评价主体”[④] 三个策略将表现性评价应用于写作中，促进学生写作的深度学习。

总的来说，学术界对表现性评价的理论研究相对较多，研究的切入点也各不相同，并致力于将其运用到具体学科当中，但是在表现性评价与语文学科的具体结合方面仍有很大的研究空间，需要一线教师和专家不断探索。

① 周文叶：《中小学表现性评价的理论与技术》，60～128 页，上海，华东师范大学出版社，2014。

② 赵德成：《表现性评价：历史、实践、未来》，载《课程·教材·教法》，2013(2)。

③ 钱荃、陈沛：《指向核心素养的文学类文本阅读表现性评价》，载《语文建设》，2021(11)。

④ 邓彤：《研究表现性评价，促进写作深度学习》，载《中学语文教学》，2020(2)。

三、理论基础

(一)建构主义理论

皮亚杰的建构主义理论充分强调了学生的主体性，它颠覆了传统观念中对于知识和教学的理解，形成了自己独特的知识观、教学观和评价观。首先，建构主义知识观认为知识并不是固定的、一成不变的，它具有动态性、相对性和复杂性，是人在活动中创造的暂定性的解释和假设，学生对知识的获取是基于当前已有的知识经验，通过自主选择、加工从而形成自己的理解。建构主义教学观认为教师不是把知识经验从外部灌输到学生的头脑中，而是要激活学生原有的知识，这就需要教师立足知识的生长点，为学生创设理想的学习情境，并提供丰富的信息资源，促进学生的学习。建构主义评价观认为教育评价应重视过程性评价，强调评价主体多元化、评价方式情境化、评价内容全面性。由此可见，建构主义理论与表现性评价有诸多共通之处，即在真实的学习情境中评价、重视学生的过程性评价以及评价标准的多样化。

(二)多元智能理论

多元智能理论是由美国著名教育学家和心理学家加德纳于 1983 年提出的，并在此后不断加以完善。加德纳将人的智力结构划分为七种，分别是语言、数学—逻辑、音乐、空间、身体运动、人际交往以及自我认识智能。

每个人所拥有的智能组合类型和智能优缺点是不同的，智能的本质是情境化的、发展性的、多维的。该理论为教育教学评价提供了新的切入点，评价一个学生不能仅从他的语言、数学方面来考量，也应该关注其他方面的智力结构，发掘并不断完善。此外，他认为每一种智能都是可以改变或提高的，所以在个体的智能组合上没有优劣之分，只是学生在某一项智能上比较突出，而在另一项智能表现上不够突出。多元智能理论对表现性评价具有一定的启示作用：首先，尊重学生的个性差异，每个学生都是独特的个体，教师应充分挖掘每个学生身上的闪光点，使其能够取长补短。其次，制定多样的评分标准。最后，注重评价主体的多元。

四、实施策略

(一)设定表现性学习目标

确定合适的教学目标不仅是教师备课的一项重要指标，也是表现性评价有效实施的基础。在教学过程中，教学目标起着重要的导向作用，教师的教学活动和教学评价都要始终围绕着教学目标进行。在制定教学目标时，我们首先要明确行为主体是学生而非老师，所以在表述时不应出现“让学生概括……内容”“指导学生分析人物形象并说出……”，正确的表述应是“能概括……内容”“能分析人物形象特点并说出……”。其次学习目标的表述要具有可操作性，明确行为动词和行为条件。如教师在设计学生仿写创作的环节，在制定教学目标时，可以表述为“能借助表达支架，补充句子中空缺的部分，巩固所学知识”。目标中的方法是“借助表达支架”，学生需要达到的程度是“补充句子中空缺的部分”，表述清楚，操作性强。最后是将学习目标转化为可测量的评价标准，如语文学习中，对于知识类的目标就要求学生能够背诵默写，思维类的目标就要求学生表达自己的观点，情感态度目标要求学生找出文中体现作者情感的句子。

（二）创设真实情境中的表现性任务

表现性任务旨在通过引发学生的表现行为来收集学生表现的证据，以此作为评价学生学习情况的依据。情境是表现性评价的特征之一，因此表现性任务应置于真实的情境当中，让学生亲历完整的解决问题的过程，才能够体会到学习的价值。除此之外，教师设置表现性任务应考虑两点：一是始终围绕学习目标，不能脱离课堂教学。二是充分考虑学情，任务难度不能过高或过低。例如钱荃、陈沛设计这样的表现性任务：在讲授鲁迅的散文集《朝花夕拾》时，设想你是绍兴鲁迅纪念馆的一名工作人员，为即将举办的“纪念鲁迅”的展览设计一块展板，要求用文字或图片的形式，以《朝花夕拾》中对鲁迅有深刻影响的人或事为主题，并尝试在小组内向其他同学解说。这样就为学生创设了一种学习情境，学生通过这样的表现性任务提升能力，而表现性评价也可从中实现。①

（三）合理制定评分标准和评分量表

表现性任务是多种多样的，这就意味着我们在评价时不能用一个标准，也不能对所有学生在所有项目中的表现给一个客观的量化评价。因此教师可以对学生的表现性学习水平进行等级评估，如优秀、良好、满意、一般、较差五个等级。比如语文当中的作文评价用到此类标准最多。但是除了等级评估，也可以选择量化评价，根据表现性任务的要求来划分不同的评价标准。

① 钱荃、陈沛：《指向核心素养的文学类文本阅读表现性评价》，载《语文建设》，2021(11)。

如演讲比赛，就可以根据学生在演讲过程中的仪表、语言、内容、情感等多方面的要求来制定评分标准，规定每一项的分值，学生了解了评分标准，就知道在比赛中应该注意哪些问题。

总之，表现性评价是一种适合教育教学改革与发展的评价方式，将其运用到教育教学中不仅能够促进学生对知识的意义建构，夯实学生的知识基础，提高学生迁移运用能力，而且对学生核心素养的养成具有重要作用。

推荐阅读

[1] 黄光扬. 教育测量与评价[M]. 上海：华东师范大学出版社，2002.

[2] 周文叶. 中小学表现性评价的理论与技术[M]. 上海：华东师范大学出版社，2014.

[3] 赵德成. 表现性评价：历史、实践、未来[J]. 课程·教材·教法，2013(2).

[4] 钱荃，陈沛. 指向核心素养的文学类文本阅读表现性评价[J]. 语文建设，2021(11).

（李圆圆撰写）

39 发展性评价

一、概念界定

发展性评价的概念最初是由英国学者纳托尔和克利夫等人提出，他们认为"发展性评价的本质就是要以发展为本，注重专业和个性发展，评价应是开放式的"。随后国内外学者对发展性评价的定义进行了相关的延伸。虽然学界对发展性评价有不同的界定，但综合来说，发展性评价就是一种形成性评价，它是针对以纸笔测验为形式，偏重结果评价的弊端提出来的。发展性评价强调面向评价对象的发展过程及未来，基本范畴主要包括发展性学校评价、发展性教师评价和发展性学生评价。在现行的语文教学体系中，教师需要通过发展性评价去挖掘学生的潜能，帮助学生建立起学习的信心。

二、研究现状

(一)国外研究情况

发展性评价于 20 世纪 80 年代左右流行于欧美国家，此前普遍采用的学生评价方式是教育评价之父泰勒创建的"行为—目标"评价模式，这类评价以预定的目标为中心和依据开展评价活动，运用标准化的手段来"鉴定"教育教学活动结果，忽视了学生在学习能力、情感方面的情况，存在一定的缺陷，由此，西方学术界开始寻求新的理论和技术，"学生评价"以及一系列有关学生评价的理念逐渐开始盛行。1957 年美国因苏联卫星上天的刺激而引发了一系列教育改革，这其中就包括对教育评价的改革。学者们认为评价应该摆脱既定标准的限制，将学生在学习过程中的表现也纳入评价的范畴，"形成性评价"等一些新的评价概念就是在这一时期出现的。随后，质性研究方法在评价领域中推广开来，出现了真实性评价、表现性评价等。20 世纪 80 年代后期，英国学者纳托尔和克利夫特等人正式提出了"发展性评价"的理念。发展性评价有时会融入形成性评价的实施过程中，也会以形成性评价作为表现的媒介；而发展性评价理念更多以表现性评价的形式表现。国外对发展性评价的研究主要集中在相关策略上，如法国在成绩手册中运用口头和书面两种形式对学生的知识、能力和课堂表现等进行多方面的评价。美国缅因州在其编制的课程标准中要求“学生在毕业离校时必须成为自我指导的终身学习者，富有信息的思考者及创造性和实际问题的解决者”。德国联邦和各州文化教育部提出教学评价改革要求包括成绩多元化和成绩评价多元化。国外关于发展性评价的探索为国内的研究奠定了一定的基础。

(二)国内研究情况

我国对发展性评价的研究起步较晚，基本上是在改革开放之后的教育改革中才有所涉及。2001 年教育部颁发的《基础教育课程改革纲要(试行)》明确提出建立学生全面发展、教师不断提高和学校不断发展的评价体系。从现有的文献资料来看，我国对于发展性评价的研究主要是从理论和实践两个层面来进行的。

在理论层面，如蒋建州在著作《发展性教育评价制度的理论与实践研究》中描述了发展性教育评价的由来、价值以及在学生、教师、课堂中的实施步骤与实施方案。史晓燕等人在《开展多元化发展性评价》一文中从现行课堂教学模式、现行课堂教学存在的问题、现行课堂教学评价模式的改革三个方面来论述发展性教学评价实施的必要性。①

在实践层面，我国学者尝试将发展性评价与具体学科教学相结合。如楼江红在《思想政治课发展性评价的探索与思考》一文中介绍了发展性评价的含义与特点、实施发展性评价对思想政治课教学的影响、政治课教学实施发展性评价必须实现两个根本转变、实践活动的发展性评价四个方面的内容，最后提出对发展性评价的愿景。② 潘盛满发表的《物理新课标下学生发展性评价研究》提出了发展性评价的功能，并从评价内容与标准、评价方法与工具等几个方面来论述。③ 而语文学科，李慧莲在 2002 年就在《中学生语文综合素质发展性评价初探》一文中提出了发展性评价的构建依据和实施原则，并列举大量的范例以演示表现性评价的实施步骤。④ 总之，发展性评价强调以人为本，注重人的全面发展，弥补了传统教学评价的不足，但是如何将它更好地实施

---

① 史晓燕、周瑞芳、寇学臣：《开展多元化发展性评价》，载《中国教育学刊》，2002(3)。

② 楼江红：《思想政治课发展性评价的探索与思考》，载《思想政治课教学》，2002(3)。

③ 潘盛满：《物理新课标下学生发展性评价研究》，载《中学物理》，2004(12)。

④ 李慧莲：《中学生语文综合素质发展性评价初探》，载《课程·教材·教法》，2002(12)。

于学科教学中还需要学者和教师们不断研究和探索。

三、理论基础

(一)人本主义理论

人本主义理论兴起于20世纪50年代，代表人物是马斯洛和罗杰斯，这一理论主要关注和研究人的价值与发展，反映在教育领域就是人本主义教育思想。人本主义理论重视教育对人的帮助和引导作用，在教学中，教师首先应树立“以学生为中心”的理念，尊重学生的主体地位，发挥学生的主观能动性，在传授知识时注意立足于学生已有的经验基础，促进学生的“发现学习”和“有意义学习”，使学生达到自我实现的目标。教师评价学生更要重视学生在知识建构的过程中，是否主动回答问题，是否参与小组的合作与交流，是否具备独立解决问题的能力等。发展性评价的根本目的是激发学生的潜能，促进学生个性的展示与发展，这与人本理论的观点是一致的。

(二)建构主义理论

建构主义理论认为知识是学生基于自己已有的知识经验主动建构的，所以教师在课堂上要创设情境，或者组织各种活动来促进学生的意义建构，教学方式发生了改变，与之相对应的评价方式也应该有所改进。建构主义认为评价是动态的、持续的，贯穿整个教学活动中的。教师在评价时不应该只关注学生的学习结果，还要注意学生在学习过程中的表现，通过制定多样化的评价指标，选择多元化的评价主体，评价学生的知识建构情况，并根据需要及时调整和改进教学策略，提高学生的学习能力。由此可见，建构主义重视过程中的评价，重视学生的可持续发展，这为发展性评价的形成提供了理论支撑。

(三)多元智能理论

20世纪80年代，美国著名心理学家加德纳提出了多元智能的理论。他认为人的智力是多元的，包括语言、逻辑-数学、空间等，这些智力并不是统一整合于人的大脑中，而是独立存在的，每个人的智力组合是不同的，所拥有的智力优势也是不同的，例如有的人在语言能力上较强，有的人更擅长逻辑推理，所以智力没有好坏之分，只是表现程度不同。多元智能理论为教师的教学与评价提供了新的思路，在教学中，教师要尊重学生的个体差异，从不同方面，不同视角来看待每一位学生，为学生制定适合其智力发展的学习方案。多元智能理论对评价的启示是教师要通过多种渠道，运用多样化的评价方法，综合评价学生在学习过程中的表现情况。而发展性评价也重视每一位学生的发展，倡导评价的多元化，这与多元智能理论的观点是不谋而合的。

四、实施策略

(一)综合评价内容，重视过程评价

语文课程标准提出要全面提高学生的语文素养，那么就要改变以往语文教学中重知识轻素养，重智力轻能力的单一性、狭隘性的评价方式，而将学生的学习方法、建构过程、思维方式、情感态度及价值观等纳入评价领域，从不同角度发现学生身上的闪光点，激发学生学习的内在动力，使其在知识和技能上不断取得进步，获得发展。需要注意的是，发展性评价实际上就是一种过程性评价，它所追求的不是为学生的学习结果下一个准确的定论，而是通过对学生的学习过程进行持续的、多次的评价，促使学生达成学习目标。因此，教师可以将教学评价分阶段进行量化，如将教学过程分为学生的课前学习、课堂表现、课后学习，这样关注学生的学习过程，有利于鼓励学生养成良好的学习习惯。

(二)完善评价方法，构建多元评价

传统的评价多是采用纸笔测验的方法，如课后测验、期末考试、升学考试等，评价结果通常以分数表示，是一种定量评价，这样的评价方式能够快速地、高效地了解学生的知识掌握程度和现有发展水平。但这种评价方式也存在一些局限性，那就是无法对学生的思维方式、学习过程和情感态度进行测量。发展性评价倡导多元化的评价方法，如口头评价、课堂观察、课间访谈、建立学生成长档案袋等。评价主体主要以教师为主，同时注重学生的自我评价和学生与学生之间的评价。学生的自我评价就是教师引导学生充分调动元认知能力，对自己的学习过程、学习效果进行评价，培养学生的自省能力，提高学习效率。学生之间的评价要求学生在掌握评价标准的基础上，对同学进行评价，例如在语文课堂上，教师指定一名学生朗读课文，随后挑选另一位学生从字音、情感和节奏等方面对其进行评价。学生在评价他人的过程中，也会下意识地反思自己的学习方法，做到取长补短。最后，教师也要加强与学生家长之间的联系与交流，发挥家长的评价主体作用。

（三）尊重个性差异，实行分层评价

发展性评价的核心是促进人的发展，由于学生的成长背景和已有的知识经验不同，所以他们的现有发展水平是不一致的，这也就解释了为什么学生由同样的老师教授同样的内容，但是最终的掌握程度却不同的原因。学生的认知层次有差异，单一的评价标准并不能对每位学生的发展情况做出适当的评价，所以教师在教学评价时可以采用分层评价的方式。如在文言文学习中，将学生归为 A、B、C 三类，要求 A 类学生能够达到理解字词，粗通文章大意，B 类学生能够划分结构、明确论证方法、修辞特点等，C 类学生能够在识记字词、梳理大意、了解艺术特点的基础上理解文章作者的情感、志向抱负等。这样不同的评价标准能够提高学生的自我效能感，促进学生向更高一层的学习目标迈进。

综上所述，发展性评价作为一种全新的教学评价理念，通过评价改进学生的学习方式，促进学生的个性化发展，这契合了新课改的要求，也深刻地践行了以人为本的理念。在语文教学中，教师应积极地运用发展性评价，将过程性评价和总结性评价相结合，充分发挥教学评价对学生语文学习的重要作用，培养学生的学科核心素养。

推荐阅读 >>>>>>>>

[1] 史晓燕，周瑞芳，寇学臣．开展多元化发展性评价[J]．中国教育学刊，2002(3)．

[2] 李慧莲．中学生语文综合素质发展性评价初探[J]．课程·教材·教法，2002(12)．

（李圆圆撰写）

40 形成性评价

一、概念界定

从20世纪60年代开始，形成性评价便引发了学术界的热议，关于形成性评价的概念也一直处于发展演进中。形成性评价这一概念最初是由美国的斯克瑞文在1967年的《评价方法论》中提出的，之后布鲁姆将形成性评价引入教学领域。他们都将形成性评价与终结性评价区分开来，开启了该领域的研究先河。1998年，布莱克与威廉姆对这一概念进行了解释："评价是指一切教师和学生使用的以提供改进教学活动的反馈，如果评价所提供的证据使教师改进教学并满足学生的需求，就是形成性评价。"1999年，考伊与贝尔发展了形成性评价的概念，他们认为形成性评价即教师和学生在学习过程中识别和回应学生学习以加强学习的过程。21世纪起，形成性评价更加注重学生的自评与互评。2006年美国专门设置形成性评价研究部门，他们根据已有研究成果提出"形成性评价是教师和学生在教学过程中使用的，能提供反馈以调整正在进行的教学和学习，提高教学预期成果的过程"。到2018年，形成性评价研究部门改进了之前提出的概念，他们将形成性评价的概念修订为"所有学生和教师在学习和教学过程中使用的有计划性的持续过程，用于引出和使用学生学习的证据，以增加学生对预期学科学习成果的理解，支持学生成为自主学习者的评价"①。

二、研究现状

国内从20世纪90年代中期才出现关于形成性评价的相关文献，根据研究内容，主要涉及评价的对象、作用以及方式，即评什么、为什么评、怎么

① 王烁、宗序连：《形成性评价的理论内涵与实践反思》，载《教学与管理》，2020(5)。

评。关于评价的对象，已有的研究主要围绕三个方面展开：一是评价学生的认知学习过程；二是评价学生学习过程中的非智力因素；三是评价学习效果。关于评价的作用，大多数研究认为形成性评价为教师提供了适时的教学反馈，有利于提高学生的学习效果。关于评价的方式、方法的研究还较少。

三、理论基础

形成性评价主要体现了以学生为主体的指导思想、循证评价方法、反馈调节原则。

(一)循证评价

循证评价也称基于证据的评价，是形成性评价的主要方法，它要求从学生的学习过程中发现和收集信息，用来判断学生已掌握水平、与目标之间的差距、如何改进以达到目标。在评价过程中，教师应注重把握学生已掌握水平，通过多种渠道了解和观察学生的学习状态，包括语言式和非语言式。

(二)反馈调节

反馈调节是形成性评价的主要过程。反馈调节是教师根据学生实际情况，调整教学的进度与策略。教师通过了解学生的学习信息，结合学习目标给予学生及时恰当的反馈，帮助学生达成学习目标。

(三)自主探究与合作学习

形成性评价越来越关注与重视学生的自评与互评，学生作为学习的主体，需要不断地对自己的学习过程进行反思与改进，除了教师给予的反馈之外还需要借助自我的认知以及同伴之间的互评。

(四)提高教师的评价素养

教师要主动转变传统的教学评价观念，积累关于评价的知识，加强评价技能，构建基于核心素养的多元教学评价体系。具体来说，教师首先要确定评价目标，可以围绕课堂活动将教学目标细化为评价目标。此外还要熟悉多种评价方法(纸笔测验、现场观察、对话交流、小组分享等)。

四、实施策略

(一)明确与理解学习目标和评价指标

教师引导学生明确与理解学习目标和评价指标，是帮助学生开展有意义学习的前提。如在中学语文课堂中，很多教师在上课前就将本节课的具体学习目标呈现在 PPT 上，并让学生集体齐读一遍以明确本节课的学习任务。

(二)设计多种形式的评价任务

在形成性评价中，教师可以适当增加表现性评价任务，表现性评价任务是在真实的情境中，给学生提供发挥和创新的空间，旨在培养学生综合运用知识和技能的能力，它有助于激发学生的学习兴趣且有一定的开放性。

(三)提供有效的反馈信息

形成性评价之所以具有形成性，就在于它能够提供促进学习的描述性即时反馈，以便于调整或纠正下一步的学习，因此，教师应该尽可能详细地提供学生在学习过程中的优点与不足之处的反馈信息。这也有助于学生后续的自我评价与自我学习。另外，反馈信息要有差异性，反馈要及时、要有交互性。

(四)提高教师的评价素养

教师要主动转变传统的教学评价观念，积累评价知识，加强评价技能，构建基于核心素养的多元化教学评价体系。具体来说，首先，教师要确定评价目标，可以围绕课堂活动将教学目标细化为评价目标；此外，还要熟悉多种评价方法(纸笔测试、现场观察、对话交流、小组分享等)。

推荐阅读

[1] 王烁，宗序连. 形成性评价的理论内涵与实践反思[J]. 教学与管理，2020(5).

[2] 骆文淑，杨志明. “双减”背景下加强形成性评价的思考[J]. 中国考试，2022(1).

(郭雯玲撰写)

41 过程性评价

一、概念界定

对于过程性评价的概念和定义，我国的学者高凌飚作了解释：过程性评价是一种在课程实施的过程中对学生的学习进行评价的方式。过程性评价采取目标与过程并重的价值取向，对学习的动机效果、过程以及与学习密切相关的非智力因素进行全面的评价。过程性评价主张内外结合的、开放的评价方式，主张评价过程与教学过程的交叉和融合，评价主体与客体的互动和整合。过程性的功能包括对学生的学习质量水平做出判断，肯定成绩，找出问题；促进学生对学习的过程进行积极的反思，从而更好地把握学习方式方法；理解和掌握评价的方法，作为与终身学习相呼应的一个方面，实现终身的可持续发展。

二、研究现状

过程性评价是新课程改革的重要内容，国内关于过程性评价的研究主要有三种观点。第一种观点以张兴华和王秋红为代表，认为过程性评价是基于“过程性的观察为主”的评价，评价的是学生的认知学习过程。他们强调心理学意义上的学习过程，引导教师和学生去关注、认识、把握和改进学习的微观过程，提高元认知水平。第二种观点强调过程性评价主要是对学生学习过程中的情感、态度、价值观做出评价，如彭广森、崇敬红在《中小学生学业成绩评价改革初探》中就持这种观点，他们重视非智力因素，拓宽了学习评价的领域，运用质性评价工具对学生的情感、态度和价值观进行评价。第三种观点认为过程性评价是在教育、教学活动的实施过程中为了解动态过程的效果，及时反馈信息及时调节，使计划、方案不断完善，以便顺利达到预期目的而进行的评价。

三、实施策略

评价的实质在于价值判断。从操作层面上看，评价的过程包括设计评价方案和工具，利用评价工具收集资料数据，对资料数据进行分析得出结论，对评价结论进行解释。因此，过程性评价的实施应该包括以下四个环节。

（一）明确评价的内涵和标准

根据评价的实施目的及结果来看，过程性评价属于课堂学习评价，通常由学校独立实施，评价的主体是教师和学生。在评价的过程中，教师尽管也作为考评员参与评价活动，但实际上更多的是作为评价的监控者和组织者，所以评价的主体主要是学生，评价的责任也就相应地落到了学生的身上。因此，评价工作的第一步是让学生理解评价的意义和作用，并确定评价的重点和要求。

（二）设计评价方案和工具

从评价的内涵中可以看出，过程性评价是基于人们对学习质量的认识而提出来的，是一种较具体方法更为上位的评价方式。因此，不能将过程性评价与某种特定的评价方法甚至评价工具等同起来，教师应该根据学校和学生的实际情况，针对具体问题选择合适的评价工具。

（三）解释和利用反映学习质量的结果

过程性评价属于个体内差异评价，评价的目的并不是对学生的学习下一个定论，而是为了促进学生更好地学习与发展。所以它的重点是学生的总体发展状况。教师和学生都需要通过对收集的资料和信息进行分析，使学生知道自身的进步和不足之处，并在此基础上提出建议，便于学生明确将来奋斗的目标。对于过程性评价的结果和终结性评价的结果应该分别给予呈现报告。

（四）反思和改进评价方案

整个评价方案实施结束以后，还需要对评价方案进行再评价，也称为“元评价”，即在评价的过程中，为检讨评价方案，实施过程与结果，借以总结成功的经验和纠正评价工作之不足，而对正在进行或已完成的评价进行价值判断。元评价的标准要有效、可行和可信。

推荐阅读

[1] 高凌飚. 过程性评价的理念和功能[J]. 华南师范大学学报(社会科学版), 2004(6).

[2] 高凌飚. 关于过程性评价的思考[J]. 课程·教材·教法, 2004(10).

(郭雯玲撰写)

42 革命文化

一、概念界定

革命文化特指在中华民族的革命战争年代，由先进的中国共产党人和有觉悟的人民群众通过艰苦卓绝的斗争所创造出的极具中国时代特色的历史文化，包含物质文化和非物质文化，是一种厚重的历史资源，是中国独有的文化形态。“革命文化”是我国语文教育的一个重要内容，它是对文化的继承和认识。教师要加强学生对革命文化的理解，培养学生的爱国之情，以实现立德树人的根本任务。

二、研究现状

在《普通高中语文课程标准(2017 年版 2020 年修订)》中，提出了学习任务群的相关概念，革命传统文化被作为 18 个任务群之一写进了课标，这是新时期语文课程的一大变动，也是一大亮点。从时间推进上看，有关革命文化的教学研究大体上可以分为三个阶段：2004 年前，有关革命传统作品的研究还比较少，相关文献凤毛麟角；2004 年至 2011 年，国家倡导关注革命传统文化，由于受到国家政策的影响，相关研究文献的数量大幅上涨；2012 年至今，研究热潮并未减退，而 2017 年版中“中国革命传统作品研习”学习任务群的提出，再次掀起了研究的高潮，相关文献数量大幅增加。

首先是革命传统作品在语文学科中话语权的确立。王帅强调：语文学科不是革命传统教学的主要途径，语文教材也不是革命传统文化宣传的主要文本，革命作品选篇也不是革命文化的集中体现，但思想性建设是语文课堂教学中不可缺少的一环，革命传统教育也是语文教育的一部分。

其次是对革命传统文化概念界定的研究。一部分学者(王晓丽、王俊飞、柴艳萍等)认为革命传统文化是马克思主义创作精神的中国化，是具有中国风格的文化，从文化形态界定了革命传统。从目前研究来看，专家学者对革命传统文化的界定主要从文学和语文教学这两个角度进行，由于切入的角度不同，所以界定的范围也大小不一，概念也不尽相同。

再次是革命传统作品任务群教学困境的研究。牛文明在《“中国革命传统作品研习”学习任务群的教学原则》① 中从单篇教学入手，结合实际教学工作具体分析了革命传统作品教学存在的目标僵化、内容空泛、方法随意等问题。王籽伊也在硕士论文《部编本初中语文教材红色选文教学策略研究》② 中提出自己的看法，认为脱离语文学科本位是当前革命传统作品教学的最大问题。

最后是革命传统作品任务群教学实践研究。周明鉴以《红岩》为例论述革命传统作品如何提升学生核心素养、王国文以《长征》为例探讨革命传统作品教学的超越。

三、实施策略

(一)知人论世，有机渗透革命文化教育

革命文化类作品是党领导人民在进行革命、建设和改革的伟大历史进程中创作出来的，我们要感受其中蕴含的时代精神和思想内涵，就一定要先弄清楚时代背景，只有知人论世才能更好地进行革命文化教育。因此，在进行革命文化类课文的教学时，教师要多方搜集资料，借助多媒体技术为学生展现最真实的背景资料，帮助学生理解革命战争年代独有的生存方式和生活特点，引领学生通过分析创作背景走进革命文化课文，深入感受革命精神、体悟革命情感、涵养人文素养。如学习毛泽东诗词《沁园春・雪》，教师可以运用“1＋X”的学习模式，以《沁园春・雪》的学习为“1”带动多篇勾连起不同革命时期毛泽东创造的诗词，重点聚焦毛泽东在长征时期所写的作品，在诗词中补充革命背景资料，让学生深刻感受毛泽东同志的革命情怀。

(二)采用多种形式，有效开展革命文化教育

教师应利用多种形式，针对学生思想实际，敏锐发现热门话题，开展研讨活动，增强学生的论辩能力。这样不仅可以加深学生对作品的理解，还可以锻炼其逻辑思维能力和表达能力。在论辩会上，教师还可以适时提供一些阐发革命精神的优秀论文，帮助学生开阔视野、增长见识。在开展论辩会时，

① 牛文明：《“中国革命传统作品研习”学习任务群的教学原则》，载《中学语文教学》，2018(8)。

② 王籽伊：《部编本初中语文教材红色选文教学策略研究》，湖南师范大学硕士论文，2020。

教师还可以结合学校实际情况，邀请观点正确，有影响力的专家来指导、答疑，以帮助学生形成正确的结论。

(三)整合各种课程资源，整体推进革命文化教育

跨学科整合可以丰富革命文化的教学形式。语文是工具性与人文性统一的学科，从这个方面来看，革命文化类课文的教学不能单一地讲授。如果教师单以课堂讲解的形式进行革命文化教育，这样不仅无法吸引学生的兴趣，还会引起学生对相关课程的反感甚至厌恶。因此，在革命文化教育中引入跨学科教学的方法便是很有必要的。语文教师可以提前与其他学科教师进行沟通协调，帮助学生上一节生动有趣的革命文化课。如教师可以将语文课与历史课、地理课结合起来，通过这三者之间的学科共通点组织跨学科的学习活动，在提高学生思想认识的同时，也可以提高他们现场考察、文稿记录、迁移运用的能力。

推荐阅读

[1] 王帅. 革命传统在语文教材话语中[J]. 语文建设，2005(7).

[2] 王云峰，范锦荣，王锡婷，成颖. 谈中国革命传统作品学习任务群的教学[J]. 中学语文教学，2018(8).

[3] 牛文明. “中国革命传统作品研习”学习任务群的教学原则[J]. 中学语文教学，2018(8).

[4] 马之军. 培植家国情怀传承红色基因——统编初中语文教材中的革命传统教育研究[J]. 语文教学通讯，2021(2).

（张婷婷撰写）

43 中华优秀传统文化

一、概念界定

中华传统文化也叫华夏文明，是中国五千年历史中各民族各历史时期流传下来的各种物质文化和非物质文化的总和，包含政治、经济、思想、艺术等各类优秀文化，是中华民族发展壮大的内在驱动力，也是社会意识形态和政治经济的根本。它不仅深深植根于中华民族的思想意识之中，而且是制约社会历史发展、影响人民日常生活行为的强大力量。

二、研究现状

有关中华优秀传统文化的研究现状，本文将从关于语文教学与中华优秀传统文化的研究和关于语文教材与中华优秀传统文化的研究两个方面进行梳理。

(一)关于语文教学与中华优秀传统文化的研究

根据整理的文献资料来看，关于语文教学与中华优秀传统文化的研究，主要关注如何在语文教学中渗透、传承和融合中华优秀传统文化。温小军认为，目前的语文课程在继承中华优秀文化上还存在着很多问题，从教学上讲，应该建立一种以中华优秀文化为载体的语文课程体系。① 仵兆琪提出在语文教学中传统文化教育不可喧宾夺主，要与语文课文文本相结合，不可分割开来，中华优秀传统文化也不等于是“古代文化”。② 王强、罗媛认为，要从加强优秀传统文化课程的顶层设计，重视结构化的教学内容，转变课程观念、

① 温小军：《语文课程传承中华优秀传统文化的困境与突破》，载《教学与管理(中学版)》，2016(1)。

② 仵兆琪：《语文教学传承中华优秀传统文化的方法与“度”》，载《语文建设》，2018(30)。

创新机制等三个层面，把优秀传统文化融入课程教学中。① 张艺认为，要把传统文化融入语文教学中，应该采取一些措施，即调动学生的主动性，改革教学方法，密切联系生活。② 张春影认为，要加强对传统文化的培养，要紧紧围绕语文课本，开展国学阅读课，丰富语文实践活动。③ 有的学者提出要突出语文教学的熏陶作用，对学生进行传统文化的熏陶。④ 还有学者提出运用情境教学、多层次教学、质疑教学、对照教学和活动教学五种教学方法，以优化中华传统文化的教学。⑤

还有学者认为在写作教学中也可以融入中华优秀传统文化，策略为学生自主积累、领悟与运用，三管齐下；以师学促师教，以趣教促生学。⑥ 胡敏建议，要开展识字教学、阅读教学、经典诗歌朗诵、表演、知识竞赛、汉字比赛等形式多样的活动，深入渗透中华优秀传统文化。⑦ 刘晶认为可以通过背诵、默写等方式理解语文中的优秀传统文化。⑧

(二)关于语文教材和中华优秀传统文化的研究

目前来看，学者对语文教材与中华优秀传统文化的研究，主要侧重对中华传统文化内容的分析和不同版本语文教材中优秀中华传统文化内容的比较研究。语文教材中涉及传统文化内容的分析与研究，从学段上看，主要有小学、初高中阶段的语文教材；从教材版本上看，主要为统(部)编版，也有人教版、苏教版和其他版本。还有一些研究对不同版本的语文教材中的传统文化内容作比较。例如，张立霞将人教版和统编版小学教材进行比较，通过二者的内容选择、呈现方式、发展趋势等几个角度，对其编排提出了自己的看法建议。⑨ 除了上述所提到的分教育阶段和分不同版本的关于语文教材和传统文化的研究，还有一部分从宏观角度出发的研究。温小军围绕"部编本"教

---

① 王强、罗嫚：《论现代语文课程如何传承中华优秀传统文化》，载《语文建设》，2018(24)。

② 张艺：《语文教学中渗透传统文化教育的策略》，载《语文建设》，2018(14)。

③ 张春影：《浅议小学语文教学中传统文化素养的培育》，载《语文建设》，2018(12)。

④ 周全中、李天华：《传统文化融入中学语文课堂三路径》，载《语文建设》，2018(9)。

⑤ 易云：《中华优秀传统文化的有效教学策略研究——以高中语文教学为例》，华中师范大学硕士论文，2018。

⑥ 陈丽：《高中语文写作教学融入中华优秀传统文化的策略研究》，大理大学硕士论文，2021。

⑦ 胡敏：《如何在小学语文教学中渗透传统文化教育——以统编本教材为例》，载《语文建设》，2018(11)。

⑧ 刘晶：《中华优秀传统文化与语文教学融合三论》，载《语文建设》，2018(8)。

⑨ 张立霞：《内容选取、呈现方式与发展趋势——两套小学语文教科书中的传统文化比较》，载《语文建设》，2019(8)。

材提倡传统文化的背景、特征以及如何有效传承进行了讨论[①]；王素娟强调了语文教育担任着传承和弘扬中华文化的重要角色和神圣使命，因而语文教材必须坚持正确的取向，发扬中华文化的优秀思想及道德精华。[②]

三、实施策略 >>>>>>>>

（一）对传统文化进行当代诠释

由于时代的飞速发展，各种文化层出不穷，比如互联网时代的网络文化，比如追星文化，这些文化固然不能与传统文化相提并论，但是它们却是在真正地影响学生的实际生活。因此，在这样一种环境下，我们要使学生对传统文化有所认同并接受，对传统文化进行当代诠释是必不可少的。我们要在丰富的文化遗产中“取其精华，弃其糟粕”，加入时代精神对传统文化进行当代阐释，帮助学生走近中华优秀传统文化。比如学生在学习《荆轲刺秦王》《苏武牧羊》这两篇课文时，通过阅读均能体会到两个主人公身上所体现的爱国精神和对正义的坚守。但学生对于这种气节的感受还是隔着时代的鸿沟，并不能感同身受。在这种情况下，教师就可以基于现实生活，结合时代背景，引入当下生活中涌现的英雄人物和先进事迹引导学生进行思考。比如教师可以为学生介绍 19 岁为国捐躯的戍边战士陈祥榕的英勇事迹，帮助学生在当下的时代感受英雄气概，树立浩然正气。

（二）借助多媒体技术激活传统文化

古诗词作为中华优秀传统文化的重要组成部分，是语文课的重点学习内容。古诗词的创作往往是古人诗意情感的抒发，但由于年代久远，价值观与审美观已然发生转变，当代中学生往往难以真正体悟到古人在诗词背后所蕴含的深沉的内心情感。在这种情况下，教师需要采用多种方法帮助学生走进古人的精神世界，感受古人的思想情感，而多媒体技术便是一个很好的媒介。多媒体技术的使用不仅可以通过创设具体情境拉近学生与传统文化的距离，还可以在一定程度上消除课堂教学在时空上的限制，使学生对教材的理解由单一的文字感受转化为具体的形象感知，可以使语文教学变得更加直观、生动。例如陶渊明的《饮酒》中描绘田园景色的句子，那“采菊东篱下，悠然见南

① 温小军：《基于中华优秀传统文化视角的“部编本”语文教材》，载《课程教学研究》，2017(5)。
② 王素娟：《传承中华优秀文化基因：语文教材应有的使命担当》，载《中小学教材教学》，2019(5)。

山”的境界，如果没有一定的联想与想象的能力，缺乏田园生活经验的学生便很难进入诗人设置的意境中，而教师借助多媒体技术，能够让学生较直观地感受到优美的画面意境，让学生有一种身临其境的感觉，更能加深学生对古诗文的理解。

(三)借助课外活动感悟传统文化

对传统文化的学习不能仅仅停留在课堂上，还应深入实际生活中，通过举办多种多样的课外活动，加深学生对于传统文化的理解和感悟。教师除了要努力挖掘教材中的传统文化元素之外，还应借助各种资源，如学校图书馆、校史馆、博物馆、美术馆、名胜古迹等物质文化，利用学生的兴趣，通过实地感受进一步陶冶学生的文化素养。除此之外，教师还可以在争取学校领导支持的基础上开展各种文化活动，如传统文化知识讲座、背诵古诗词竞赛、书法比赛等深化学生对于传统文化的学习。通过这样的活动，可以拉近学生与经典作品的距离，也能让学生主动地走近我们的传统文化经典。

推荐阅读 >>>>>>>>

[1] 张岱年，方克立. 中国文化概论 修订版[M]. 北京：北京师范大学出版社，2004.

[2] 赖瑞云. 用传统文化滋养学生心智——从语文教材的选文和设计谈起[J]. 语文建设，2015(7).

[3] 张艺. 语文教学中渗透传统文化教育的策略[J]. 语文建设，2018(14).

[4] 谭轶斌. 语文课程彰显中华优秀传统文化的实施策略[J]. 中学语文教学，2022(5).

(张婷婷撰写)

44 社会主义先进文化

一、概念界定

社会主义先进文化是中国特色社会主义文化，其特征是以马克思主义为指导并坚守中华文化立场，立足当代中国现实、结合当今时代条件并面向现代化、面向世界、面向未来，民族的科学的大众的社会主义文化。在当下中国，社会主义核心价值观集中反映了社会主义先进文化的本质要求。

二、研究现状

不同的学者从不同的角度对先进文化的内涵进行了研究。有的学者从历史发展的角度出发，指明先进文化是人类发展进程中反映社会发展规律的、揭示未来发展方向的文化。有的学者从比较学的角度出发来看待先进文化，认为先进文化应该是与落后文化相对的文化，没有落后文化就没有先进文化，并进一步对新形势下先进文化与落后文化进行了区分。有学者把先进文化与思想政治教育结合起来进行研究，但把社会主义先进文化与语文教育结合起来进行研究的文献数量并不多，如陈琳在《中学语文统编教材中的社会主义先进文化课程实施探讨》[①]中从社会主义先进文化育人的背景入手，以高中新课标和义务教育新课标为依据，讨论建构开放、多样、有序的社会主义先进文化的课程体系，梳理初高中统编教材内容，研究社会主义先进文化的课程实施。薛佳在《高中语文中的社会主义先进文化积累与写作》[②]中提出要在高中语文教学中提升学生的社会主义先进文化积累量，帮助学生将暗含社会主义先进文化的案例写入作文中，成为“中国故事”的讲述者，不仅是顺应新高考

① 陈琳：《中学语文统编教材中的社会主义先进文化课程实施探讨》，载《福建基础教育研究》，2022(8)。

② 薛佳：《高中语文中的社会主义先进文化积累与写作》，载《中学生作文指导》，2020(41)。

要求提升高中语文教学质量的需要，也是以先进的文化影响高中生提高价值观念和内在素质的需要。

三、实施策略

(一)注重情境教学，帮助学生更好地感受社会主义先进文化

现代技术的运用使得学生的学习方式发生了新的变化，教师要充分发挥多媒体设备的优势。教师可以在引导学生进行社会主义先进文化的学习时给学生创设对应的场景，让学生在这种场景中更好地进行想象。场景的创设方式有很多种，最常用的是投影仪创设，这种最为省时省力，也有实景创设、布置场景创设等方式，在实际教学中，教师可以根据具体内容及上课方式进行自由选择。在采用情境教学法时，教师要注意围绕帮助学生更好地学习为中心，要将社会主义先进文化融合到情境教学法中，对学生进行润物细无声的教育，切实提高学生的文化涵养。

(二)创新教育载体，丰富教育形式内容

中学阶段的学生思维比较活跃，喜欢新鲜有趣的事物。在这种情况下，教师可以结合本班实际情况，创造性地开展丰富的课堂活动，以不同的教育载体吸引学生的学习兴趣，营造积极活跃的课堂氛围。比如可以开展有关书法、诗词朗诵、文化演讲的比赛，提高学生的课堂参与度，深化学生对社会主义先进文化的感知，让学生在亲身实践中感受先进文化的力量。为了更好地对学生进行社会主义先进文化宣传教育，教师还可以结合学生特点，在传统的教育形式基础上，借用微信群、短视频等新媒体平台进行社会主义先进文化的宣传，让学生在不同的形式中感受社会主义先进文化。

(三)挖掘文章内涵，深入学习传统文化

社会主义先进文化离不开传统文化的滋润，因此，教师在教学中应注意利用好教材资源，多多挖掘文章的丰富内涵，引导学生深入学习传统文化。在当前的课堂教学中，有部分语文教师将大部分注意力放置在讲解文章内容结构及写作手法等方面上，忽略了对作者以及文章的文化内涵进行深入的挖掘，这就导致了传统文化在中学语文课堂中渗透不够深入，两者衔接不够紧密的问题。因此，在语文教学中，教师应该改革教法，结合作者所处的时代背景，对文章内容进行细致挖掘，结合传统文化进行深入分析。此外，教师

还应不断提升自己的传统文化涵养，为学生学习创造更有利的条件。

推荐阅读

[1] 卢垚. 中华传统文化与语文教育学术研讨会综述[J]. 语文建设，2015(13).

[2] 李煜晖，白如. 中华优秀传统文化进语文课程的认知误区及其澄清[J]. 课程·教材·教法，2022(1).

（张婷婷撰写）

45 课程资源开发与利用

一、概念界定

课程资源涉及“课程”“资源”两个概念。在西方，“课程”一词起源于拉丁语，意为跑道，引申为学习路径。19 世纪教育家斯宾塞在其著作《什么知识最有价值》中首次提出“课程”一词，并将其用于教育学中，表示其为教学内容的系统组织。在我国，“课程”一词最早出现在唐代孔颖达的《毛诗正义》中，《小雅·巧言》言：“已教护课程，必君子监之，乃得依法制也。”朱熹《朱子语类》第十卷言：“宽著期限，紧著课程。”其中“课程”意为工作或学习的范围、进程。资源是指自然界和人类社会中一种可以用以创造物质财富和精神财富的具有一定量的积累的客观存在形态，既包括自然资源，也包括社会资源。

课程资源的概念有广义和狭义之分。从广义来说，课程资源包括教学过程中一切可利用的人、事、物。从狭义来说，课程资源是指能够直接成为教学内容的各种来源。

二、研究现状

(一)国外研究情况

课程资源是支撑课程改革的重要保障，在文化课程资源开发领域，美国走在了世界前列。例如，在印第安人的多元文化教育方面，蒙大拿州成了美国印第安教育的先锋。1975 年，蒙大拿州起草并通过了印第安文化的教育大纲，并于 1999 年出台了全民印第安教育法令。之后，其他国家纷纷学习效仿，掀起了一股课程资源开发热潮。

(二)国内研究情况

随着素质教育的崛起与新课程改革的不断推进，课程资源作为课程建设的重要组成部分，日益受到重视。研究者们从不同角度探寻语文教学与课程资源的契合点，主要呈现以下三种趋势。

首先，对某个特定区域的课程资源开发与利用进行研究，如刘恒斌《哈尔滨语文课程资源的开发与利用研究》，针对哈尔滨地区语文课程资源的内容与特点进行分类介绍，然后指出在该地区实施资源开发的可行性与具体建议。

其次，从语文学习的角度研究课程资源的开发与利用，如裴智《基于任务群视角的高中语文课程资源开发利用研究》，作者以学习任务群为理论基础，探寻不同学习任务群下课程资源的开发与利用策略，为一线教师提供了切实可行的参考。

最后，从文化视角探究语文课程资源的开发与利用，李燕芬在《苏州园林文化与语文课程资源开发利用研究》中指出，苏州园林所具有的人文美与自然美对于实现语文课程资源的开发与利用具有现实性与可行性，教师应多多关注自然文化与语文课程资源的结合，增强课程资源开发意识。

总之，以上研究从不同角度探讨了语文课程资源的开发途径与具体措施，为广大一线教师提供了广阔思路，作为《义务教育语文课程标准(2022 年版)》明确提出的实施建议，该领域亟须更多相关研究成果。

三、理论基础

(一)生活教育理论

语文课程要与学生的生活充分联系起来，从生活中汲取养分。教育家陶行知先生的生活教育理论对课程资源的开发和利用具有重要启示。他指出，以人的需要为出发点，通过教育来满足生活进步与发展需要。同时，教师要具有别具一格的创新精神，努力挖掘生活要素，使生活与语文教学密不可分。

(二)最近发展区理论

教育心理学家维果茨基认为儿童的认知发展水平有两个不同的层次，即目前实际的发展水平和通过学习能够达到的发展水平，而这两个层次之间的距离就是“最近发展区”。教师在开发利用课程资源前清楚学生所处的发展阶段，对学情有一定的了解，并运用这一理论作为指导来挖掘课程资源，能够帮助学生发展，使学生达到潜在发展水平。

四、教学策略

（一）提高教师主动开发意识

孔子说："知之者不如好之者，好之者不如乐之者。"由此可见，学习效果的好坏不仅在于学习者自身的素质，更在于学习者的态度。正所谓"兴趣是最好的老师"，当学习主体对学习内容产生浓厚兴趣之后，自然会投入更多的精力，学得又快又好，语文课程资源的开发也是如此。

学校可以多组织教师参加当地的文化活动，教师在亲身参与中感受文化的独特魅力，了解文化的活动内容，能够产生责任感，增强自主开发意识。如在教授《望岳》时，当地学校可鼓励教师参加泰山文化节，让教师对泰山文化有更深入的了解。在讲到屈原时，学校可组织教师参观汨罗江，让教师在身临其境中感受屈原的人格魅力。

（二）丰富课程资源开发形式

语文教学内容可以划分为"听、说、读、写"四个部分，课程资源的开发也可从"听、说、读、写"角度进行探究。

首先，教师可以借助多媒体技术给学生展示具有地方特色的歌曲，学生通过观看视频，在了解地方文化的同时畅谈自己的感受，发展其听说能力。其次，教师可引导学生阅读具有地方文化特色的优秀作品。最后，学校可以开设具有地方特色的写作课，让学生从自身生活实际出发，记录身边的民俗民风，提高写作水平。

（三）进行课程资源开发理论培训

开展教师培训是充实教师理论知识，提高教学水平的重要途径之一。教师通过掌握培训内容，运用培训技巧，能够有效实现课程资源的开发与利用。首先，学校可以举办关于课程资源开发系列讲座，邀请相关专家对教师进行课程资源开发的讲解，让教师全方面地了解课程资源开发的本质，为课程资源的开发打下良好的基础。其次，在进行理论培训时，不仅需要学校做出努力，制定适宜本校情况的研究计划，教师个人也不能懈怠，也应根据自身实际制订个人培训计划，做到有的放矢，事半功倍。

推荐阅读

[1] 朱庆国. 例谈语文课程资源的开发与利用[J]. 语文建设，2020(21).

[2] 黄敬统. “就地取材”：语文课程资源的开发和利用[J]. 语文建设，2023(4).

（赵硕撰写）

46 阅读与鉴赏

一、概念界定

“阅”本意是在门里清点东西。许慎在《说文解字》中解释为“阅，具数于门中也。”引申为“阅览”。“读”的本意是朗诵书文，即出声念诵，《说文解字》的解释是：“读，诵书也。”引申为“观看”。后世将“阅”和“读”加以结合，作为复合词，专指人们观看并理解文字的行为。“鉴赏”指对文学艺术品进行有分析、有比较的欣赏、评判，实现认识由感性阶段到理性阶段的飞跃。在语文课程中，阅读与鉴赏即通过阅读文学作品，分析文章内涵，领悟作者情感，丰富自我体验，提高人文涵养。

二、研究现状

（一）国外研究情况

“阅读与鉴赏”板块属于中文教材内容，由于课程本身的独特性，在国外文献中并未查找到相关研究成果。

（二）国内研究情况

随着新课程改革的不断推进，语文课程的地位日益受到教育专家及一线教师的重视。阅读教学是语文教学的重点和难点，提高学生的阅读与鉴赏能力也成为一线教师共同重视和研究的问题。近年来，相关研究成果不断丰富，并呈现出以下趋势。

首先，针对某一具体文体进行阅读与鉴赏专题研究。如辛晓芳的《品味诗词——高中语文阅读与鉴赏教学》与敖嘉悦的《中学现代文学作品阅读与鉴赏方法研究》，分别针对不同文章体裁进行探究。

其次，根据课程性质进行不同课标要求下的阅读与鉴赏教学研究。王玮的《高中语文必修课如何有效开展阅读与鉴赏》指出，教师要有统筹意识和全局观念，对整本书阅读鉴赏内容展开观照性设计，以体现阅读鉴赏教学的整体认知。

最后，以某一理论为出发点，探究在该理论指导下的阅读与鉴赏方法。武凯京《新课程标准背景下接受美学在高中现代散文阅读与鉴赏教学中的应用研究》，运用新课程标准与接受美学的基本理论，探寻其与高中现代散文阅读与鉴赏教学的契合点，尝试解决现代散文教学中的现实问题。

三、理论基础

（一）行为主义心理学理论

行为主义心理学的研究对象是行为，其任务也在于预测和控制行为，而构成行为的基础是个体的外在反应，反应又归因于个体所受的刺激，即“S—R”(刺激—反应)理论。因此，行为主义认为书本上的字便是阅读过程中的刺激物，读者以字母为开端，依次构建逐级复杂的语言层次，分别是单词、句子和段落。阅读者首先把字母链接进单词，然后把单词链接进句子，最后把句子链接到段落，并在这一过程中获得文本的意义。

（二）心理语言学理论

心理语言学是研究人类个体如何获得、理解和生成语言的心理学分支。它的研究角度是心理过程和心理机制，并以此来探究人类语言活动特点。该理论表明，作为一种复杂的心理认知过程，阅读是在读者已掌握的语言知识的基础上，结合其个人的背景知识对获得的书面信息进行预测、验证和确认的思维过程，同时也是读者通过篇章与作者相互作用的语言交际行为。

（三）图式理论

英国心理学家巴列特于 1932 年在其著作《记忆》中提出图式理论，所谓“图式”是指每个人过去获得的知识经验在大脑中的储存方式，即大脑对过去经验的存储与组织。该理论认为，读者的知识主要有三种图式形式，即语言图式、内容图式、形式图式，而读者的阅读能力和对材料的理解程度主要依赖于它们。顾名思义，语言图式主要涉及文本的词汇、语法方面的知识，即语言的基本知识，这是阅读理解的必要前提，也是读者理解文本信息的关键；内容图式是指知识，它们或与文章主题有关，或与文章内容有关；形式图式又称语篇图式，是指读者对文章体裁、连贯手法、衔接系统等知识的了解程度。这三种图式互相影响，共同作用于读者的阅读结果。

（四）语文课程标准

语文课程标准、新语文教学大纲将培养中学生阅读与鉴赏能力旗帜鲜明地提了出来，为教师进行相关教学指明了方向。

四、实施策略

（一）精选阅读内容，设置鉴赏目标

目标是行为的指南针，教师要想提高教学效果，不仅需要设置具体可行的鉴赏目标，还要精心选择鉴赏内容实现该目标。莫怀戚的作品《散步》是一篇优美的散文，通过讲述一家人在初春时节外出散步时发生的趣事，阐述了生命中的爱与责任，尤其是文章最后一段，“我背上的同她背上的加起来，仿佛就是整个世界”。教师可与学生一起阅读该段文字，并引导学生思考，“背”字的不同读音应该如何鉴赏，启发学生从家庭、亲情、人生等方面思考，然后归纳总结，指出不足之处。

（二）创设阅读情境，提高鉴赏热情

当今时代，我们更加强调情境教学，以引导学生更好地进入课堂。教师可以利用多媒体技术为学生创设情境，激发鉴赏热情，从而产生更深刻的鉴赏认知。如图片、视频、动画，它们能够对学生的感官产生冲击，激活学生的鉴赏思维。教师需要注意的是，必须兼顾教学内容和学情分析，对教辅手段进行针对性的设计。如在教授《林教头风雪山神庙》一文时，教师可为学生播放电视剧《水浒传》的相关片段，让学生身临其境感受文中的环境描写，在视听感官的双重刺激下调动鉴赏热情。

（三）开展师生互动，提高鉴赏效率

新课改提出了与时俱进的学习方式，合作学习不仅有利于培养学生的健康个性，也有助于促进学生的社会性发展。在阅读鉴赏活动中，不应该只有教师的“一言堂”，学生也应该积极参与其中。通过为学生准备合作任务，引导学生开展合作活动，可以让学生在讨论、辩论、对比中产生思维的碰撞，达成鉴赏共识。如在教授《孔雀东南飞》时，教师可先让学生自主阅读，然后对典型人物进行鉴赏，为了让学生形成崭新的阅读感知，教师还可给学生安排别具一格的任务，如让学生在班内进行竞选，参演课本剧《孔雀东南飞》，学生在打磨剧本，亲身体验的同时，能够对人物形象有更透彻的了解，形成

深度鉴赏认知。

推荐阅读

[1] 衣美华. 接受美学理念下的文学阅读与鉴赏能力培养研究——评《接受美学与中学文学教育》[J]. 语文建设，2020(15).

[2] 张华，康震. 回溯与重构：语文新课标"阅读与鉴赏"摭谈[J]. 课程·教材·教法，2022(9).

(赵硕撰写)

47 综合性学习情境

一、概念界定

《现代汉语词典》把“情境”解释为“情景，境地”。李吉林认为，情境是一种人为化的、适于儿童需要的典型环境。综合性学习是义务教育阶段语文课程的五个学习领域之一，其综合性和实践性更强，可以从情境教学的角度进行语文综合性学习。王文彦等人指出“综合性学习”是充分发挥语言知识综合应用的一种学习形式。① 靳彤在《语文综合性学习》中指出：综合性学习应是语文课程中各种知识和能力在学生头脑中的内部整合，应该通过多学科的融合，用多种方式来帮助学生实现这种整合，从而推动学生语言能力的全面提升和协调发展。② 在语文课堂中，将情境教学与综合性学习两者紧密结合，充分利用社会各类的教育资源，对于语文课堂具有积极的教学意义和价值。

二、研究现状

(一)语文综合性学习的相关研究

首先，对语文综合性学习的内涵进行研究，讨论“语文综合性学习”是什么，对其课程形态、教学形态、学习方式和实践活动进行概念阐释。

其次，对综合性学习的特征进行研究，分析该学习的定义以及性质，从中分析总结特征。

最后，对语文综合性学习实施问题和策略的研究，综合性学习作为一种新型的语文课程领域，教师在教学过程中缺乏教学经验，存在很多问题。在具体的实施策略中，研究者围绕教学目标、内容和过程进行研究。

---

① 王文彦、蔡明：《语文课程与教学论》，185 页，北京，高等教育出版社，2002。

② 靳彤：《语文综合性学习：理论与实践》，24 页，北京，中国社会科学出版社，2007。

(二)与“情境”相关的研究

首先，关于情境内涵的研究，在国外研究中“情境”对应“situated”“situation”，被界定为用于定义文本(text)与相关任务(tasks)，指向特定受众和目的。

其次，关于情境理论的研究，情境理论研究者提出“支撑—活动观”“境认知”等不同概念。

最后，关于情境的策略研究，研究者提出“真实感课程设计策略”，讨论“设计式模拟模型”“生成式模拟模型”“参与式模型”三种情境化教学策略。

(三)关于综合性学习情境的研究

首先，关于情境教学在综合性学习中运用的可行性以及教学价值。

其次，关于综合性学习情境的理论依据，以及在教学过程中的教学模式、教学目标、操作程序和教学评价。

最后，关于情境教学运用在综合性学习活动中的具体策略，包括创设情境、设计活动、整合教学等。

三、理论基础

语文综合性学习情境设计的根基是“整合教学理论”和“建构主义理论”。

(一)整合教学理论

比利时学者易克萨维耶·罗日叶提出“整合教学”，认为学校教育的最终目标是让学生能够以公民的身份自主、积极地参与社会生活。除了有效应对新情境的需要外，学校的主要任务之一仍然是让学生掌握知识和社会情感，以此帮助他们在面对各种类型的情境时做出必要的批判性审视，即思考他所做事情的意义，思考应该如何去回应这些要求。[①] 在语文综合性学习情境设计中，必然要具备整合观念。

(二)建构主义理论

建构主义认为，学习基于学生的共有理解，这种共有的理解来自社会协商。合作与协商在学习过程中备受重视。教学的目的不包括令学生具有形成、捍卫自己观点的能力，也包括使学生学会尊重他人观点，在与他人合作、协

① [比]易克萨维耶·罗日叶：《整合教学法：教学中的能力和学业获得的整合》，汪凌译，11~13页，上海，华东师范大学出版社，2010。

商、互动中，共建意义。①

四、实施策略

（一）以学生为主体创设情境

教师需要结合综合性学习活动的目标，把握教学重难点，了解学生的学习情况，结合学生学习情况，创设相应的教学情境，提高学生学习效果。

（二）开发与提供情境资源

语文综合性学习的内容广泛、知识覆盖面大，教师要开发丰富的学习资源，帮助开展教学活动，教师可以从生活资源、地方资源、校本资源、文化资源、节日资源等不同方面开发，将语文知识应用到各种活动中，提高学生能力。

（三）创设情境空间

教师应有意识地创设问题情境和语言情境。学生的综合性学习活动应是基于一个现实的问题，去切实提高学生解决问题的能力，教师在创设问题前，要了解学生的知识基础和学生对该综合活动的兴趣程度，有准备地创设情境。教师在课堂上应注意语速、语调、语气的变化来创设一种语言情境，丰富学生的情感体验，加深学生对问题的认识和印象。

（四）开展情境化评价

在评价学生的学习成果时，可以通过过程性评价和终结性评价两种方式，在过程式评价时，要关注学生在综合性学习过程中的表现，比如会不会主动地参加活动，能不能主动地提出问题。

推荐阅读

[1] 王文彦，蔡明. 语文课程与教学论[M]. 北京：高等教育出版社，2002.

[2] 倪文锦，谢锡金. 新编语文课程与教学论[M]. 上海：华东师范大学出版社，2006.

[3] 靳彤. 语文综合性学习：理论与实践[M]. 北京：中国社会科学出版社，2007.

① 倪文锦、谢锡金：《新编语文课程与教学论》，21 页，上海，华东师范大学出版社，2006。

[4] [比]易克萨维耶·罗日叶. 整合教学法：教学中的能力和学业获得的整合[M]. 汪凌，译. 上海：华东师范大学出版社，2010.

（张佳敏撰写）

48 语文实践情境

一、概念界定

语文实践活动中的情境创设，是教师在教学中基于教学目标和学习任务所创设的真实、有意义的情境，让学生与文本发生有效关联，通过学习共同体(学生共同参与其中)的构建，架设联系学生的生活经验、作者的创作体验以及文本文化意象之间的桥梁，从而激发学生的学习潜能，促进其思维发展与提升。在具体的课堂实践活动中，教师可依据教材文本文体的不同特点和具体的学情创设真实的情境，搭建有效的学习支架，与学生产生情感上的共鸣。

二、研究现状

(一)国外相关研究

1. 杜威教育理论中的“情境教育”思想

杜威教学论的核心思想是“做中学”，即把学校知识的获得与儿童的生活经验联系起来。孩子可以从自己的现实生活出发，主动发现和提出孩子感兴趣的问题，在探索和解决问题的过程中学习知识。情境的创设是要联系孩子的生活经历，让学生充分发挥主观能动性，只有儿童能够熟悉、整合和理解情境，才能在自己能理解的情境中去探索学习。

2. 美国心理学界的“情境认知”理论

情境认知理论首次提出，知识与行为之间是可以相互影响的，知识也就是情境，通过这些活动不断地发展。学生积极地参加实践来促进自己的学习与了解。因此，情境认知理论强调如果想要创造合理的情境，就必须立足于了解学生的知识结构及其教学目的。这种教学情境可以让学生有机会在课堂上提出各种问题以及不同的假设，在解决实际问题过程中也可以获得充足的知识。

3. 美日两国有关“情境阅读”的教学实践

当代美国和日本阅读课的特色也折射出“情境阅读”教学的方法，根据王爱迪的《美国语言》，美国阅读课与社会和生活息息相关。在阅读教学的课堂中，教师努力联系生活，寻找学生心中存在的事物关联，把存在的生命体验与文本阅读有机地结合起来，使语言更富有生命力。不难看出，这其实是“情境作文”教学法所倡导的联系生活情境的方法。

(二)我国近年相关研究

1. 关于情境教学意义和价值的研究

一堂优秀的课应该对每个学生都具有重要的意义，在这个过程中，学生不仅是通过课堂学习知识，而且教师还要培养他们的情感态度价值观。情境教学是情感教育的一部分，教师将情境教学的目标落到实处，情境教学的方法才能得以实现。

2. 关于情境教学策略和方法的研究

在对当前我国情境教学策略的深入研究方面，冯卫东、王亦晴的《整体教学策略——情境教学策略》回应了最新的情境教育教学观点，主要从三个不同维度分析，共有 12 种情境整体教学策略，并将每一种教学策略都划分为特定路径。

3. 关于情境阅读教学实践的研究

在小学语文情境阅读教学实践的探索上，李吉林老师取得了很大的成绩。随着情境教学中实验的深入发展和取得的历史性巨大成就，李授撰写了《情境教学的实验与研究》，以情境教学的理论与幼儿成长发展的相互关系作为教学理论的基础，通过对情境教学在知识、阅读以及小学作文等各个方面的实际教学，为中国的情境教学的形成和发展打下了坚实的基础。

三、实施策略

(一)以歌和诗，创设情境

2018 年中央电视台推出了《经典咏流传》这一节目，在节目中采用“和诗以歌”的形式将中国古典诗歌和流行音乐结合在一起进行吟唱，并挖掘诗歌背后的故事，带领观众深入诗歌内部，理解诗词内涵，传承中华优秀传统文化。

对于初中教师来说，同样可以在课堂中运用音乐资源进行教学。在整理教学资源的过程中，教师可以尝试采用音乐的形式进行教学，“和诗以歌”将学生所要学习的宋词和歌曲结合在一起，引导学生在吟诵的过程中加深记忆，优化学习效果。此外，宋词作为一种具备音乐性和审美性的文学作品，以其流畅高雅的音乐感，在民间广为传唱，也被后世作曲家广泛采用、改编，本身就具备音乐性。因此，采用音乐的形式教授宋词是符合宋词的文本特性，并具备可行性和教学价值。

例如，苏轼的《水调歌头》就具有强烈的音乐性，教师可以在课堂上播放歌曲《但愿人长久》或《水调歌头》，作为教学资源辅助教学。这两首歌曲的曲调都是平缓舒畅的，在聆听的过程中教师要引导学生在音乐中感受文本的思想内涵，体会词人在文中叙述的身世之思、对兄弟的无尽怀念之情，以及词人勾勒出的皓月当空、亲人千里、孤高旷远的意境。同时，在反复聆听的过程中，加强学生对宋词文本内容的记忆，帮助学生背诵文本。此外，在利用音乐进行教学时，教师要注意歌曲的节拍和诗歌的关系，带领学生在听歌曲的同时打节拍，以此明晰宋词的文本节奏，体会词和歌曲的异曲同工之妙。

（二）揣摩文本内容，培养审美情趣

刘兆吉指出“语文教师是否具有心灵美的品质，是否能用美的语言表达出来是语文阅读教学中进行美育的关键问题之一”①。

首先，语文教师的语言美体现在内容、形式两方面：在内容方面教师需要具有文采，能够将宋词的内涵意蕴用诗情画意的语言描绘出来，带领学生入情入境，既要辞藻华丽也要简练准确。在形式上是指教师的语言要生动活泼，在诵读中契合宋词的音韵特点，教师的音调、语气、强弱都要与宋词文本相契合，在课堂中引导学生充分感知所学知识，在教师或高昂激越，或沉韵婉转的语调中体会宋词情感。

其次，教师要在生活中引导学生感受美，从生活实际中提炼“主题”进行教学。对于初中生来说，他们正处在身心发展的关键时期，随着生活经验不断增长，对于自己的生活、亲情、友情都有了认知，情感也更加丰富。教师可以从月入手，引导学生感受不同情境下的月带给自己的独特感受，并用文字表述自己的情感。在学生充分讨论自己眼中、笔下的月亮之后，教师展开以“月”为主题的宋词教学，以《水调歌头》为主要文本走进苏轼笔下的世界，并引导学生比较苏轼笔下的月和自己心中的月的异同之处，思考在不同情境

---

① 刘兆吉：《美育心理研究》，150页，北京，北京师范大学出版社，2016。

下看见月亮会有怎样的思考，引导学生在生活中发现美、品味美、感受美。

最后，教师要在诵读的过程中引导学生品味宋词之美，感受声音的节奏美、音韵美，入情入境，深入文本体会思想情感，获得审美体验。宋词是可以配乐歌唱的文本。因此，在反复吟诵宋词的过程中，教师要唤起学生的情感体验，再现作者在刹那间的情绪和感受。在吟诵宋词的过程中教师要注意宋词的平仄之分，读清楚韵母和声母，注意诵读节奏，在吟诵中读出情感，让学生充分地入情入境，优化审美体验。例如，在教李清照的《如梦令》时，在课堂上播放《小酒窝》《青花瓷》等音乐，让学生在音律中体会宋词的意境，体会作者的情思。在宋词主题教学中，教师也可以尝试将不同的宋词文本集中在一起，让学从聆听吟诵、尝试吟诵和品味吟诵入手，提高学生诵读宋词的水平，让学生爱上诵读、提高学习宋词的兴趣和能力。

除此之外，还有戏剧、新闻报道、现代诗歌等文体，也可以通过舞台表演、角色朗读、情景剧制作等具体的情境创设来达到厘清文章主旨之目的。温儒敏先生指出，“情境”必须具备三个要素：真实；符合学生生活经验；能促进学生深度学习。

推荐阅读

[1] 朱玲，柳方平. 探索《荷塘月色》的任务群教学[J]. 中学语文教学参考，2021(10).

[2] 李方顺，童纯洁. “苏东坡黄州诗文”项目学习设计路径[J]. 中学语文教学参考，2021(31).

（张佳敏撰写）

49 大语文

一、概念界定

“大语文教育”一词由张孝纯在河北省邢台八中教学时首次提出。他提倡通过构建“一体两翼”的语文教学模式，实施“大语文教育”。所谓大语文就是把语文教学与生活联系起来，全方位、多角度、多渠道地学习语文知识，提高语文素养的一种教学思想。

二、研究现状

(一)理论研究

1993 年张孝纯提出了“大语文教育”，即语文教育以课堂教学为轴心，向学生生活的各个领域拓展，全方位地与他们的学校生活、家庭生活和社会生活有机结合起来。[①] 张国生和丁之凤为悼念张孝纯先生，编写的《大语文教育论集》包括张孝纯论“大语文教育”，张国生论“大语文教育”和各个专家对“大语文”教育的见解，较为系统地概述了张孝纯和张国生对“大语文教育”的主张。沈超亚详细阐述了张孝纯“大语文教育”思想产生的历史语境和基本内涵，并联系当下的中小学教育，从课程标准、教学内容、教学方法和教学理念四个方面论述其当代价值。

在张孝纯思想之外的“大语文教育”理论也为探究大语文教育的历史渊源提供了新思路。欧阳靖以北宋理学家胡缓的“大语文”思想为切入点，辨析其思想与当下“大语文”观念的异同以及对当下教育的启示。张卉认为《论语》是大语文时代的产物，并且从生活教育观、整体教育观、多途径教育观和高效训练观四个方面探讨《论语》中的“大语文教育”思想，从古代经典中汲取“大语

① 张孝纯：《“大语文教育”的基本特征——我的“语文教育观”》，载《天津教育》，1993(6)。

文教育”丰富的营养内涵。①

（二）实践研究

张孝纯和张国生从教学内容、教学方法、教育思想、教学效果和教学评价五个方面介绍在河北省邢台市进行的“大语文教育”实验。② 齐增会全面系统地分析了张孝纯“大语文教育”的思想和特点，以此寻求它与综合性学习的契合点。③ 杨娴则是针对新课标下语文教学的新变化，将“大语文”的教学理念与语文教学三维目标相结合，设计并实施了“大语文”指导下的阅读教学和作文教学，形成了自己的体系。④ 雷俐提出了高中阶段实行“大语文教育”的可行性和必要性，根据高中语文的现实背景设计了新闻交流课、专题活动课和范文赏析课，具有一定现实意义和创新意义。⑤

三、实施策略

（一）课前自主感知文本

感知是认识的第一步，课前对同一主题领域素材宽泛地阅读，有助于丰富学生的感性认识，有助于他们建构属于自己的意义理解。如在进行光辉人物形象教学前，教师可以让学生搜集有关的资料，如图片、生平、名言等，让学生从多个角度更完整地认识英雄人物。

（二）开展各种丰富多彩的活动

教师开展课内语文实践活动，如主题演讲比赛、诗歌背诵大赛、社会调查写作等活动，让学生学会与人合作，体验成功的喜悦；培养学生学语文、用语文的能力。教师还可以通过开展各项社会实践活动，让学生形成个性化的学习方式，使其乐于探究问题，对周围事物感兴趣，能指出学习和生活中的问题，关注社会热点。比如，教师可让学生参加纠正错字、搜集当地民间故事、传统轶事、对联谚语以及为家族中的杰出人物撰写小传等活动。

---

① 张卉：《论〈论语〉的大语文教育科学发展观》，湖南师范大学硕士论文，2009。
② 张孝纯、张国生：《一条广阔的语文教改之路》，载《中国教育学刊》，1992(2)。
③ 齐增会：《张孝纯“大语文教育”的思想与实践研究》，河北师范大学硕士论文，2007。
④ 杨娴：《论大语文教学观下课堂教学策略的实施》，陕西师范大学硕士论文，2012。
⑤ 雷俐：《高中“大语文教育”实施的探索》，湖南师范大学硕士论文，2012。

(三)引导学生扩大阅读面

通过广泛的阅读，学生可以积累许多课堂学不到的知识，并在积累中提高自己的语文素养。所以，教师要鼓励学生阅读经典，让他们感受悠久而博大的传统文化，要大胆鼓励学生自主选择阅读材料，多读书、好读书、读好书，读整本的书，读大量文学名著和现当代中外散文，还要背诵一定数量的经典诗歌。①

推荐阅读 >>>>>>>>

[1] 张孝纯. "大语文教育"的基本特征——我的"语文教育观"[J]. 天津教育，1993(6).

[2] 钟慧. 大语文教学观及其实践[J]. 教育理论与实践，2011(8).

（杨露露撰写）

① 钟慧：《大语文教学观及其实践》，载《教育理论与实践》，2011(8)。

50 大主题

一、概念界定

主题主要有两层含义，一是文本或者作品中体现的基本观点，二是指一个广义的题材概念，语文教学研究中关于“主题”的理解往往选择第二点。大主题与先前的单一主题不同，它集中表现在两个方面：在同一学科，表现为跨单元性；在不同学科，表现出跨学科性。语文课程中的大主题教学设计是以学生的基本素养为依据，以语文学科为基础，以学生生活和学习为导向，以语文教材为对象，实现综合育人的目的。

大主题教学设计有以下三个特点：大概念、大生活、跨单元。《义务教育语文课程标准(2022 年版)》指出，语文教学应重视中华优秀传统文化、革命文化、社会主义先进文化等重大主题内容的学习，实现以文化人，培根铸魂，增强文化自信和民族认同的目的。除了这三大主题内容，语文教学还要统筹外国优秀文化和日常语文生活等内容的学习，教师要注重研究语文学科独特的育人价值和育人方式，充分发挥学科的育人属性。

二、研究现状

(一)研究状况

主题教学起源于 19 世纪的德国，教育家赫尔巴特在整合儿童兴趣和综合心理学理论的基础上提出了主题综合课程。20 世纪中期，美国“新教育”运动开始研究主题教学。到了 20 世纪 80 年代，主题教学理论得到进一步发展，开始指导教学实践。20 世纪末，“核心知识课程”改革在美国兴起，《国家社会科课程标准》得以出版。该标准用十个主题轴构成课程内容框架，每个主题轴涵盖不同学科的部分主题，主题教学成为美国课堂上的主要教学方法。从 19 世纪到 21 世纪初，主题教学在国外得到了更广泛的研究，逐渐成为学校的一种常见教学方法。虽然国外更多地把它作为综合课程的教学方法之一来研究，但在中国，它仍然是指导语文学科教学的重要方法。

（二）国内研究状况

20 世纪 80 年代后，美国的主题教学理念逐渐传入我国。国内许多学者对主题教学这一课题展开了研究，并提出了自己的观点。例如，赵中建提出，以主题为基础的教学是实施核心知识课程的主要教学方式，但以主题为基础的教学必须结合其他学科，并且只有当各门学科之间有“逻辑的和自然的联系”时才能采取这种模式教学。① 李祖祥教授持有同样看法，提出主题教学需在建构主义和多元智能发展等理论指导下，采取跨学科领域的学科探索和活动方式，以激发学生的自主学习动机，最终实现全面发展的目标。②

综合学者对主题教学的研究，可以归纳出主题教学有以下共同特点：一是以课程标准为基准，开展学科知识教学，对课堂教学有利；二是主题教学是跨单元的或跨学科的，单元之间、学科之间有逻辑关系；三是主题教学以学生为主体，要充分发挥学生的积极性和能动性；四是主题教学可以结合相关理论，对学生全面发展具有重要意义。

三、理论基础 >>>>>>>>

系统理论将研究对象视为一个整体，从整体角度处理各要素之间以及各要素与整体之间的关系，掌握其结构、功能和作用。根据系统论的指导思想，主题教学应重视系统中各要素的本质作用，明确教学目标，发挥教师的主导作用，以学生为中心，始终注意围绕学科主题选择合适的资源，通过小组讨论和合作探究，让学生充分参与课堂，以达到高质量的教学效果。教师还应该采用系统化的教学方法，结合课程目标和学生情况，对学习内容进行整体重构。

四、实施策略 >>>>>>>>

（一）确定大主题教学定位

学科育人具体到语文学科中即是“语文立人”。从抽象的学科内容到学生

① 赵中建：《主题教学：合科教学的一种有效途径》，载《全球教育展望》，2002(2)。

② 李祖祥：《主题教学：内涵、策略与实践反思》，载《中国教育学刊》，2012(9)。

的知识应用中存在中间环节，这个中间环节即生活和素养，即学科教生活，生活育素养，素养立人。因此，确定大主题教学的定位，一般有三个角度：一是指向学科核心素养，落实学科的价值，以核心素养为导向开展教学活动。二是指向学科相关生活，设置真实性任务情境，促进学生对知识的迁移和应用，实现核心素养的培育。三是依靠教材支撑，跨单元整合教学内容，定位大概念性和大生活性的主题，优化教学设计。

(二)整体构思大主题教学设计路径

《中国高考评价体系》指出，未来高考主要考察“四层”内容，即核心价值、学科素养、关键能力和必备知识。大主题教学设计要响应高考考察的导向，整体构思课堂教学的活动和内容，厘清各阶段需要掌握的核心价值、学科素养、关键能力和必备知识，保证教学设计不走弯路，不做无用功。这几个方面都强调教学活动的统整性、综合性和完整性，是教师在教学设计过程中要整体构思的内容。以主题来教学，就要求教师引导学生把从教材中学到的学科素养、关键能力拓展到生活情境中，构建结构化的知识网。

(三)采取互动的课堂教学方式

不同于传统灌输式的课堂教学，大主题教学要求挖掘教师和学生在课堂中的动态角色，围绕课程主题构建互动式课堂。在教学方式上，教师构建整体性的教学框架，找准教学内容核心，确定教学主题，在此基础上营造真实的、互动的课堂。学生在明确学习目的的基础上主动获取知识技能。在大主题教学活动中，教师和学生的交流是动态的，共同朝着主题任务前进，这对教师的教学把控能力提出了更高的要求。

推荐阅读

[1] 北京教育行政学院教育学教研室. 普通教育学[M]. 北京：知识出版社，1983.

[2] 陈鹏翔. 主题学研究与中国文学[M]. 武汉：华中师范大学出版社，2007.

[3] 窦桂梅. 窦桂梅与主题教学[M]. 北京：北京师范大学出版社，2006.

(张雅晴撰写)

51 大任务

一、概念界定

语文学科中的“大任务”是指以任务引领学习，即以真实情境中的任务学习整合主题内容、学习情境、学习方法等多种元素，设计单元学习。真实情境中的学习任务实际上就是与日常生活、社会生活相联系的，包括语言运用活动在内的行动。真实情境中的任务学习，追求课程内容、学生生活、语文实践之间的协调和融通，成为统筹学科逻辑、学习逻辑、生活逻辑的载体。这样一来，真实情境中的任务学习的设计就成为单元教学设计的关键环节。

一个单元的学习活动可能是若干个课时，但是，每个课时的教学活动都是整个单元教学设计的一个部分，是连贯的教学活动的一个或者几个环节。每个教学活动又都体现语文学习任务群的思想，体现“素养”“学习”“生活”“主题”和“任务”。语文学习任务群体现了语文课程的综合性、实践性，是自主、合作、探究的学习，是主动积极的学习、在行动中的学习、创造性的学习。

二、研究现状

对“大任务”本身的研究不多，多强调单元教学中的任务设置与任务驱动，主要集中在两个方面：一是强调实际教学中真实任务活动的设置，如戴晓娥《大单元 大情境 大任务——统编语文教科书“新教学”设计与实践》统筹大单元、大情境、大任务几项概念作为教学设计要素，强调在课堂教学中采取单元教学的模式，创设任务情境。① 二是以“大任务教学”的视角审视语文教学活动，进行理论或教学实践研究。侯加慧《单篇课文大任务教学设计策略探

① 戴晓娥：《大单元 大情境 大任务——统编语文教科书“新教学”设计与实践》，载《语文建设》，2019(8)。

究》跳出单元教学基础上的任务设计，进行单篇文本的大任务教学策略研究，为大任务教学研究提供了新的思路。[1] 马丽以大单元教学设计和案例实践为依托，创设任务情境进行单元教学，借助单元教学的实践模式达到学生知识发展、能力提高的目的。[2] 此外，还有一部分响应语文课程标准要求的专题任务群教学研究。

三、理论基础

任务驱动教学法。“任务驱动”是指在学习信息技术的过程中，学生在教师的帮助下，紧紧围绕一个共同的任务型活动，在强烈的问题动机引导下，通过主动应用学习工具，完成自主探索和互动协作学习。在完成既定任务的过程中，引导学生进行学习实践，这是一种基于建构主义教学理论的教学法。

四、实施策略

(一)双线并举，确定单元学习任务

在自然编排的教材单元中，单元教学的主题主要来自单元人文主旨的归纳，或来源于单元的学习任务要求。在具体的教学实践中，要完成任务教学的目标，需要教师将二者有机结合，实现教学活动设置上单元学习任务与人文主题的并举，优化学习任务设置，使得单元教学具有更强的目的性、任务性和驱动性。

(二)创设任务情境，合理安排学习活动

学习活动中的“任务”要在真实的语文学习情境中完成，根据《义务教育语文课程标准(2022 年版)》要求，语文学习情境指教师在教学活动中创设真实的语文实践活动情境，设置与实际生活密切联系的学习任务。不同的情境有不同的功能性质和指向范围，服务于不同的教学目标。教师在创设活动情境时，要深入把握学习活动的性质、单元双线主题任务、学生学习情况、课程资源等多个因素，进行真实性的任务设计，合理安排教学活动。

---

① 侯加慧：《单篇课文大任务教学设计策略探究》，载《教学与管理》，2022(14)。

② 马丽：《基于任务情境的七年级“我和我家”大单元教学实践研究》，山西师范大学硕士论文，2021。

(三)处理好单篇课文与单元整体的关系

大单元教学强调从宏观角度对单元文本进行整体设计和统筹安排，从而实现单元教学活动的整合，一定程度上统整课程内容，规避单篇教学带来的知识的零碎化、教学的低效化等问题。但这并不意味着教师在进行大单元教学时要完全抛弃单篇教学模式，而盲目地追求多文本教学，教师可以借鉴群文阅读的"1＋X"教学方式。在大任务教学中，"1＋X"模式可以设定为选择主题单元内一篇核心文本作为重点进行精读，将服务于同一任务主题的相关文本作为辅助性文本，建构起"1＋X"大单元教学任务模式。

(四)采用多元化的教学及评价方式

教师需要综合运用多种教学方式开展任务引导的单元学习，如问题驱动式、启发式、讨论式等，同时要充分利用多媒体、网络等教学手段，合理运用更多教学方法和课程资源，以实现教学活动的丰富性和有效性。大任务教学强调真实的语文实践情境和典型的学习任务，而检测这些的标准就是有效的教学评价体系，以此监控教学情境的创设、任务设置以及目标的完成度。要构建与任务教学相匹配的真实性、有效性评价，应采用过程性评价与成果导向评价相结合的多元的评价方式，构建多元化的真实有效的评价体系，充分发挥其导向、引领与监控作用。

推荐阅读

[1] 倪文锦，谢锡金. 新编语文课程与教学论[M]. 上海：华东师范大学出版社，2006.

[2] 徐桦君，洪方煜，胡勤. 高中语文学习任务群教学设计任务五 实用性阅读与交流[M]. 杭州：浙江教育出版社，2017.

（张雅晴撰写）

52 学业质量

一、概念界定

学业质量是指学生在完成课程阶段性学习后的学业成就表现，以核心素养为主要维度，结合课程内容，对学生语文学业成就具体表现特征的整体刻画。学业质量根据学生学段，按照具体语文学习情境，整合语文实践活动，以此描述学段结束时学生核心素养应达到的水平。根据不同水平学业成就表现的关键特征，学业质量标准明确将学业质量划分为不同水平，每学段语文课程学业质量标准之间相互衔接，体现学生核心素养发展的进阶，为核心素养评价提供基本依据。

二、研究现状

(一)国外研究情况

20 世纪 80 年代起，各国教育对学生学业质量评价研究开始转向学生“学会什么”，由外在“学什么”的内容标准转变为要求学生的表现标准。随着教育质量观发生变化，各国围绕自身核心价值，建立起新的教育学业质量标准。西方学者博比特在“学习活动设计”中突出“学生学会了什么”的问题，泰勒主张以科学评价方法解决“学会什么”的问题。如今，各国主要出现了三种具有代表性的、基于核心素养的学业质量标准：能力水平的例证模式、跨越年级的连续性尺度模式、分年级的成就图模式，反映了质量驱动的趋势，以学生为中心，更加关注学生学习结果与质量。

(二)国内研究情况

我国教育部在 20 世纪末提出“面向 21 世纪教育振兴计划行动”，在教育领域改革建设评价制度，21 世纪始初步形成了新的评价体系，随后语文学科课程标准颁布，新课程正式进入改革阶段。学业质量标准是课程标准规范之后必定要面临的问题，学者相关研究主要围绕厘定学业质量标准概念，区分其与课程标准、考试评价标准的不同，围绕核心素养，明确学业质量标准功能，提出设定原则与框架设计。随着新课改深入发展，《义务教育语文课程标准(2022版)》与《普通高中语文课程标准(2017年版2022修订)》都对"学业质量"做了明确的内涵规定，针对不同学段对学业质量提出了具体的标准要求。当前关于语文学业质量及其标准的相关研究主要分为三种：首先是基于学业质量标准围绕中、高考语文进行的命题研究，如郭跃辉的《基于学业质量标准的中考语文命题研究》，从命题的目标、内容、要求的关键能力三方面逆向联系学业质量标准要求，探索、改进学业质量中无法量化测评的内容。其次是基于核心素养阐释学业质量内涵、功能、意义，如杨向东《素养本位学业质量的内涵及意义》，在理解语文核心素养的基础上，以整合、实践为取向检验学生学习成果。最后是基于某种评价理论进行学业质量评价的设计，如王健、李连杰、单中伟等人《基于评价三角理论的学业质量的评价设计》，在认知、观察、解读三个要素下，"三位一体"有效评价学生学业质量水平。

还有一些研究，如针对某一地区进行调研，总结出具体的学业质量评价建议；与其他国家地区学业质量标准进行对比；总结归纳我国学业质量标准发展轨迹等。学业质量标准会随着时代发展而产生变化，各国学者也在根据各国实际不断探究新的可能性。

三、理论基础

(一)逆向设计理论

逆向教学设计是从输出端开始思考，将学生实际学习结果作为目标，围绕预期目标进行逆向设计。该设计采用成果导向理论，不再依据教材内容来确定学习目标，而是依据学科核心素养与课程标准确定目标，制定学生获得核心素养后的评价标准。当前的学业质量标准强调从核心素养出发，观察学生最终达到的学习成果，即希望学生"学会什么"制定具体教学方案。

(二)建构主义理论

建构主义理论的核心是"以学生为中心"，强调学生对知识的主动探索、主动发现和对所学意义的主动建构。学业质量标准评价对象是学生，强调以学生为核心，以学业水平考试为导向，结合过程性评价和终结性评价，最终体现学生此学段的核心素养水平。

四、困境

(一)学业质量评价标准内容容量较大，相关表述存在模糊问题

在语文课程标准中，有关于学业质量明确的内涵，规定了学生应当达到的学业水平及教学评价建议。初中主要分学段设置，高中学业质量水平则与考试评价结合设定了五个层次。其中，关于学业质量水平主要是围绕学生在不同阶段检测其语文关键能力应有的连续性进步、程度。在具体学业质量水平描述中，内容较多、较长，难以具体核实学生是否达到相应质量水平，在实际操作中难度较大。

(二)多元化学业质量评价难以落实

在实际教学中，一线教师面临课程任务重、课时紧的教学情况，特别是初、高中都有升学压力。语文课程标准呼吁以学业水平测试为导向，重视过程性评价，但学生在语文学习过程中一时难以转变方向。多元化评价大多停在较为浅表的阶段，以教师课堂抽查、批改作业为主，缺乏评价标准及其他各种评价方式的实际应用，升学压力倒逼家长与教师不得不以功利化学习为主，无法真正落实多元化评价。

五、实施策略

(一)厘清学业质量标准概念，构建正确“考试观”

鉴于当前考试形势，仍有不少地区、学校出于“功利化”的目的安排课程学习，违背了学业质量标准的设定初衷，我们需要厘清学业质量标准的概念及设定目的。学业质量标准为教学、教材编写、考试评价提供了一些依据，但不代表学业质量标准就等同于考试标准。学业质量水平主要围绕语文核心素养提出要求，聚焦学生学习语文后学业成就的综合体现，是过程性评价、终结性评价及中高考命题的依据，不等于考试。在实际教学中，教师可以根据课程标准建议，大胆尝试各类教学活动，以落实多元评价的形式帮助提高学生学业质量水平，矫正认识。

(二)紧扣核心素养，解构学科能力

学业质量水平是学科核心能力的具体体现，“在开展中小学生学业质量评价时，应以‘促进学生的学习’为评价工作的价值取向，在此基础上进行科学、规范的整体规划和设计”①。在实施学业质量评价时，要结合语文课标紧扣学科特点，文化、语言、审美、思维四个方面评价学生。教师结合学段特点，判断学生应达能力程度和实际程度，调整教学进度和方法。

(三)明确程度用词，优化学业质量水平描述

在实际教学中，一线教师课程压力大，课程标准中学业质量水平描述内容含量大，难以细细核实学生学习成果。在接下来的课程标准修订过程中，可以优化设置，合理调整语言。与核心素养照应，对各学段要求以不同程度词语明确表明，便于教师直观获得信息，为一线实践教学提供指导。

未来，为避免考试命题成为不良“指挥棒”，背离新课改的初衷，课程标准应加强学业质量标准研究，进一步厘清课程内容标准、考试命题、学业质量标准关系，结合一线教学现状，为其提供导向。

推荐阅读

[1] 王云峰. 基于课程标准的高中语文学业质量评价探析[J]. 语文建设，2018(31).

[2] 倪文锦. 语文新课程评价与学业质量标准[J]. 语文建设，2018(31).

[3] 叶丽新. 学业质量标准：从充分理解到运用与发展[J]. 教育发展研究，2020(10).

[4] 崔允漷，郭洪瑞. 试论我国学科课程标准在新课程时期的发展[J]. 全球教育展望，2021(9).

[5] 郑国民. 以文化人，建设素养型语文课程标准——义务教育语文课程标准(2022 年版)解读[J]. 基础教育课程，2022(9).

(杨妤婕撰写)

---

① 王健、李连杰、单中伟：《基于评价三角理论的学业质量评价设计》，载《中国考试》，2019(1)。

53 课程实施

一、概念界定

当前，对课程实施的理解包含两种含义，一是在教育体系整体层面上的实施，是将预期的课程方案付诸实践的过程，涉及地方、学校各个层级。二是在课堂层面的实施即教学，课程实施就是教学，对课程实施的研究就是对课堂教学的研究，教学过程就是课程计划的实施过程。就语文课程标准设定来说，课程实施包含了教学、评价、教材编写建议，以及各类教学资源开发，教师发展，教学研究等，属于第一类含义。

二、研究现状

(一)国外研究情况

国外对课程实施的研究自 20 世纪 60 年代开始，人们在反思中意识到课程实施的重要性。在相关研究中，具有代表性的著作是富兰《教育变革新意义》中对实施过程的变革做的论述。在研究过程中，美国学者新德尔、博林、扎木沃特根据课程实施与课程计划不同的关系进行分类，划分为“忠实取向”“相互适应取向”“课程创生取向”。发展至今，课程实施理念已经深入人心，课程实施既包含自上到下层级的宏观概念，也包含课堂中实施教学的微观概念。

(二)国内研究情况

我国的课程实施研究于 20 世纪 80 年代末起，经过三十余年的不断发展在课程实施研究方面已卓有成效，钟启泉的《现代课程论》以及陈侠的《课程论》可以被视为代表作。相关研究大致归为以下几种：首先是根据课程实施多方面进行全面研究，如孟凡丽、于海波《课程实施研究二十年》，依据课程实施的意义、层级、取向等因素，分析课程实施所需的研究理论与方法。其次是从某种不同视角关注课程实施，如李子建、尹弘飚《后现代视野中的课程实施》，以后现代自我意识觉醒，分析课程实施变革发展脉络，发现课程实施从客观知识到实施主体及最终评价应当保持的特点，并给出建议。最后是结合某一实际情况，查看课程实施的问题，如唐丽芳、马云鹏《新课程实施情况调查：问题与障碍》，提出存在课程实施资源匮乏、教师面临压力巨大、考试改革滞后等问题。还有学者认为，在新的课程方案的实施中，教师作为变革的主体，在教学的观念策略与行为方式上都要理解及运用课程方案，从而才能真正落实课程实施的变革。

三、困境

(一)基于学业质量标准的教学和评价的一致性有待提高

教师在日常教学中能够依照语文核心素养要求进行教学，但由于具体学情不同，学生学习程度、表现程度又有所不同。教师习惯以阶段性测试等作为评判学生学习情况的显性手段，平时的过程性评价处于缺乏或科学性较低的状况。语文课程标准不可能给出每一课应当达到的程度标准，教师的评价标准、方式、内容都较为主观，且存在波动，教师需要依靠自身教学经验进行判断。学业质量标准为教学与评价的一致性、专业性提供了依据，但还需要在教学实践中不断探索，对教学和评价上的专业性提出了更高的要求。

(二)对教师跨学科主题教学提出挑战

时代对语文学科提出了综合教学的要求，实现“大语文”教学。跨学科的主题学习符合语文综合性、工具性的学科特点，不仅需要教师具有语文专业知识，同时具备教育学、心理学等知识。教师要加强各学科知识储备，多角度观察、结合生活、社会热点问题，具有挖掘教育资源的能力。教师不仅要紧跟时代潮流，保持终身学习习惯，还要不断提高教学研究水平，做到承上启下，这对教师的综合素质提出了挑战。

(三)课程资源开发利用管理混乱

课程资源的开发利用十分重要，教材内容资源毕竟有限，语文作为综合性学科，需要大量优质课程资源帮助教学。信息化时代，数字资源、特色文化资源等资源很多，但存在良莠不齐的情况，同时在具体教学过程中，存在着错用、偏轨等情况。教师在语文教学过程中需要进一步整理加工，将各类资源转变为教学资源，这加大了教师教学压力。

四、实施策略

(一)加强研究，促进教学评统一

在考试方面，教师可用解读学业水平考试的试卷的方式，再现学业质量标准的具体要求，获得日常教学大致方向和思路。在教学研讨会上，可以对作业的目标、内容、形式、评价等进行整体设计研究，提高作业设计和实施的科学性。针对作业等其他评价方式，可以学校为单位，将阶段测试、作业、课堂、教学设计等多方面贯通，发挥多元评价的应有功能。这便于教师对照学业质量标准，分析差距原因，在教学中加以改进，设计出面对不同水平学生的层次分明、类型多样的评价方式，实现教学和评价的有机统一。

(二)加强跨学科整合，带动教学能力提升

学校可以组织教研活动，开展专题研讨课、观摩课等形式，整合提供教学案例。例如，针对八年级上册课文《中国石拱桥》，就可以将赵州桥、卢沟桥、长虹大桥等作为研究对象，作为跨学科学习的教学设计，提升教师在不同学科中的教学转化能力。在联合调研中加强各学科之间的沟通与合作，以跨学科实践为载体开展项目式学习，充分整合校内外各项资源，进行课内外一体化设计。教师在日常教学中以开放、包容的眼光搭建大语文概念，增加课程实施可能性。

(三)构建课程资源共享体系

各地区、学校应当增强联系，在课程一致的基础上，树立起动态发展的资源观念，搭建起并维护、发展共享的课程资源体系及平台，有利于课程实施。学校可以组建骨干教师、名师等教研团队，开展主题研究，立足核心素养，注重发掘特色文化，为教师教学做出示范作用。

推荐阅读

[1] 崔允漷. 课程实施的新取向：基于课程标准的教学[J]. 教育研究，2009(1).

[2] 赵敏，汪建华. 新时代劳动教育课程实施的问题与出路[J]. 课程·

教材·教法，2022(7).

[3] 郑国民. 强化语文课程的育人价值取向——《义务教育语文课程标准(2022年版)》的四个重要变化[J]. 人民教育，2022(Z2).

（杨妤婕撰写）

54 人文主题

一、概念界定

语文人文主题是人类文化中的先进部分和核心部分，即先进的价值观及其规范。其集中体现是重视人、尊重人、关心人、爱护人。简言之，人文即重视人的文化。每个单元设计的人文文化不同，但是单元内的文章内容和中心主旨都会围绕本单元的“人文主题”展开。学生可以了解不同的文化思想，这也符合新版课标“核心素养”中的“文化目标”和“审美目标”。

二、研究现状

目前关于“双线组织单元结构”教学实践的研究逐渐增多，但对人文主题的研究相对较少，主要研究双线组织单元结构的内容、特点以及在这种结构下的阅读教学或单元教学。强调可操作性成为更多研究者的共识，许多一线教师结合自身的教学实践，提出问题并提供有针对性的策略和改进建议。但是，对“人文主题”教学实践的研究还需要进一步完善和深化，教师对“人文主题”的理论认识有待进一步提高。

三、实施策略

在语文教学中，教师要将人文主题教学贯穿整个教学阶段，让学生通过阅读了解社会、了解世界，用文学艺术的魅力感染学生，促进学生全面发展。学习一个单元的人文主题，不仅要对单元内文本进行浅层次的阅读，还要运用阅读技巧对文本进行深层次的解读，挖掘文本蕴含的价值。

(一)精读与粗读相结合的教学方式

中学语文教材中的文本体裁样式比较多，有小说、散文、诗歌、戏剧等。

教师在进行单元主题阅读教学时，不能采用统一的教学方式，要根据不同的体裁选择不同的教学方式，引导学生个性化阅读。如教材中的《荷塘月色》，教师在教学时可以选择清华园相关的视频作为教学导入，介绍清华大学的历史，旅游宣传片等，让学生结合影视资料更深入地了解清华园。多媒体的影片信息可以对教材文本起到补充和丰富作用，使学生更直观地把握文本内容。在教材中以对白为主的文本，教师可以组织学生通过表演的形式进行阅读。总之，采用多种阅读方式可以使学生寻找到适合自己的阅读方式，同时能更深入地理解文本内容。

(二)选择特定内容进行专题阅读教学

语文教材是按照单元进行编排的，教师在进行单元主题阅读教学时可以通过特定内容进行专题阅读教学，以提升阅读教学效果。如高中必修上册第一单元的课文都是围绕“青春的价值”展开的。教师在教学过程中可以根据文本内容穿插关于青春的其他内容，如要求学生围绕“青春”这一主题进行演讲或辩论等口语训练，以提升阅读教学效果。这一单元中的《哦，香雪》与其他文本稍有不同，教师要引导学生在阅读时转换到特定的背景环境中通过换位思考以理解作者创作时的情感。

(三)课内与课外延伸结合进行教学

高中语文教学中教师和学生都会发现，有些文本只是节选了一部分内容，基本是节选比较精华的部分。那么教师在阅读教学时要通过课内联动与课外延伸相结合，提升阅读教学效果。如在进行《林黛玉进贾府》《边城》《雷雨》教学时，教师除了在课堂上组织学生对教材文本进行阅读，同时鼓励学生在课后阅读原著。具体的课后延伸方法可以是做读书笔记，即让学生在课后阅读原著时将不懂的地方或有价值的地方进行记录，与教师或同学进行探讨；也可以是召开读书分享会，让学生分享课内阅读或课后阅读的感想，给学生一个展示和交流的平台。

推荐阅读

[1] 施春晖，汤苗苗．论古诗词中的意象教学[J]．教学与管理，2011(11)．

[2] 魏本亚．构建人文主题语文教材的探索与反思[J]．中学语文教学，2015(5)．

（李铭玉撰写）

55 立德树人

一、概念界定

“立德”语出《左传》，文中把君子的道德修养排在了第一位。“树人”出现于《管子》一书中。“立德树人”指的是通过德育为先的正面引导来教育、感化、激励人，培养真诚、善良、有爱心、有责任感的人格。同时，也包括通过德育来塑造和发展人才，实现以人为本的教育目标。

二、研究现状

(一)国外“立德树人”研究现状

在国外，许多国家没有明确提出“道德教育”“政治教育”等概念，但对学校德育都给予了普遍的重视。由于文化传统的不同和对德育接受程度的差异，各国的德育活动也是多种多样，但在复杂的德育活动中，仍可找出共性的德育途径。

(二)国内“立德树人”研究现状

首先，关于立德树人背景下语文德育研究。如张万春根据自身实践教学，以立德树人为背景，从合作探究、德育故事等方面提出了初中语文德育教育的策略。

其次，对统编版语文教材立德树人的研究。此类主要是对语文教材进行编写理念和育人理念上的分析，从中准确掌握教材的育人导向，但不涉及具体的教材内容分析。此类研究的代表人物如温儒敏指出统编教材是从通过选文和框架结构两方面体现立德树人思想。再如刘学智、王馨若，他们在文章中指出落实立德树人的重要路径是推进中小学教材建设的一体化。

最后，关于语文教学中实现立德树人的策略研究。如安昊指出语文写作教学可以通过作文体现优秀中华传统文化和社会主义核心价值观。再如彭雪燕认为应倡导通过良好课堂气氛的营造渗透立德树人的思想。

关于立德树人研究多集中在宏观层面对语文教材中"立德树人"的渗透与体现，但缺乏微观层面的分析与探究。除此之外，如何在语文教学中实现立德树人，缺乏操作性强的策略探究。

三、落实立德树人的路径

(一)透视教材选文德育因素，整合德育内容

语文教材的编写体现了语文工具性与人文性的统一，围绕人文主题和阅读能力形成双线组元的教学模式。这样的教材编排特点既发挥语文育人功能，又着眼于语文能力的培养。因此，教师需要利用好教材的选文系统，从中挖掘德育渗透的内容。

比如统编本初中语文课文《诫子书》。文章在结构上体现了作者严谨的态度，且字字动人。表现了诸葛亮对儿子深沉的父爱。有关此类亲情主题，教师要敏锐捕捉课文中的德育因素，充分利用教材文本的选编内容开展并落实德育，完善学生的人格，帮助学生全面发展。这有助于实现对学生社会主义核心价值观的培育，从而落实"以文化人，立德树人"的德育思想。

(二)注重综合性活动实践，筑牢德育阵地

德育阵地的开展需要注重综合性学习环节。综合性学习环节的特点在于强调学生的切身体会。教师可以借助统编教材中的综合性学习环节引领学生获得情感的感知，并鼓励学生亲身实践。在此过程中，教师可以对学生进行"润物细无声"的德育渗透。

如统编本初中语文教材七年级下册，围绕"孝亲敬老，从我做起"这一主旨开展的综合性学习活动。以此单元综合性学习活动为例，教师可以确定活动主题，引导学生规划活动。在活动实施环节，师生可以考虑采取多样的活动方式，如帮助父母做适当的家务活动，又或者到养老院开展慰问活动，帮助学生更好地进行切身体验。教师以学习目标为导向，引导并鼓励学生完成任务，引导学生通过活动体验获得真实感受，做到德育的"润物无声"。

(三)联系生活实际，渗透德育理念

初中语文教师可以联系生活实际渗透立德树人理念，将课堂进行拓展延伸至生活实际。根据语文教材的实际内容，教师可以合理设计符合学生语文

基础的问题，并且引导学生进行分析，进而不断促进学生的语文水平提升。

如在学习《背影》的时候，因为这篇文章主要描写的就是父爱，所以教师可以带领学生着重探究其中描写父爱的句子或者词语。如教师引导学生品味父亲交代“我”的话，引导学生思考“说定”与“再三嘱咐”此类词语，体味父亲对作者的深沉父爱。借此，教师引导学生联系生活实际，思考父亲在生活中的父爱细节，帮助学生对父爱产生更加深刻的理解。

(四)创设德育情境，构建德育氛围

教师可以根据不同的课型，寻找不同的德育教学功能的着力点，营造德育氛围，带领学生以语文滋养道德养成，以道德体现语文素养。

如学习《木兰诗》，教师可以通过指导学生将这首富有北方民歌特色、风格刚健质朴的叙事诗用不同的语气朗读，引导学生在精练的文字中把握木兰的巾帼英雄形象，感受悲壮豪情情感基调，唤醒学生与木兰之间的情感共鸣，营造爱国主义的德育情境，引导学生学习木兰身上智勇双全的美好品质。

推荐阅读

[1] 刘学智，王馨若. 基于立德树人的大中小学教材一体化建设[J]. 课程·教材·教法，2019(8).

[2] 温儒敏. 坚持立德树人，立足核心素养——用好统编本语文教材的两个前提[J]. 语文建设(上半月)，2019(14).

[3] 胡奎平. 着眼立德树人，深耕学科特质——初中语文教学德育融合新路径之探索[J]. 语文教学与研究，2021(3).

[4] 王晓玲. “立德树人”视角下初中语文教材德育主题整合及实践探索[J]. 语文教学通讯(B刊)，2021(29).

(闫培撰写)

56 课程育人导向

一、概念界定

关于课程育人的含义，不同学者对其进行了不同的阐述。何亮提出：课程育人是指教师在教学中对各门课程蕴含的育人功能进行深入的挖掘，通过课程教学这一方式对学生进行培养和训练，让学生成长成社会所需要、所认同的人才的过程。宋时春认为课程育人是指在学校教育情境中，为促进学生的全面发展利用各类型课程形式为媒介来进行育人活动的教育行为。有学者指出"课程育人"的含义在不同的研究视角下会有着不同的含义：例如在课程与教学含义的演进关系视角下，课程育人是一种现代教育革新，立足于使课程与教学从分离走向整合；在教育功能形成与释放的视角下，课程育人是一种基本的行动路径，立足于使教育回归本质与初心；在我国教育目的统合层次视角下，课程育人又是一种教育实践方略，立足于新时代落实立德树人的根本任务。综上所述，课程育人导向可理解为：以了解各门课程的性质为基础，在课程教学中充分挖掘并发挥各门课程中所具有的育人功能，通过课程教学中对学生进行培养和教育，从而发挥各门课程对学生的全面发展的促进作用。

二、研究现状

在"课程育人导向"这一概念中，核心概念为"课程育人"，且以"课程育人导向"为关键词进行文献检索，检索结果少并都与课程思政紧密相关。以"课程育人"为关键词进行文献检索，检索结果相对较多，因此，对课程育人相关研究进行的整理结果如下。

首先，关于课程育人内涵的研究。宋时春认为课程育人是在学校教育情境中，为了促进学生的全面发展，提高学生的语文素养，而以各种课程形式为媒介开展育人活动的教育行为。何亮认为课程育人是以课程教学为主要渠道，对学生进行有效的培养和训练，使学生成长为国家、社会所需要的人才的过程。上述学者的想法虽有不同，但都围绕通过课程教学对学生进行教育这一点进行课程育人内涵的分析。

其次，关于课程育人困境的研究。何亮在其研究中分析了课程育人所面临的困境，并在课程育人目标广度与立德树人目标效度、教师素养与育人主体担当、课程功能的有限性与育人途径的多元性等方面提出了几点担忧。胡守敏指出课程育人面临着重“教学”轻“研究”、重“要素”轻“系统”、重“接受”轻“构建”、重“知识”轻“德化”等困境。上述学者对课程育人面临的困境进行了分析，从中可以了解课程育人功能的实现存在着多方面的阻碍，教师在教学中要克服这些困境，更好地实现课程育人的功能，发挥课程育人的价值。

最后，关于课程育人实施对策的研究。姜书勤指出课程育人是建立在教师对学科育人目标的深度理解和对课程育人价值的深刻把握之上。教师一方面要研究课程标准以及课程内容，把握课程核心素养和整体的课程目标，找到课程育人价值的根本所在；另一方面还要注意挖掘隐含的育人内容，将其细化落实到各学科的教学目标之中，以便将课程育人融入教育教学全过程，潜移默化植入学生内心深处。何亮结合课程育人现状，提出了兼顾课程的价值性、推进教师课程能力建设、促进课程功能的有效发挥等解决措施。

三、实施策略

（一）从课堂教学转向课程育人

长期以来，课堂教学更多关注讲授专业知识，教师更多关注教材教法，在课堂中以学生知识的获得为根本目的，育人的工作却少有强调，即使在教学中，也多表现在教师处理各种问题以及教师的言行举止中。因此，为了解决这一问题，教师还需从多角度出发，采取切实有效的措施，例如在教学理念上从僵化的课堂教学转向柔性的课程育人，在教学目标上从学生知识的获取，成绩的提升转向学生素养的全面发展，在教学方法上从教师的教转向学生的学。这样，教师从课上到课下，从课前到课后，都能把课程育人落实到教学全过程中，进而促进学生品德智育综合素质的全面快速发展。

（二）挖掘德化要素功能

教学中学科知识是现实的、显性的，而德育元素与功能是潜在的、隐性的。将课程中的德育要素从隐性到显性、从潜在到现实的转化，正是学校课程教学的重要使命。为此，学校在课程实践中要牢牢把握好这一使命，努力挖掘德化要素功能，促使课程在“知识”的基础上向“德化”拓展，在“德化”的基础上向“育人”拓展。只有这样，“知识”的触角才能不断拓展到德育领域，使学生在潜移默化中受到德育的熏陶与感染。

(三)创设知识、建构情境

知识建构与创设情境是学校课程实践中发挥学生主体性的有效方式，教师作为课堂教学的主导者，亟须承担起为学生创设知识，构建情境与条件的责任。因为在知识建构的情境中，学生能够改变道德规范体系的被动接受者的角色，以“知识构建社区”成员的身份，主动参与知识建构活动，这样，学生必然会主动发挥其自主性、能动性与创造性。在教师的主导下，客观的课程知识体系通过建构与学生交互作用，进而呈现出客体主体化的特征。学生由于知识建构而获得了全面发展，呈现出主体客体化的特征，最终促进学生多方面的快速发展。

推荐阅读 >>>>>>>>

[1] 蔡海娃. 如何让语文课程蕴含的优秀文化发挥育人活力[J]. 语文教学通讯·D刊(学术刊)，2013(9).

[2] 王海燕. “三全育人”理论下大学语文课程育人的实现路径探究[J]. 语文教学通讯(D刊学术刊)，2021(5).

[3] 胡守敏，李森. 论课程育人生长点的困境与变革[J]. 课程·教材·教法，2020(7).

(侯入维撰写)

57 语言建构与运用

一、概念界定

《现代汉语词典》把“建构”统一定义为“构建；建立(多用于抽象事物)”《现代汉语词典》将“运用”一词解释为“根据事物的特性加以利用”。“语言建构与运用”属于语文核心素养的四大分支之一，即指学生在丰富的语言实践中，通过主动的积累、梳理和整合，逐步掌握祖国语言文字特点及其运用规律，形成个体言语经验，发展在具体语言情境中正确有效地运用祖国语言文字进行交流沟通的能力。①

二、研究现状

(一)国外相关研究

以皮亚杰、维果茨基等为代表的建构主义理论是语言建构与运用理论的开端，皮亚杰的《发生认识论原理》一书把学生放到了教学过程中的中心地位，突破了以往课堂中教师的决定性地位，采用建构主义的观点，提倡学生主动探索知识，运用自己的主观能动性对于以往学习过的知识进行建构。

(二)国内相关研究

“语言建构与运用”的研究大多从解读其内涵和探讨课堂教学策略两个角度出发。

在“语言建构与运用”的内涵方面，曹蕾在《“语言建构与运用”的理论理解与实践反思》中把语言建构与运用分为宏观和微观两个层面：微观层面和语文学科的工具性相关，宏观层面和语文学科的人文性相关。王宁在《谈谈语言的

① 中华人民共和国教育部：《普通高中语文课程标准(2017年版2020年修订)》，4页，北京，人民教育出版社，2020。

建构与运用》中提出，语言建构与运用主要针对汉语汉字教育，建构是运用的前提，是一个凭借语感走向理性的过程。

关于“语言建构与运用”的教学策略，官炳才的《“语言建构与运用”的教学策略实施》一文建议从语感、联系、应用和自己阅读等几个方面对语言进行培养。张正荣在《语言建构与运用是语言教学之本》指出语言建构与运用是语文课中最独特的课程素养，教师应引导学生从读、写、练、探四个方面去培养此方面的能力。

三、理论基础

建构主义认知理论。建构主义心理学代表人物有皮亚杰、维果茨基、布鲁纳等，建构主义倡导在课堂教学过程中学生的主体地位，重视学生的主观能动性，以主动建构为核心，强调学习的主动建构性、社会互动性和情境性。

四、困境

(一)忽视学生中心位，指导建构欠方法

实际教学中，大部分学生被要求机械地背诵知识点，没有将背诵的材料进行自主建构。教师在课堂上一味地输出知识，忽视了学生的主体地位，没有训练学生对知识主动建构的能力。

(二)主动建构意识弱，迁移运用成效低

教师不注重学生的主体性，忽视了传授建构知识的方法和能力，所以学生便无法意识到主动建构的重要性。我国传统教育也推崇在运用中学习，在如今提倡情境化教学的教育背景下，教师应努力为学生创设建构知识所需要的情境，激励学生对所学的知识进行主动建构。

(三)教学要求无建构，学习效果难测评

以往的教育环境唯分数论，提倡应试教育，考试内容强调课本上固化的知识点，不注重对学生能力的培养，而侧重向学生输入课本知识，不要求培养学生的建构能力，无法测量学习之后所达到的效果。单一的评价方式过分注重结果而忽视了教学过程，检测方式无疑是功利化的。

五、实施策略

(一)让“说”成为课堂的黄钟大吕

课堂上，教师可以采用以提问为主的形式来引导学生学习，鼓励学生说出自己的看法，并及时地给予适当的评价。评价也不能单纯以好坏来进行划分，而应进行多方面、多维度的评价，不拘泥于单一传统的评价方式，增加过程性评价。

(二)让“读”成为学生的生存状态

学生在获取言语活动经验时，主要来自自身在课堂阅读中和实践生活以后的潜移默化，教师在培养学生的语言运用能力时，不能只关注学生的“说”，还要关注学生的“读”，多朗读，反复诵读，在课堂中读，在生活中读。

(三)让“写”成为交际的核心工具

听说读写能力是学生在语文课堂上所必须掌握的基本能力，在如今的语文教材中，写作教学和阅读教学处于同等重要的地位，让学生学会写作，学会将课堂上所学习到的知识进行运用也是教师所应达到的基本目标。

推荐阅读

[1] 唐成军，王梓睿. 核心素养视域下的语言建构与运用[J]. 教育与教学研究，2018(12).

[2] 王书月. 基于语言建构与运用的古诗词教学策略[J]. 语文建设，2019(1).

(于子情撰写)

58 思维发展与提升

一、概念界定

思维发展与提升是指学生在语文学习过程中，通过语言运用，获得直觉思维、形象思维、逻辑思维、辩证思维和创造思维的发展，促进深刻性、敏捷性、灵活性、批判性和独创性等思维品质的提升。①

二、研究现状

（一）国外相关研究

对思维发展与提升的研究主要围绕思维培养的主张和策略两方面展开。

第一，在思维发展与提升的培养主张方面。杜威在《思维与教学》中提出了思维的可训练性，提倡教师在课堂教学过程中应该通过各种方式创设情境，以此引导学生产生一定的思维活动。布鲁纳提出“发现学习”的看法，鼓励学生自主发现知识，突破了传统教学中教师对知识一味进行输入的方法，对学生思维能力的培养起到了很好的促进作用。

第二，在思维发展与提升的培养策略上。杜威所提出的“思维五步训练法”将较为热门的情境、疑难、问题、假设、推断、检验、修正等词语相结合。斯腾伯格在《思维教学》中指出个人的智力水平高超，说明此人能够很好地运用实用性、分析性和创造性的思维模式，在教学中，教师可以通过提问学生来激发学生的思维兴趣和对话交流，以此促进学生的思维发展。

（二）国内相关研究

国内对于思维发展与提升的研究主要围绕思维培养的重要性、思维培养

① 中华人民共和国教育部：《普通高中语文课程标准（2017 年版 2020 年修订）》，4 页，北京，人民教育出版社，2020。

的策略和思维品质的分类三个方面进行。

首先，关于思维培养的重要性。叶圣陶认为，语文学习的主要目的就是训练学生思维，学生能够把所学习到的知识经由自己的思维活动，将其运用到实践中去。朱绍禹认为，从语文的学科思维属性来看，语文、语言和思维三方面是互为表里的。于漪则认为思维是被语言这个外壳所包裹的，语言和思维是密不可分的一个整体。

其次，关于思维培养策略的研究。孙娟《思维发展与提升的实施路径》一文认为，学生从接受知识到理解知识，之间的过程要经过思维的活动，学生掌握思维训练的方法和手段是必要的，思维品质的培育要在变化师生关系和教学方式中进行。冯海燕在《语文阅读教学中培养学生思维品质的研究》中提出可以通过利用学生的阅读兴趣，传授阅读技巧，同时不断拓宽学生的阅读平台来提升学生的思维品质。

最后，关于语文学科思维品质的归类研究。林崇德提到，学生的思维分为很多方面，课堂教学中，教师应尽可能地发展学生多方面的思维能力，如批判性思维、创新性思维、灵活性思维等。在此基础之上真正提高学生的语文能力。在《思维发展心理》《智力的培养》等书中，他提出要发展学生的六种思维品质。除此以外，孟治荣、杨爱花等人也对思维的分类进行了归纳性的提炼。

三、理论基础 >>>>>>>

(一)皮亚杰的认知发展理论

皮亚杰把儿童的认知发展过程划分成了几个不同的阶段，主要有感知运动、前运算阶段、具体运算阶段和形式运算阶段。在儿童成长到大约 12 岁之后，认知也就发展到了形式运算的阶段，在这一阶段从思维方面来看，儿童的抽象逻辑思维占据主导地位。皮亚杰的观点提示教师要把握教育的顺序和时机，尊重规律，认识到学生认知成长的不同阶段，使教学与其认知程度相匹配。

(二)中国传统教育思想

孔子提出“学而思而行”“启发诱导”的教学方法，后来孟子提出了“深造自得”的观点，注重一个人通过自身的思维能力发现观点。荀子提出闻、见、知、行的学习过程，《中庸》提到学习过程中应当“审问”“慎思”“明辨”。墨子主张在之前的经验和现在的见闻中获得知识，并重视推理对训练思维、收获知识的作用，《墨子》明确了思维训练的重要性，对形象思维和逻辑思维都有阐述。

四、实施策略

(一)任务驱动，以主问题带动阅读教学，增强系统思维

任务驱动提倡以问题驱动教学，教师在课堂教学中选择切实的任务，促进学生思维的发展与提升，以“主问题”带动课堂教学，教师在课堂发问中促进学生的思维活动。“主问题”应该是凝练的、概括的，应该立足于对文本的整体把握和研读，在阅读教学中起引领作用，具有全局性的问题，“主问题”一旦抛出，将会激发学生对整堂课的探究意识。

(二)专题研习，以小课题带动学生研究，发展深度思维

专题研习指以单篇的文章作为切入点，以此带动专题的系统学习，不局限于课堂内的学习，并且将课外的研习融入进来。专题研习通常以一个小的课题为切入点，通过学生的“自主、合作、探究”方式带动思维的训练，强调学生个人主观能动性的发挥。教师在课堂阅读教学中，可以引导学生自主创设一个小课题，进而扩展到开展专题研习的形式，以此系统深入地把握所要研习的课题，这样能够很好地开展对于学生的思维训练，发展深度思维。

(三)拓展迁移，以开放性问题带动研读，培育发散思维

一节课的结束是一个与之相关的课题的开始，问题意识是教师在语文课堂教学中需要对学生着重培养的一个方面，教师应该有意识地培养学生的发散思维能力。在解决一个问题后，教师需要以此为基础，进行拓展研读，带动学生对与之相关的问题的思考，并且适当地提出开放性的问题，促进学生思维。

(四)批判反思，以真问题带动理性思考，提升辩证思维

对于文学类文本，学生对文本的理解更多处于感性层面，很少有学生能进入理性层面。在如今大力倡导语文核心素养的教学背景之下，教师应该注重培养学生多方面的思维能力，在课堂中提出真问题，使学生从对知识的感性理解深入到理性应用的层面，从表象进入深层，提升学生自身的辩证思维能力。

推荐阅读

[1] 朱武兰. 问题与改进：阅读教学中思维的发展与提升——基于高中语文阅读教学片断的分析[J]. 课程·教材·教法，2016(2).

[2] 张朝昌. 发展与提升学生语文思维能力的策略研究[J]. 语文建设，2018(20).

[3] 王漫. 阅读教学促进学生“思维发展与提升”的策略[J]. 中学语文教学，2021(2).

（于子情撰写）

59 审美鉴赏与创造

一、概念界定

审美鉴赏与创造是指学生在语文学习中，通过审美体验、评价等活动形成正确的审美意识、健康向上的审美情趣与鉴赏品位，并在此过程中逐步掌握表现美、创造美的方法。①

二、研究现状

（一）国外相关研究

国外关于审美研究方面具有代表性的有席勒的《审美教育书简》，此书标志着审美教育成为一门独立的学科。席勒在书中提出，美育不仅是对人性进行塑造，还是一种人格教育，审美教育可以使一个人从感性发展到理性。苏霍姆林斯基在《给教师的建议》中提出要从大自然和艺术的美中看到精神的高尚、善良和真挚；同时提出了美育与德育、智育、体育、劳动教育之间的关系。

（二）国内相关研究

早在先秦时期，孔子就有了通过“诗”和“乐”来教化天下、治民安邦的美育思想，孟子主张“充实之谓美”，荀子说“君子知夫不全不粹之不足以为美也”。中国真正美学系统建立是在“西学东渐”之后，席勒的美学思想对我国的近代思想家产生了重要影响。较早提出美育一词的有梁启超，他把美育看成人类活动的源泉。王国维《论教育之宗旨》把教育分为三部分：智育、德育、美育。美育具有区别于其他教育环节的特殊意义，不仅能促进人的审美方面

① 中华人民共和国教育部：《普通高中语文课程标准（2017 年版 2020 年修订）》，5 页，北京，人民教育出版社，2020。

的进步与发展，还能促进德育和智育。蔡元培在《论教育之方针》中里把美育列为教育方针。

三、理论基础

(一)接受美学理论

接受美学理论产生于20世纪60年代的德国，姚斯在1967年提出了“接受美学”的概念，强调读者的阅读、理解对作品意义生成的重要作用。伊瑟尔提出“召唤结构”这一观点，指出作品存在召唤结构，读者的阅读过程是再创造的过程。不同的学生因其经历不同，审美能力和水平也会有差异，对文本的审美体验会有所不同，从而呈现出对文本意义理解的多样性。

(二)马斯洛需要层次理论

马斯洛需要层次理论认为审美需求是低级需求得到满足后自然而然地产生的一种高级需求。个体在体验美的历程中，激发内心对美的欲望，获得完满的幸福感，实现人的自我超越。这种审美活动，让个体不断探寻生命中美的存在，丰富美的生命体验。

四、实施策略

(一)观照，联动丰富情感

审美观照指审美主体的学生对于外在对象的深入观察。教学中教师应该采用切实可行的方法调动学生的审美观照。例如教师在阅读《故都的秋》时，可以进行配乐的朗读活动，引领学生进入作品情境，唤醒他们的主观感受。学生对于审美对象的观照，加上教师对外在情境的创设，使得学生深入接触文本、直接体察文本内容，可以唤醒以及联动学生的内在丰富情感。

(二)体验，感受理性过程

在前述学生对审美对象的观照和联动中，学生只是获得了对于对象的表层理解，对于审美对象的感受还处于感性层面，体验则是使学生从感性层面深入到理性层面的过程。教师不能止步于感性层面，还应该带领学生进一步地感受理解文本，感受理性过程。

推荐阅读

[1] 管贤强. 审美鉴赏与创造：文学教育发展的新动向[J]. 课程·教材·教法，2018(2).

[2] 郭家海. 审美鉴赏与创造和高中生写作水平相关性现状调查及建议[J]. 中学语文教学，2018(2).

（于子情撰写）

60 文化传承与理解

一、概念界定

文化传承与理解是指学生在语文学习中，继承和弘扬中华优秀传统文化、革命文化、社会主义先进文化，理解和借鉴不同民族和地区的文化，拓展文化视野，增强文化自觉，提升中国特色社会主义文化自信，热爱祖国语言文字，热爱中华文化，防止文化上的民族虚无主义。①

二、研究现状

关于“文化传承与理解”的研究，主要围绕内涵和教学策略两方面展开。

(一)“文化传承与理解”的内涵分析

黎亚琴在《高中生文化传承与理解素养的培育——以课文〈荆轲刺秦王〉为例》中指出，社会主义文化教育传承指能通过语言文字，感受中华民族的渊博精深、源远流长，并传承中华优秀的传统。理解包括两方面：一是理解和接受中华文化，并产生对于中华民族的情感；二是理解、接纳不同族群、不同地区、不同国度的中华文化，并尊重多元文明。刘昌海教授认为，语文教学无非就是传授文化、使文化进行时空转移的过程，最大程度地发挥语言的文化意义是语文教学的关键。

(二)培育“文化传承与理解”素养的教学策略

分析学者的论文，总结为以下几点。文本细读法：刘昌海认为，教师若能把握住一些文本细节，将能更有效推动中华文化传播和理解素养的落地。从阅读中培养：黎亚琴建议从阅读中培养学生的人文意识。加强对文章中语

① 中华人民共和国教育部：《普通高中语文课程标准(2017 年版 2020 年修订)》，5 页，北京，人民教育出版社，2020。

言文字、文化背景、文化精神的理解。课外培育：周磊认为教师应该引导学生认真研读有关介绍和名家点评，以启发学生对文本的理解和认识。

三、理论基础

中国古代诗教与文化传承理论。孔子在《论语》中说“不学诗，无以言”，高度肯定文学艺术的教化作用。在我国历史上，有许多文化名人通过学习诗歌来接受教育。白居易五六岁就能作诗，八九岁已通晓声韵。苏东坡在父亲苏洵的教导下，熟读《诗经》《楚辞》，尝试作诗。古希腊学者亚里士多德认为诗歌可以发挥愉悦功能，柏拉图也认可诗歌对人道德的教化作用。

四、实施策略

（一）概念入手，明晰文化之内涵

中学语文教材的文化概念比较抽象，包括中华优秀传统文化、革命文化、社会主义先进文化等几个方面的内容，中学生不易理解，教师应从主题概念入手。以《送东阳马生序》为例，这篇文言文中最能体现“勤奋向学”这一传统文化，教师应引导学生学会从无书而借书、求学不易等作者的经历中提炼总结出类似囊萤映雪、程门立雪、凿壁偷光等典故的意思，以单篇文章达到对于一类文章的分析，形成一类概念，为经典文本的内容赋予文化内涵。

（二）对比论证，凸显文化之作用

教师需要对比不同的文章、典故、概念等，让学生加强对文化的理解。选入中学语文教材中的两篇类似的文章：《敬业与乐业》和《最苦与最乐》，这两篇文章的作者都是梁启超，其中传达出了一个共同的道理，人在做一件事情时，应该专心致志，不怕吃苦，从苦中发现乐趣，苦乐和责任二者是相互联系、密不可分的，一个人尽得多大的责任，就会获得多大的乐趣。教师在教学过程中可以引导学生对这两篇文章进行对比分析、比较阅读，挖掘文章潜在的文化内涵，达到对中学生核心素养的培养。

（三）以古方今，发扬文化之精髓

在语文教学中，教师不仅要关注如今的主流文化，更应该带领学生以古观今，把古代文化和当代文化进行对比，思考古代文化的经典性和对当今社会的适应性，传承历代流传下来的经典文化，发扬文化的精华方面。以《三顾茅庐》这篇文章作为一个例子，文章通过对刘备三顾茅庐的描写，体现了他对于人才的渴望和虚怀若谷的精神。教师在教学设计时可以通过问题来激发学生的文化意识：刘备在文中是什么形象，如何评价刘备呢？这一问题的提出就是让学生思考《三顾茅庐》一文的现实意义，从中引申出礼贤下士、尊重人才的文化传统。

推荐阅读

[1] 郭家海．文化传承与理解同高中生写作水平相关性现状调查及建议[J]．中学语文教学，2018(5)．

[2] 张同欣．基于文化传承与理解的中学文言文教学策略研究[D]．陕西师范大学硕士论文，2020．

[3] 刘心，郑晓勤．“文化传承与理解”视域下的文言文字词教学新探[J]．教学与管理，2022(5)．

（于子情撰写）

61 表达与交流

一、概念界定

《义务教育语文课程标准(2022 年版)》提出了“表达与交流”，是时代使然，是教师呼唤。“表达与交流”主要指向学科实践活动，目的是提升学生的核心素养。

语文课程中的表达、交流与生活中的表达与交流有所不同，主要是一种获得新的知识、方法、策略等的方式。而生活中的表达、交流是运用语文教学上的相关知识进行的与人相处方面的待人接物相关的具体实践，属于是迁移语文知识的学以致用。而语文教学中的表达、交流是获得新知识、新见解的一种工具。

二、研究现状

追溯我国语文课程的转型经历，一共有三次比较大的变化，从 20 世纪六七十年代之前注重“双基训练”(基础知识和基本能力的训练)，到 20 世纪 80 年代后注重“双力(基本能力、基本智力)培养”，再到 21 世纪以来的“三维目标”即知识与能力、过程与方法和情感态度与价值观的目标。在这一过程中我们可以渐渐嗅到整合的味道，作文教学与写话教学相结合，锻炼学生听说读写的能力，慢慢将表达与交流融为一个整体。

三、实施策略

(一)走向素养：“表达与交流”更重视教知识教做人

从教表达走向教做人。作文教学首先是对学生语文素养的训练，锻炼学生的表达能力，更进一步是通过学生的作文看出他的内心想法，进而看出学生自身的发展是否符合培养目标。同时通过观察学生的作文情况，教师也能发现和矫正学生的不良习惯或嗜好，给予正确的世界观、人生观建议。这样的话，作文的核心就是学生用自己的笔写自己的话，抒自己的情，发出自己的声音。就像于漪老师说的那样：作文不只是一种写作技巧，而是一种表情达意的手段。要做好文章，首先要在做人上狠下功夫——内心必定要充实，人生必定要有所追求。

（二）走向整合："表达与交流"更重视统筹学习内容

将表达与交流融合起来，就是将口语交际与作文写作相结合，教师可以通过活动将两者融为一体，例如组织学生游玩或参观文物古迹，以学生的亲身实践作为写作的素材，写作的灵感，从学生的所见所闻所感中教师便可对学生有更深入的了解。

（三）走向情境："表达与交流"更重视培养读者（听众）意识

《义务教育语文课程标准（2022 年版）》提出："创设真实而富有意义的学习情境，凸显语文学习的实践性。"在构建任务情境时需要考虑三点：写作对象是谁、写作目的是什么、在什么样的情境下去写。合适的任务情境可以激发学生写作的兴趣，有利于他们明确写作的目的。语文学习情境是基于生活中运用语言文字的需求而构建的，因此在日常指导学生运用语言文字时，教师应抓住随处可用的语文学习资源与实践机会。但是在实际运用中，其实还是存在引导性不足、忽视学生学情等问题。

推荐阅读 >>>>>>>>

[1] 谈永康. 走向素养：新课标"表达与交流"的价值思考与教学建议[J]. 语文教学通讯，2022(21).

（李可撰写）

62 梳理与探究

一、概念界定

梳理与探究包括两层含义：一是从字面意思去理解，“梳理”是指对一些琐碎、零散的知识点进行整理，将其整理为有系统有条理的知识链条。在梳理脉络的过程中，学生将新旧知识进行联结，建立属于自己的个性化的知识体系。“探究”则是在梳理的基础上以问题为核心，沿着问题的分析的思路，找到解决问题的规律，从而获得新的知识。在具体实施过程中，以任务学习单为抓手，从课前预习新知、课中共同研学和课后延展迁移三个层面指导学生学习，达到预想的学习效果。二是学习任务群的一种，“语文积累、梳理与探究”学习任务群，注重对知识的整合。

二、研究现状

对于“语言积累、梳理与探究”学习任务群的概念的解读，专家学者大多是基于语文课程标准对其进行解读，其内容大同小异。例如：王晞萌在《新课标背景下高中语文语言积累、梳理与探究实施策略研究》中强调了其任务群的核心——贯穿必修、选择性必修、选修三个阶段，与语文学科核心素养的基础——语言建构与运用不谋而合。胡晓在《“语言积累、梳理与探究”在教科书中的编排及教学建议》认为“语言积累、梳理与探究”学习任务群贯穿语文学习的全过程，是实现语言构建与运用核心素养的直接实现方式。

三、实施策略

(一)创设语文学习的特定情境

情境教学理论最早由我国教师李吉林提出，她认为语文教学中需要构建的情境主要分为三种：日常生活情境、文学情境及语文学习情境。文学情境和日常生活情境往往由于时间和空间条件不允许而无法实现创设，因此语文学习情境其实是指构建出近似或相似的语文情境。在情境创设的过程中要注意建立学生知识与生活的关联，让学生学习的知识转化为教学的实际意义。比如教师在执教八年级上册新闻单元的时候就可以组织学生真的去进行采访，这样的方式也可以激发学生的求知欲，推动学习的进程。

(二)立足"整合"进行多要素的综合

细化"梳理与探究"这一语文实践活动，梳理的含义就是对语文课程内部诸要素之间进行整合，在整理的过程中将语文课程与学生生活、语文实践联系起来，构建起新的知识体系。初中"活动·探究"单元整体的框架就能够体现出这一特征，整个单元分为三个任务类型，任务一通常是同类型文本的解读，任务二一般是社会实践活动如新闻采访，任务三就是撰写一篇完整的新闻稿，实际上这三个任务就实现了多方面的整合，首先是语文课程与日常生活的综合，无论是新闻采访、演讲活动、朗诵比赛还是戏剧表演，或多或少都与生活相关，毫无疑问对于提升学生生活交际能力是很有帮助的。其次是能够将学生的听说读写能力进行综合。学生在进行典范新闻稿的学习，接触将要采访的对象，以至撰写演讲稿的时候都能够不同程度地锻炼他们的听说读写能力，并且这些能力之间并不是相互割裂的，是综合在一起的。

(三)牢牢把握语文学习的实践导向

老师落实"梳理与探究"语文实践活动，必须要在教学实践中突出语文学习的实践性，注重学生的主体地位，让学生在解决问题的过程中学会用语文。正如数学教学可以解决日常生活的计算问题一样，语文学习也可以解决生活中的一些交际问题。例如语文教学中会举办演讲比赛、诗歌朗诵比赛，无论是在筹备阶段还是正式比赛时，学生都要亲身体验、经历，在这一过程中学生的成长是不可估量的，远远超过教师满堂灌的教学效率。

推荐阅读

[1] 郭元祥. 知识的性质、结构与深度教学[J]. 课程·教材·教法，2009(11).

[2] 郭家海. 教学的前提：树立科学的"三观"[J]. 教育科学论坛，2012(5).

[3] 伍远岳. 评价学生知识获得的标准[J]. 中国教育学刊，2013(2).

[4] 郭元祥. 论深度教学：源起、基础与理念[J]. 教育研究与实验，2017(3).

[5] 刘春. 变被动做题为主动做事——“梳理与探究”融入小学语文教学的尝试[J]. 语文建设，2019(18).

（李可撰写）

63 语文学习任务群

一、概念界定

《义务教育语文课程标准(2022 年版)》规定:“义务教育语文课程内容主要以学习任务群组织与呈现……语文学习任务群由相互关联的系列学习任务组成，共同指向学生的核心素养发展，具有情境性、实践性、综合性。”①这段话足以见得学习任务在《义务教育语文课程标准(2022 年版)》中的重要程度，那么学习任务到底是什么，它又是怎么在语文教学中发挥作用的，这都是我们应该思考的问题。

一般在社会生活中，我们将任务定义为：一定要去做的且须主动去做的一些事情，这些事情要做且应是有意义的，完成任务的过程中应该考虑多种因素之间的关系。通过这个定义，我们就该明白用任务来指代语文中学生需要去学习的各个知识点，首先能够引起学生学习的兴趣，其次能够锻炼学生的综合实践能力。但是学习任务只是一个小单位，若想实现整个学科的融合和学科整合，就要将任务变成任务群，因此任务群的概念就衍生出来了。

二、研究现状

王宁教授在《引领语文课程标准走进新时代》最早明确提出学习任务群的具体概念，她认为学习任务群是将语文核心素养的人文主题组织成学习资源，让学生通过完成多样的学习任务，形成理解与应用的系统。

河北邯郸中学的田艳军老师在《“语文学习任务群”教学的导向与实施》中认为“学习任务群”作为一种新的任务教学模式，具有较强的针对性与层次性。

① 中华人民共和国教育部：《义务教育语文课程标准(2022 年版)》，19 页，北京，北京师范大学出版社，2022。

《语文学习任务群特点初探》中淮阴师范学院的孔凡成老师认为语文学习任务群具有综合性、情境性、结构化、实践性的特点。

三、实施策略

语文学习任务群以核心素养为核心，将语文教学要素如目标、情境、评价等联合起来，打破原有内容结构，重组语文课程要素，形成新的语文教学系统，在这一过程中体现出整合的语文核心思想。正如郑桂华所提出的，语文课程的学习时序有主有次、有分有合，要注意好从常态化教学转向任务驱动的单元整体教学之间的关系。

(一)单篇教学与单元整体教学的关系

学习任务群注重单元整体的概念，认为在具体的教学实施中以任务驱动为核心，将单元作为一个整体进行教学，更有利于培养学生的核心素养。但是在这一过程中，部分经典课文的内涵是否会被忽视，如何把握好单篇与单元之间的关系？笔者认为，首先在具体实施过程中应把握好单篇的重难点与单元整体教学目标之间的冲突，既要照顾好单篇的重难点又不能忽视单元的系统性；其次如果有些单篇的重难点偏离单元的系统目标，教师应另找时间进行单独讲解，将经典篇目的内容核心讲完整。

(二)语文要素与核心素养的关系

现有的语文要素整理下来的话应该有 130 多个，教师在具体讲解的时候如果没有系统，学生很难形成一个系统的语文结构。如果以任务进行统摄需要注意什么呢？教师应进行上位的有效统整，将语文要素转化为学科的学习观念，将核心素养作为核心。这样的话既方便了教师教学，又有利于学生形成系统的知识体系。

(三)学习质量与逆向设计的关系

一般教学设计的设计流程是以目标为始，以活动为支架，最后再进行评价。以任务驱动为核心的单元整体教学采用“以终为始”的理念，先设计单元整体目标，继而考虑学生达到成功标准所应实现的评价要求，以此设计学习活动即学习任务。最后收集学生在这一过程中的典型学习表现与作品，以此作为评价学生是否学会的证据。将逆向设计应用于单元整体教学，是学习任务在语文教学中发挥作用的表现之一。

推荐阅读

[1] 钟启泉. 基于核心素养的课程发展：挑战与课题[J]. 全球教育展望，2016(1).

[2] 郑桂华. 高中语文学习任务群的教学建议[J]. 中学语文教学，2017(3).

（李可撰写）

64 跨学科学习

一、概念界定

“跨学科”的意思即为跨越学科的，各科之间的，“跨学科学习”任务群的设立是由于真实世界并不是按照学科划分的，要想解决现实生活中的问题，单凭某个学科的知识、方法和思维是力所不能及的，需要融合运用多方、各科知识，才能解决问题和创造生活。跨学科学习对传统的分科教育发起了冲击，认为分门别类的学科既不是绝对稳定的静止状态的，也不是绝对独立的孤立状态，而是永远处于变化与发展之中。在跨学科教学的实际应用中，“语文教师研究‘跨学科’学习，关键在于应用，在于‘跨’的教学行为设计：整合。‘整合’，既指整合出新的学习结果，更指‘整合’这个动态行为过程本身”①，这对教学设计提出了极高的要求。值得注意的是，针对语文学科，“跨学科学习”需要利用语文学科的特性，以语文实践活动为载体，构建起不同学科集成的语文实践活动场域，从而增强语文学科的学科弹性与育人特色。

二、理论基础

（一）项目式学习

项目式学习是指学生调动并运用之前累积的知识经验，通过自己的设计、活动与操作，在具体、真实的情境中解决实际问题。值得注意的是，项目式学习建立在学生兴趣与现实需要之上，在学习目标的指导下开展活动，并以此作为教学过程的核心或有效学习的依据。项目式学习介入课堂有助于打破学科壁垒，跨单元、跨学科地开展学习，从而培养学生开放思维和解决实际问题的能力。

---

① 张广录：《论语文跨学科学习的功能价值和教学设计逻辑》，载《中学语文教学》，2022(2)。

(二)深度学习

深度学习在跨学科学习中得到广泛应用，其内在含义是在教师引导下，学生围绕具有挑战性的主题，全身心投入活动情境中，通过活动与体验获得发展的学习过程，其中强调了真实情境对学生学习的重要作用，对跨学科学习打通书本与现实的壁垒具有重要指导意义。

三、研究现状

在国外教育领域，法国教育部于 21 世纪初提出在初中开展一项名为“发现之路”的跨学科学习计划，对跨学科学习做出了探索。2005 年密歇根大学在调研后发表了一篇《关于跨学科学习与协同教学的研究报告》，将跨学科学习与协同教学结合在一起，探索了合作课程、整合讲授课程、集合式课程、教阶式课程以及链接课程模式的教学形式，成为人们竞相研究的对象。近年来风靡的 STEM 教育即是以跨学科学习为基点，倡导学生在多学科交叉中开展项目式学习，从而打通书本与现实的界限。

统观国内跨学科学习研究领域，各个学科都对其展开了研究。语文学科方面，跨学科教学的研究内容略显不足，且集中在两个方面，一是跨学科学习知识方面的融合应用研究，杨金艳通过导学案制定跨学科融合教学方案，对《冀中的地道战》设计了探究学习活动方案，从音乐、历史、科学、道德与法制等学科入手，让学生通过已有的知识框架，将课文中不同学科的知识有机联系起来，对选文进行了不同角度的解读。张烨以《端午粽》选文为例对语文、美术、音乐、数学等学科进行了跨学科融合，使用自主研习、交流问题、小组探究、迁移生成的探究合作式教学模式，学生在小组合作和作品生成中加深了对端午节等传统节日的了解与热爱。

二是跨学科学习思维方面的融合应用研究，刘扬娥将《奇妙的克隆》《地下树林断想》与生物课本中的有关章节结合起来，通过数理化学科的理性思维，培养学生严谨的学风和抽象逻辑思维能力，实现理想的育人效果。

在理论研究层面，胡庆芳等在《跨学科实践推进与教师能力发展》中则提出了“形式＋过程＋目标”三棱镜分析评价法、“焦点－资源－问题”意识流教学设计法以及教师跨学科能力 CROSS 结构模型等，并在许多学校中得到了推广。

四、困境

(一)"跨学科学习"属于义务教育时期的任务群

对于中小学学生而言，学科学习不深入、学科门类不广泛，都给学生调动多门类学科知识进行跨学科学习造成了一定困难。除此之外，跨学科教学对教学资源提出了极高的要求，不仅需要多学科在教学资源、教学方法上的协同配合，还要求教师具有跨学科的能力，才能在课堂中游刃有余地开展跨学科教学。

(二)教师观念故步自封

教师束缚于语文学科的壁垒之中，看不到其他学科，更难以把握与其他学科衔接的点，容易导致跨学科的学习活动成为简单的不同学科知识点在课堂的集聚。

(三)重言说，轻实践

由于综合性学习时间跨度长、学科跨度大，教师很容易构想出极其丰富的计划而在实施中蜻蜓点水草草收场，学生不能在活动中获得真实的学习体验与个性化成果。

(四)处理好主体目标和附加目标的关系

跨学科学习以项目主题为核心，并伴随着阶段性的小任务，尽管学习的资料、方法、内容不尽相同，但学习者所得到的收获也是多方面的，而其中必定有主体、附加之分。因此教师应当具有大局观念、分清主次，着重指导学生强化主体目标，力求在主体目标实现的基础上，关注附加目标，不可本末倒置。

五、实施策略

(一)坚守语文学科本位的立场

语文学科的跨学科学习任务群一定要坚守语文的学科本位立场，其他学科资源的运用与抓取是为语文课堂服务的。坚持从语文学科中来，到语文学科中去。坚守语文学科在语文课堂的本位立场，这是开展语文跨学科学习需要遵循的首要规则，也是提升学生语文学科核心素养的必然要求。

教师刷新自身固有的学科本位认知，以更高维度考察育人意义和学科价值。教师要打破学科壁垒，与其他学科教师充分沟通，确保跨学科学习过程中知识的准确性的同时，也能找到学科之间相互融通的点。如对《土地的誓言》学习可以课前查阅东北三省沦陷的历史经过、课中展示东北的地域特点、课下学唱歌曲《松花江上》，勾连历史、地理、音乐学科，从而加深学生对课文的理解。

(二)重视真实情境的营造

学生面对的是多学科融合的、渗透的、一体的世界。语文教师在进行跨学科学习的课程组织与开发时，需要以问题为导向，培养学生解决真实问题的能力，从而达到打破学科壁垒，回归真实生活的效果。跨学科学习铺设的知识网巨大，教师需要找到真实情境作为依托，才能帮助学生以自己熟悉的情境为起点，在沉浸式体验学习中，提升自己的核心素养。

推荐阅读 >>>>>>>>

[1] 郭海骏，等. 中小学 STEAM 项目学习课程手册 跨学科主题进阶 C1[M]. 上海：华东师范大学出版社，2018.

[2] 张悦颖，夏雪梅. 跨学科的项目化学习："4+1"课程实践手册 第 2 版[M]. 北京：教育科学出版社，2021.

[3] 胡庆芳，严加平，黄开宇，许娇娇. 跨学科实践推进与教师能力发展[M]. 上海：华东师范大学出版社，2021.

(刘雪瑶撰写)

65 整本书阅读与研讨

一、概念界定

郑桂华认为“整本书阅读”是在相对集中的时间里，以完整的一本书为阅读单位，以更接近生活阅读的学习情境开展各式活动、完成任务要求，从而使学生扩大阅读量，培养阅读能力，学会自主阅读。值得注意的是，整本书阅读中的“整”指内在思想体系完整的整本书，而不是形式上的一册书，教师选择整本书阅读的书籍时应当着重注意。

2016 年 10 月，“整本书阅读与研讨”任务群便作为任务群之一出现在课程标准征求意见稿中，并被纳入必修与选修课程。课标在该任务群中对学生提出了两方面的要求：一是学会阅读整本书，掌握阅读技巧、寻找适合自己的阅读方法并提升鉴赏能力。二是对中华优秀文化进行学习与思考，形成正确的“三观”。

二、研究现状

(一)国外研究现状

美国、法国、英国等国家对母语教学十分重视，并在课程标准或大纲中提出名著阅读、读整本书的要求。

从整本书阅读的方法来看，美国密歇根大学教授托马斯·福斯特的《如何阅读一本小说》与《如何阅读一本文学书》为阅读提供诸多法宝，具有超强的可读性和指导性。莫提默·艾德勒和查尔斯·范多伦的《如何阅读一本书》对书籍、阅读都进行了详细归类，并提供了不同读物的阅读方法，具有重要的实践指导意义。

从整本书阅读的教学实践来看，苏霍姆林斯基将“整本书阅读”落实到了课堂中，不仅给学生开列书单，还提出了阅读要求，并给予相应的阅读指导。

(二)国内研究现状

最早提出整本书阅读教学的是叶圣陶，而后对其展开规模化研究的是湖南地区，湖南地区于2004年开始研究“整本书阅读”的前身——“书册阅读”，该研究侧重于课后学生的自主阅读，而非课堂上的整本书阅读。其中较为出色的有吴雁驰的《高中生书册阅读教学策略》与吴欣歆、许艳合著的《书册阅读教学现场》。《书册阅读教学现场》是以整本书阅读为内容的教学实例，提出了略读、精读、专题研究、读写一体、研讨交流的整本书阅读教学方法，表现出对语文课程、教材、教学的重大改革。

整本书阅读的教学方法上，余党绪的“思辨读写”颇具影响。他提出整本书阅读的教学策略应包括充分的原生态阅读、对主旨与内容的批判性理解以及包括转化性写作在内的表达训练。来凤华以“读”“思”“议”“写”“拓”五个阶段作为整本书阅读的方法。

整本书阅读的课例方面，吴欣歆设计了推荐导读课、过程指导课、成果展示课、阅读延伸课五种课型，黄厚江开发出阅读启动课、阅读推进课、阅读分享课、读写共生课。胡元华则将整本书阅读的课型分位导航课、续航课、补给课、巡航课四种，这些均为整本书阅读落脚于语文课堂提供了方向指导。

整本书阅读与研讨的评价方面，李卫东、徐鹏指出当前名著阅读的问题表现在语文试卷中占比低、目标不明、质量不高等方面，这也导致学生停留在浅阅读层面。关于考核方面，应当提供更具包容性、开放性的主观题，让学生在把握整本书整体的基础上发表自己的观点与感悟。此外，李煜晖提出过程性评价应成为整本书阅读与研讨过程中的主要评价方法，以及时获取学生的学习情况，促使学生在学习过程中进行反思与总结，从而引导接下来的学习活动。

三、教学策略

(一)整合其他任务群，建立任务群之间的横向关联

在高中语文18个学习任务群中，几乎每个任务群都涉及阅读。其中“中国现当代作家作品研习”“科学与文化论著研习”“学术论著专题研讨”更是直接提出了整本书阅读的建议。如果把不同任务群中具有共性的学习任务加以通盘规划设计，可以有效拓展“整本书阅读与研讨”的教学空间。

例如“‘语言积累、梳理与探究’任务群中学习分析鲁迅小说中的人物语言

与叙述语言的特点，到‘整本书阅读与研讨’任务群，就可以选读鲁迅小说《呐喊》《彷徨》，建立鲁迅小说中人物的图谱，理解鲁迅‘为社会、为人生’的创作观”①。除此之外，“中国现当代作家作品研讨”任务群也可与其相关联，从而搭建更为广阔的教学空间。

（二）引导学生对整本书进行批判性理解

批判性理解的关键在于找到具有生发性和整合性的问题，并以此为切入点，开展对整本书内容与主旨的深入探索与思辨。而要找到这一关键性问题，需要尊重学生原生态阅读过程中生发的问题，教师通过更高层次的加工，抛出触及整本书主旨的、具有讨论与勾连其他作品空间的核心问题引导学生针对自己的理解展开论述与交流，从而在批判中形成自己的观点。

推荐阅读 >>>>>>>>

[1] 倪岗．中学整本书阅读课程实施策略[M]．北京：商务印书馆，2018.

[2] 吴欣歆．培养真正的阅读者 整本书阅读之理论基础[M]．上海：上海教育出版社，2019.

[3] 李煜晖．白马湖书系·整本书阅读教材 探索和发现的旅程 整本书阅读之专题教学[M]．上海：上海教育出版社，2019.

[4] 余党绪．“整本书阅读”之思辨读写策略[J]．语文学习，2016(7).

[5] 刘日光．高中语文课程视域下的“整本书阅读”[J]．语文建设，2018(19).

（刘雪瑶撰写）

① 郑桂华：《“整本书阅读与研讨”任务群：理念细究与实施推进》，载《语文建设》，2019(9)。

66 当代文化参与

一、概念界定

《普通高中语文课程标准(2017 年版 2020 年修订)》根据祖国语言文字的特点、语文课程的育人功能以及高中生的发展需要，设计了 18 个学习任务群，“当代文化参与”位列第二个学习任务群，并被要求贯穿必修、选择性必修和选修三个阶段。课标对“当代文化参与”做了阐释：“本任务旨在引导学生关注和参与当代文化生活，学习剖析、评价文化现象，积极参与中国特色社会主义先进文化的传播与交流，增强文化自信。”①可见“当代文化参与”任务群的学习对象是当代文化生活中的各类生活现象，目的是在进行文化选择时增强学生文化鉴别与当代文化建设的能力，从而传播中国先进文化。

“当代文化参与”的概念界定上比较有语文学科代表性的是学者万咏祥。他在《“当代文化参与”的阐释》中认为，“当代文化参与”指对受各方文化影响下的文化生活进行研究与参与，其中，以文化现象与中国特色先进文化为对象，以课程为载体，以实践活动为途径，以关注、剖析、评价、传播为手段，以提升学生的文化素养和传播先进文化为目标，引导学生切身参与，从而提升学生的文化鉴别能力与当代文化建设能力，增强学生的文化自信。

二、研究现状

从“当代文化参与”的学习内容来看，胡勤认为课标要求的学习目标和内容主要集中在社会调查类、文化生活研究类与文化活动参与类三个方面。而文化探究则以文化现象、文化观念和文化著作为研究对象。褚树荣则依据课

① 中华人民共和国教育部：《普通高中语文课程标准(2017 年版 2020 年修订)》，13 页，北京，人民教育出版社，2022。

标与教学实际，提出该任务群的学习专题分别是聚焦与透视、参与和建构、探索与研究、尊重和理解、保护与传承，将学习内容以专题形式呈现出来。

从“当代文化参与”的实施思路来看，朱再枝与何章宝以项目式学习为切入点，以逆向设计为思路，以高中语文教材《家乡文化生活》为例，对“当代文化参与”学习任务群进行了实践探究。薛猛和陈放则以复杂性理论为视角，对该学习任务群提出了改进策略。

在“当代文化参与”的课程形式方面，褚树荣提出参观考察、访问调查、论坛讲座、影视评论、网络互动、模拟表演、制作和实验是适宜的文化参与活动，而具体的课程形式需要根据学校课程开发、当前教学现状等客观条件选择。

纵观现有文献，“当代文化参与”学习任务群在教学策略方面的研究犹存不足，教学方式还有一定的创新空间。

三、困境

（一）以任务为目的，将语文学习任务群的目标指向语言

语文学科所有的学习任务群最终都会指向语言的建构与运用，“当代文化参与”任务群同样如此。如果脱离了对语言文字的品读，也就脱离了语文学科的价值和意义。而在任务型教学中，教师容易过分关注任务活动成功与否，而忽视学生语言建构与运用能力的提高。

（二）活动过分依赖课外或课堂

有些教师认为“当代文化参与”任务群要有大量的资源链接、大量的实践，所以主要应放在课外完成。这与课标中对学习任务群的学分、学时的规定相违背。反之，如果将某种学习对象——文化现象局限在学校课堂中完成，那么学生所要学习的内容大部分来自教师或教材，学生将无法获得学习体验，也难以产生个性化认识。

（三）在实践中缺少要素设计，如地域特色不够突出

文化现象的选择不具地方特色，与学生距离较远；目标要素不够清晰，沉浸在过程体验中而忽视目标指向，活动容易偏离设计意图；资源要素不足，文化现象涉及的文化知识宽泛，需要做好资源准备与整合，否则对文化现象的认识会失之偏颇。

（四）没有把“当代文化参与”和语文课堂实质性关联起来

对于“当代文化参与”任务群，教师很容易过分重视文化现象的认识与了解，而缺乏真实的文化参与与建构，没有体现文化参与的内涵与过程意义。

四、实施策略

（一）细化具体学习任务要求

当代文化参与涉及各类文化现象，而对文化的探究很容易浮光掠影，不能对文化现象进行深入的研究与剖析。而对知识有限的学生而言，要对文化现象产生深入浅出的理解是有一定困难的。这就需要教师做好活动设计，细化学习任务，研制出具体的任务要求与指导提示。

如针对该任务群有关的家乡文化单元可以提出如下细化任务：了解家乡文化生活、学习访谈与“志”的写作、学习调查报告写作、学习提出建议四个具体任务，教师还应在此过程中给予学生及时的方向与技巧指导。

（二）寻找“当代文化参与”任务群与其他学习任务群的结合点

“当代文化参与”任务群教学除了实施单元整体活动教学之外，还可以考虑与其他任务群相结合融入日常教学中。这样不仅可以实现“当代文化参与”的教学目标，还可以为日常教学增添丰富有趣的生活色彩。

如将“当代文化参与”学习任务群与新诗单元教学结合起来，通过挖掘相关有文化价值的热点现象，作为“当代文化参与”任务群与相关的“文学阅读与写作”任务群的结合点。

（三）开放课程评价

改变原有的封闭、预设的评价，转为开放、随机的评价。评价方式方面，当代文化参与主张多种文化现象的参与，故其评价方式也应多式多样。教师讲评、展示答辩、汇报演出等都可以成为评价的形式，其中应尤为注意过程性评价的方式方法。评价标准方面，学生的知识背景、年龄特征、发育程度不可避免地体现在对文化现象的研究过程中，因此评价标准应当因人而异，不应强求统一。

推荐阅读

[1] 张林．高中语文学习任务群教学实践举隅[M]．上海：上海交通大学出版社，2018.

[2] 褚树荣. 保持在场:“当代文化参与”[J]. 语文学习, 2018(4).
[3] 胡勤. “当代文化参与”学习任务群的认识与教学策略[J]. 语文教学通讯, 2018(16).

(刘雪瑶撰写)

67 革命传统教育

一、概念界定

“革命”是革命传统的载体，具有政治意义。现今，革命有了更加丰富的内涵。在我国，“革命传统”是指中国共产党所领导的无产阶级分子在革命中形成的、在改革开放以及社会主义建设中发展并流传至今的优良品质与作风，是每一个中国人的精神支柱。

“革命传统教育”是指语文教师充分利用教材中的革命英雄作品、典型事迹及革命精神、革命历程中的伟大事件、革命旧址及文物插图等资源，对学生进行熏陶与教育。

二、研究现状

统编版初中语文涉及的革命传统教育文本数量质量并重，尤其重视其文学性，因此，笔者从革命传统教育的语文性进行分析和研究。

首先，多视角分析文本。汲安庆在分析《我爱这土地》时，从审美角度入手，并指出“腐烂的鸟”以及“嘶哑的鸟”两个意象，构成了这首诗歌的独特之美，其象征手法的使用，让诗歌隔而未隔，能够感受到诗歌独有的间接的美。邬跃辉从叙事学的角度对《老山界》进行文本解读。王梓宇和王娜从语体学视角以《沁园春·雪》等旧体诗词为例，对革命传统诗歌的语言运用、意象内涵等进行分析，尝试归纳革命传统诗歌的特征。肖培东在解读《驿路梨花》时从记叙顺序、情节安排、“梨花”含义、标题来源、人物刻画等多个角度进行文本解读，探索该文本的深刻内涵。楚爱华和薛金生在品读《天上的街市》时，从叙述角度指出郭沫若的诗歌包括成人和儿童两套叙事系统，二者结合，使郭沫若的诗歌更有冲击美和独有的革命时期的时代美。

其次，写作手法以及表现手法的运用。赵晓梅认为《土地的誓言》运用示现这一修辞手法抒发作者爱国之激情与思乡之痛切。这一手法即将自己从未见过的事物描写得活灵活现，仿若亲临，这在文本当中并不少见，我们学习过的郦道元的《三峡》同样是采用了这样的修辞手法，郦道元本人从未到过三峡，但将文章写得仿若亲临。李环宇在《白杨礼赞》文本解读中重点解析了象征手法的运用，以及课文中几次欲扬先抑的手法的运用，突出了白杨树的特点。段岩霞认为《邓稼先》这篇课文属于复合文体，兼具散文和传记的风格特点。杨凯在《黄河颂》文本解读中也重点分析了象征手法，体会作者对于母亲河的热爱，以及对于祖国的深切爱意。

同时，革命文学作品也具有很高的育人价值，其思想性更有利于教师借此为突破口开展道德教育。高建华认为在革命作品《红岩》的文学解读中通过解读人物形象，学生能够深刻体会江姐无畏的革命精神和不屈不挠的战斗意志。于保东和刘志刚指出，《纪念白求恩》一文中有着丰富的精神价值，可以通过分析白求恩的人物形象，让学生学习他无私奉献、认真工作、负责任有担当的精神。

三、实施策略

（一）丰富教材内涵，使革命传统教育更具体更形象

首先，学生立足教材文本，深入挖掘其中的革命文化内涵。在课文的学习过程中，不仅要学习其语文知识，理解理论常识，更重要的是体会文章的重要内涵，学习革命精神，将这样的精神迁移到我们实际的学习生活中来。其次，学生研究教材文本，深刻领略革命传统的魅力，革命文化也是中国的优秀传统文化之一，因此学生通过学习革命文化，了解当时的时代背景，积累更多的传统文化知识，为以后的学习打下坚实的知识基础。

（二）联系生活实际，让革命传统教育照亮现实

一方面，教师可以通过以点带面的方法，对学生进行革命传统的熏陶。教师可以选择一些引人入胜的情节作为切入口，让学生产生学习兴趣，通过学生已有的知识经验及生活经验唤醒学生的定向期待。另一方面，教师可以结合学生的实际生活，让学生联想真实问题和真实情境，迁移所学知识。教师在教学中，可以嵌入学生的生活经验，让学生能够与文本产生历史对话，设身处地地进入文本，深刻体会革命精神，唤醒学生的爱国热情。

（三）丰富实践活动，继承和创新民族传统革命精神

教师可以通过创造环境，开展经典文学诵读。有很多革命主题的诗歌，

可以通过诵读活动或者开展诵读比赛，让学生进一步理解诗歌情感并在此基础上调动自身热情，抒发诗人想要表达的情感，深刻领会革命精神。具体的活动包括辩论赛、演讲比赛、诗歌诵读比赛、主题探究、现场调查、参观活动等，教师通过多彩的活动可以提升学生的学习兴趣，也更容易让学生受到革命传统文化的熏陶。

推荐阅读

[1] 杨培明. 革命传统教育回归中学课程的实践与思考[J]. 中学语文教学参考，2021(34).

[2] 边娜. 统编本初中语文革命文化选文教学策略研究[D]. 西南大学硕士论文，2022.

（王蔓菲撰写）

68 活动·探究单元

一、概念界定

在统编教材"活动·探究"中，一共设置了四种文体的学习任务，分别是：新闻、演讲、诗歌和话剧，分别被编排在八年级上、下册和九年级上、下册四本教材中，命名为"活动·探究"单元。各单元由三个任务组成，详细编排内容如下表所示：

年级	八年级上	八年级下	九年级上	九年级下
体裁	新闻	演讲	诗歌	戏剧
任务一	新闻阅读	学习演讲词	自主欣赏	阅读与思考
任务二	新闻采访	撰写演讲稿	自由朗诵	准备与排练
任务三	新闻写作	举办演讲比赛	尝试创作	演出与评议

二、研究现状

（一）国外研究情况

国外关于"活动"的研究比较久远，可以追溯到古希腊时期。现在，活动课程也在不断地发展和形成。活动教育理论的确立时间最早可以追溯到20世纪20年代，出现于欧洲的"新学校"。20世纪20年代，活动课程风靡一时，出现了阿博茨霍尔姆学校实施的"活动课程"，还有形式上传承了杜威和克伯屈的"活动课程"。一些教育家将卢梭的"自然教育"思想以及福禄贝尔的儿童自动发展思想融会贯通，并在此基础上通过教育实践进行革新教育的实验，美国教育家杜威在此基础上进一步提出了"教育即生活"等理念。

(二)国内研究情况

部编版新设的“活动·探究”单元和以往教材的综合性实践活动虽都强调“活动”和“探究”，但是综合性实践活动往往糅合了各个学科和各个领域，情况比较复杂。而“活动·探究”比较注重用有关语文要求的学习任务，单独强调语文这一个科目的内容。有关“活动·探究”单元教学的研究基本上为短篇，且数量不多，其有关研究大致涉及以下几个方面。

1. 初中语文“活动·探究”单元特点研究

“活动·探究”单元是统编版教材的创新特色之一，它以活动为载体，强调学生的综合性学习，并将听说读写融为一体。如崔炳光认为“活动·探究”单元有两个特点：一是以任务为驱动，二是以活动为主题。

2. 初中语文“活动·探究”单元教学策略研究

“活动·探究”单元的组织形式比较新颖，教师在教学时缺少一定的教学参考，所以学者的研究大多集中在对其教学策略的研究上，有单元教学策略的理论研究，也有具体的针对某一任务的教学设计研究。

3. 初中语文“活动·探究”单元教学模式拓展研究

“活动·探究”单元教学以任务来驱动教学活动的开展，就如湖南师范大学周敏教授所说的“聚焦任务群”。正是任务的设置，联系了语文课堂的内外。

三、理论基础

(一)“活动·探究”单元的语用类理论研究

何自然、吴亚欣在《语用学概略》中论述了语用学的几种定义，认为认知语用学为人们的语言交际过程提供了认知心理依据。① 王元华在《语用学与基础教育语文课程改革》一文中将语言要素和规则层面的语形、语义和生活体验层面的个人状况、自然和社会情境，整合为“人—文语境”②……这类理论大多侧重语用学知识的单方研究，而从其与教学理论融合的角度来看，相关研究数量较少。

(二)“活动·探究”单元的实践类理论研究

陈甜在《基于主体共生的教学观研究》中论述了教学意涵，涉及教师发展、

① 何自然、吴亚欣：《语用学概略》，载《外语研究》，2001(4)。

② 王元华：《语用学与基础教育语文课程改革》，载《课程·教材·教法》，2014(34)。

社会发展、教育改革等层面。这类对实践类理论的研究综述在本国学者中较少提及，且学者大多停留在“提出”层面，真正进行理论实践的很少。

四、实施策略

(一)“活动·探究”单元教学目标整合化

首先，“活动·探究”单元以单元进行教学设计，完成阅读、实践和写作三大任务，因而教师进行单元教学目标设计时，要注重把三个任务作为一个整体。其次，任务间有一定的独立性，但也是互相关联的，因而教师在设计任务教学目标时，也需要考虑到其中的关联性。

(二)“活动·探究”单元教学内容任务化

教学内容是整个教学工作中的重点，也是教师实施教学的主要凭借。“任务化”即把教学内容分为一个个小任务，引导学生以任务形式开展探究。“活动·探究”单元以活动任务单的形式编排，把整个单元划分为三大任务，在三大任务下进行了详细的任务解说，把三大任务划分为更小更细的任务，以任务的形式引导学生开展探究性的学习。

(三)“活动·探究”单元教学过程活动化

“活动·探究”单元教学强调学生学习的直接经验和间接经验相结合的规律，初中阶段的学生思维是“经验性”的，并非“抽象化”的。在进行抽象思维时，需要具体直观的感性经验作为支撑。教师通过“活动化”的形式开展教学，能让学生在直接经验的基础上发展抽象思维，从而提升学生的综合能力。

推荐阅读

[1] 张良田. 初中语文教学策略[M]. 北京：北京师范大学出版社，2010.

[2] 余映潮. 余映潮语文教学设计技法 80 讲[M]. 广州：广东人民出版社，2014.

（周铭璐撰写）

69 “三位一体”阅读体系

一、概念界定

“三位一体”阅读体系是指教读、自读和课外阅读结合的一体化阅读体系。统编新教材特别重视阅读教学，以各单元课文的学习为主，分“教读课文”和“自读课文”，辅之以“名著导读”和“课外古诗词诵读”，共同构建一个从“教读课文”到“自读课文”再到“课外阅读”的三位一体的阅读体系。

二、研究现状

（一）部编本语文教材“三位一体”阅读教学体系概况的研究

朱于国指出了部编本语文教材“三位一体”阅读教学体系的内容要点，他认为语文教学一直缺乏有效并且有针对性的阅读教学体系，而构建阅读教学体系核心是将各种内容要素进行有机组合。

（二）部编本语文教材“三位一体”阅读教学各类课型体系的研究

王本华表示部编本教材以教和学为视角，区分了“教读”和“自读”两种课型，在教学过程中教师的角色由“主导者”变为了学生的“引路人”。徐小明认为，“三位一体”阅读教学体系“颠覆了传统阅读教学的思维，更侧重对阅读方法的传导及学生自主阅读的激励，使阅读教学既有开端也有收尾，构成了阅读教学的全过程参与”①。

（三）部编本语文教材“三位一体”阅读教学体系实践策略的研究

部编本语文教材“三位一体”阅读教学体系的有机整合和有效实施需要教师研究透教材的编排体系，更要懂得有效利用好教材。如豆培琴提出教师应

① 徐小明：《“三位一体”：阅读教学的真转变》，载《中学语文教学参考》，2019(14)。

明确教读文体，尊重学生的主体地位，名著与古诗文课外阅读并重等具体实施策略。范练娥在《“三位一体”单元整体构设的阅读教学》一文中明确指出“三位一体”单元整体构设的阅读教学的实施策略有三种：教学结构化、区分课型以及搭建多样化的学习支架。①

三、实施策略

（一）有效开展课堂教读活动

教读课主要以教材为例子，教给学生读书与习作的方法。教师让学生品味文本、走进情境、享受语言的同时，每课皆有所得，每课均习得方法。

以部编三年级下册第四单元为例，本单元中，课文《花钟》《蜜蜂》为教读课文，因此这两篇文章就承载了让学生习得以上阅读、习作方法的任务。《花钟》一课，我先通过第一、第二自然段的教学，教给学生概括段落大意的方法。先是让学生读中思考：第一自然段主要写了什么？哪一句是具有概括性的关键句？引导学生发现：关键语句能够帮助我们概括一段话的大意。而第二自然段，则引导学生发现，有时候，一段话的大意需要根据关键语句的提示进行概括。这样，学生就初步掌握了概括段意的方法。

本篇课文教学重点是让学生体会语言的生动与精妙。同样是写花开，作者紧紧抓住不同花的形态特征，用不同的方式来表达，就显得生动、巧妙。我们盘点了一下这些优美的词语，在各种形式的读之后，学生就能够轻松背诵，积累语言。然后我又引导学生看文后练笔，在学生畅所欲言之后，精彩纷呈的语言就自然而然地流泻而出了。

《蜜蜂》一课，首先，引导学生进行几个回合的阅读，结合课后练习1，引导学生提炼重要信息概括试验步骤，理清叙述的条理。其次，读的过程中，结合课后练习2，体会“二十只左右”“好像”“大概”等词语的作用，让学生体会到说明文具有语言严谨、叙述有条理、用词准确，运用数据说明事理的特点。“运用数据说明”这一方法，我依然采用对比句子的方式指导学生理解，即隐去句子中的数字，用表示概数的词语来替换数字，让学生进行比较。学生在比较中理解运用具体翔实的数据来说明事理，其结果更真实可信。

---

① 范练娥：《“三位一体”单元整体构设的阅读教学》，载《语文教学通讯（D刊学术刊）》，2019(3)。

正是由于工笔细描式的教学，又在细微处、重点处、方法习得处下功夫，才能为随后的自读课文《小虾》及习作“写一项小实验”打下基础，帮助学生更好地完成学习任务。

(二)合理设计学生自读环节

首先紧扣单元目标，明确为什么教。给予学生时间和空间，是培养学生自主阅读能力的必要条件。课堂时间毕竟有限，课前自读尤为重要。当然，课前自读不是无方向无目标的浏览课文内容，教师一定要结合单元目标、课文内容、课文中的旁批、课后的阅读提示明确自读目标。

其次巧用助读系统，明确教什么。无论什么课文，上课时都不可能面面俱到，这就需要教师作出取舍。自读课文，更是如此。自读课文可以根据阅读提示来确定教学内容，弄清楚“教什么”，再结合旁边批注，深入理解，并引导学生自己做批注。教师在教学时容易患得患失，害怕错漏了知识点，但时间有限，如不大胆取舍，则重点不能突出，更难达到目标。教材无非是个例子，教读课文的学习是举一，而自读课文和延伸的阅读则是反三，关键在于养成好的阅读习惯，提高自学能力。

最后根据课型特点，确定怎么教。自读课文在教材中的定位为“学生运用在教读中获得的阅读经验，自主阅读”的课文，教师先教自读方法，重视过程指导，再给学生自读的空间，从“扶”到“放”。教师积极倡导自主、合作、探究的学习方式应该是最合适自读课文课型的。自主学习是学生通过独立地思考、分析、探究、尝试等方法来实现学习目标；合作学习是通过小组(同桌、前后位、专门成立的小组)、师生间的交流讨论，进行思维碰撞；探究学习是学生通过自主、独立地发现问题，实验，调查，信息搜集与处理等活动发展自己的过程。课程的基本理念告诉我们要敢于放手，要让学生在开放、民主、积极的氛围中学习成长。教师作为课堂的组织者和参与者在自读课文的教学中，要真正放手，做好引导，实现每个环节学生充分参与、交流、表达、思考。

(三)设计交流活动，高效开展课外阅读活动

语文教学要想培养学生课外阅读能力，教师就需要设计一些课堂交流活动，让学生进行阅读交流活动，在互动中提高能力，发展水平。比如教师在进行某一篇文章、小说或诗歌阅读教学之后，让学生进行交流，说说自己的观点与作者是否产生了共鸣，或者让学生自由选择课外素材。学生喜欢什么书是他们的自由选择，教师不必担心他们是否读得精、读得深、读得透，只

要做好对学生的引导工作，保证他们完成课外任务，也就完成了教育工作。

推荐阅读

[1] 陈日亮．我即语文[M]．福州：福建教育出版社，2007.

[2] 温儒敏．温儒敏论语文教育三集[M]．北京：北京大学出版社，2016.

[3] 温儒敏．"部编本"语文教材的编写理念、特色与使用建议[J]．课程·教材·教法，2016(11).

(周铭璐撰写)

70 双线组元

一、概念界定

双线组元即部编初中语文新教材采取"人文主题"和"语文要素"双线组织单元结构的编写形式。"人文主题"即按照内容类型进行单元组合课文，如部编版初中语文七年级上册第一单元《春》《济南的冬天》等皆以四季美景为内容，形成一条贯串教材的显性线索。"人文主题"强调语文与生活的联系，重视主流文化、传统文化的渗透，促进学生形成正确的世界观、价值观和人生观。"语文要素"即语文素养的各种基本要素，包括必要的语文知识、必需的语文能力、适当的学习策略和学习习惯等。"语文要素"以语文能力为核心，促进学生阅读素养的形成。

二、研究现状

(一)国外研究情况

语文(母语)教科书编写目的在于引导教师做到关注人文主题的同时重视语文要素的传递与渗透，提高学生的综合能力和实践能力，同时促进学生形成良好的语文(母语)素养。如美国加州小学语文母语教科书 Treasures 在凸显主题的同时，也格外注重语文要素的融入与渗透。通过整体宏观把握与局部微观分析，特别将其与《共同核心州立标准》进行对接，更有助于教师在教学过程中把握语文教学的规律，突出语文教学的特点。

(二)国内研究情况

1."双线组织单元结构"的背景研究

林崇德、刘霞、郝文武、胡金木在《努力提升学生发展核心素养》一文中指出：学生发展核心素养回应了"教育要立什么德、树什么人"或者说"教育要培养什么样的人”这一教育最根本的问题。

2.“双线组织单元结构”的相关理论研究

温儒敏在《“部编本”语文教材的编写理念、特色与使用建议》一文中介绍了“双线组织单元结构”的内容、意义并为教师实践提供思路。

3.“双线组织单元结构”的教学实践研究

温儒敏在其文章中为教师实践提供思路和建议，特别强调要注意语文知识和能力的落实。余映潮在《统编教材运用策略之二：更新教学理念——谈语文教师综合素养的自我训练》中表明教师在使用教科书时，要注意不断更新自己的教学理念，提高自身教学水平和教学能力。

三、教学实施策略

(一)宏观把握课程，立足“双线”并重整体解读教材

在教学实践中，遵循语言习得的规律，利用语用理论来改进语文教学。具体而言，学生在课堂上学习语言，完成语文课程学习任务，用好教材是关键。文质兼美的文本，为学生学习语言创设了良好的语境，是渗透人文情怀熏陶，学习语言知识及技能的良好样本。我们可以清晰地看出，每一篇课文都不是孤立存在的，教读、自读、课外阅读链接“三位一体”，它们是一种互为补充、层层递进的关系，浑然天成创设了学习语言文字的环境，语言要素的训练在此不断出现、不断提高。

在《大自然的声音》的学习中，我们可以在品味语言的同时，充分结合课后思考练习 3，引导学生说说在哪里听到过这样的声音，提供机会让他们把曾经感受过的大自然的美好表达出来，相机指点：美好的环境让人陶醉，这就是大自然赐给我们的珍贵礼物。《父亲、树林和鸟》的学习，则可以抓住最后一句“我真高兴，父亲不是猎人”，联系上义，探索“我真高兴”背后的原因，“保护环境，珍惜大自然带给我们的一切”的人文熏陶已经是水到渠成的事情了。

(二)微观研读文本，秉承“双线”并进区分不同课型

虽然同样作为学生习得语言技巧、提高语言表达能力的范文，不同类型的课文定位是不同的。统编版教材分教读、自读两种不同课文类型。教师指引学生大胆开展自主阅读，在组织学生自读后交流探讨，进一步巩固所学到的方法和技巧。教读课学方法，自读用学到的方法自主阅读，进而习得阅读

表达能力。这样由扶到放，一课一得，得得相连，构建起完整的语文知识和能力的体系。

教读课学方法，自读课用方法，不同课型承载不同的教学任务和训练要点。纵观整个单元的学习，语文要素学习与人文情怀的涵养是完全融合起来的，学生在一次次的阅读当中，像进阶游戏一般逐步掌握了阅读的方法，一个单元的学习下来，不但逐步形成阅读能力与思辨阅读的习惯，还进一步体会到阅读带来的乐趣，完成了一趟完美的阅读之旅。

（三）借力文本材料，聚焦“双线”统整设计课时教学

文本作为语言学习的材料，是完成双线教学目标的有效载体。在教学过程中，需要老师引领学生聚焦文本，把人文熏陶及语文要素学习有机统整起来。如《走月亮》是四年级上册第一单元的第二篇精读课文，通过各种方式的读，引导学生想象文字背后隐藏的唯美温馨的画面，体会“我”与阿妈的浓浓亲情，以及“我”当时的幸福和快乐。教师可通过启发想象，补白写话等方式，引导学生把阅读感悟之后脑海里出现的画面描绘出来，提高学生的语言敏感度和想象表达能力。学习完毕的结课环节，适时引进与人文主题有关的诗词、散文等进行拓展阅读，拓展阅读材料中所传递出来的那份月光下的宁静清幽。这一过程当中，学生感受月夜之美与想象画面有机融合在一起，语文要素的习得与人文主题的感悟浑然天成。

（四）适度拓展阅读，落实“双线”融合渗透语言美学

语文教学最重要的一个传统办法就是读，默读、朗读、吟诵等各种形式的读，在读的过程中，作者的精神品质，语言本身的魅力以及语言所表达的内容的人文精神，都会浸润到学生的心中，形成一种人文熏陶，夯实影响个人发展的人文基础。当代语文教学，以各种形式的读来引领学生深入文本汲取营养。某些精读课文后面，链接了一些名篇名著片段或短文，让课文学习与阅读理解紧密结合，扎实贯彻落实好阅读能力的练习，让学生在课内就能得到充分的练习，掌握各种阅读策略。教学实践中，有些教师对课后的阅读链接不以为意，放任学生自主完成，不加以检查反馈。这种处理方式明显不妥。这些阅读材料需要我们在课堂上结合课文学习去完成阅读。如三年级上册第七单元《大自然的声音》，文后有叶圣陶先生的《瀑布》，可以让学生在学习文本充分领略大自然美妙的声音后，了解另一个作家从声音、形状及站在瀑布脚下的感受多方面描绘瀑布的雄伟壮观。在对比、联系中，学生对大自然的神奇必将能了解得更加丰富、透彻。这个链接阅读的过程，进一步熏陶

了学生的人文情怀，提升了阅读理解能力，实现了双线共荣共进。又如，学习《鸟的天堂》的时候，站在学生的角度，以他们的生活阅历及认知能力，只能体会到第二天早晨群鸟起舞的喧闹场面所带来的乐趣，很难体会得到起初静后来热闹会是一种“雅趣”。基于这样的学情，老师可以适时引进王维的《鸟鸣涧》，通过月出前的幽静，月出后惊动鸟儿的热闹进行对比，回顾课文前面部分所写幽静，对照鸟飞出来后的热闹，引导学生真切体会“四时景物皆成趣”。这样一来，人文情怀、语言美感已经悄悄在学生的心里生根发芽。

统编版教材以“双线组元”的方式来编写，其根本目的在于全面落实语文课程的任务，促进人文情怀的涵养及语文素养的培育能够在课堂教学实践中落地生根。教师需要站在为学生一辈子发展的高度上去对待语文教学工作，关注学生终身发展所需的必备品格和关键语文能力。

推荐阅读

[1] 张中原，徐林祥. 语文课程与教学论新编[M]. 南京：江苏教育出版社，2007.

（周铭璐撰写）

71 演讲词

一、概念界定

演讲是在特定的时空环境中，以有声语言和相应的体态语言为手段，公开向听众传递信息，表述见解，阐明事理，抒发感情，以期达到感召听众的目的的一种活动形式。演讲词也称演说词、演讲稿，是演说者在公共场合和集会上，就某一问题宣传自己的主张，表达自己的情感或阐明某种事理的讲话文稿。演讲词是进行演讲的依据，是对演讲内容和形式的规范和提示，它体现着演讲的目的和手段，演讲的内容和形式。

二、研究现状

作为语文教学内容，演说辞实际承担着两种教学功能。一种是让学生担任演说者的角色来学习演说辞，另一种是让学生充当听众的角色来学习演说辞。演说辞的阅读教学，主要是后者。

关于语文教学中演讲词的研究大致分为以下几类。

首先是演讲词的教学研究，对语文教材中的演讲词编选情况进行分析，通过调研，了解学生对待演讲词教学的认识和态度，以及一线语文教师对待基于语文核心素养的演讲词教学的认识情况。在此基础上建构了基于语文核心素养的演讲词教学体系，包括教学目标确定、教学内容选择和教学策略探索三部分内容。如郑后秀《基于语文核心素养的演讲辞教学研究》，聚焦“语文核心素养”和“演讲词教学”两个关键问题，紧贴课程标准变化展开研究，让研究成果更加贴近实际。在演讲词教学中想要让学生当听众的角色，应该做到对一些显著的信息作笔记；区分辩论的类型(如因果关系、引据、比拟)和逻辑谬论的类型(如偏见、从相互关系中推断其因果、过度归纳)；精确总结每一个演讲内容的本质所在；在讨论中形成对某些问题的判断。

其次是关于演讲词的应用研究，主要围绕写作和口语演讲展开。如蒲京《中学演讲词写作教学研究》、张诗音《高中语文口语交际教学中的演讲训练》。前者提出以读促写、创设情境、搭建支架、以评促写、立德树人、与生活相结合等中学演讲词写作教学策略。后者提出立足教材，设计演讲训练；加强演讲训练指导；开发课程资源，促进演讲训练；开创辩论式演讲新形式，切实提高学生应变能力四个策略。另外杨诗韵《高中生演讲能力培养策略研究》则是将演讲写作与口语一并视作演讲能力的一种，充分认识到非语言技巧运用的重要性，特别是眼神交流、态势语表达、语音面貌调控、个人形象打造这四个维度，完善并发展了演讲词应用研究。

还有些研究以演讲词为材料作单元教学研究和学习任务群研究，演讲单元是一种全新的编排方式，部编版初中语文八年级下册第四单元以“活动·探究”的形式组织课程内容，设置了“阅读演讲词”“撰写演讲稿”“举办演讲比赛”三大任务。许常艳《部编本初中语文演讲单元教学研究》，正是基于语文教材的特点，探索演讲词的教学方法和策略，让学生更好地学习。

三、实施策略

第一，打破教学惯例，凸显演讲词特点。在教学中要转变教师的观念，使教师正确认识演讲词的重要性，改变教学常态，增强文体意识，让教育体现文本个性。

第二，接轨现实社会，还原演讲背景。引发阅读期待，演讲词对于学生原本就是陌生的文体，而经典的演讲词难以引起学生学习的兴趣。教师导入的精彩与否，直接关系着学生在课堂上的心理活动。

第三，立足创作意图，探究言语深意。演讲词的语言使用既有规律，也有特色。基于言语的表层意思追寻它背后的隐形力量，教师对演讲词语言进行解析，把别具一格的语言特征呈现给学生，同时用这种独特的语言特征激发学生的学习兴趣。

第四，鼓励学生参与，培养演讲能力。王荣生教授说：“作为语文教学内容，演讲词实际承担着两项教学功能，一项是让学生担任演说者的角色来学习演讲词，另一项让学生充当听众的角色来学习演讲词。”教师创设真实的学习情境、安排演讲活动，让学生真正应用学到的演讲知识。

推荐阅读

[1] 王荣生，陈隆升. 实用文教学教什么[M]. 上海：华东师范大学出版社，2014.

（刘柏含撰写）

72 辩证思维

一、概念界定

思维是人脑对客观事物或现象的本质属性和内部规律性的间接的反映，与感知觉相比，思维属于高级认识的活动过程，它具有复杂的内部机制。《普通高中语文课程标准(2017 年版 2020 年修订)》将“思维发展与提升”作为语文核心素养的重要内容之一，由此可见思维在语文学科学习中的重要性。思维作为一种内部心理活动，具有间接性和概括性的特点。思维的间接性特点是指思维对某种事物或者现象的反映需要以一定事物或者经验为媒介，而不是对事物的直接反映，正是由于思维有了间接性的特点，人们的认识活动才可以超越时间与空间的局限，因此获得了无限的延展。思维的概括性特点是指思维可以根据某类事物共有的、核心的本质从而将该类事物进行一定的归类。语文学科不同于其他学科一个最大的特点就是培养学生对祖国语言文字的感受、建构与运用的能力，使得学生能够了解祖国语言文字演变与发展的规律，在具体的语言情境中学习祖国语言文字，并能够达到准确和灵活运用的程度，形成个性化的表达。而语言与思维却有着不可割舍的辩证关系，一般认为，思维是语言的本质与核心，语言是思维的外化和具象。《普通高中语文课程标准(2017 年版 2020 年修订)》指出“语言的发展与思维的发展相互依存，相辅相成”。因此，语文学科在培养学生正确运用祖国语言文字的同时，也是在培养学生的思维方式与思维品质。辩证思维是一种以辩证发展的眼光对客观事物或者现象进行认识和反映的一种思维方式。辩证思维坚持以联系的、发展的、变化的方式来把握某种客观事物或现象，认为世间各种客观事物或现象及其内部组成元素都存在既对立、又统一的一面，即辩证思维坚持辩证统一的观点，注重对事物或者客观现象进行客观而全面的反映。

二、研究现状

（一）分模块研究辩证思维在语文教学的应用策略

这类研究注重研究辩证思维在语文阅读、写作等活动中的具体应用，其主要特点是结合语文课堂具体活动进行辩证思维训练，使学生在教师的指导下，主动参与语文阅读、写作、文本解读等实践活动，从而达到和培养学生思维能力的目的。比如徐刚认为高中语文阅读教学中进行辩证思维训练具有重要的意义，同时针对高中语文阅读教学中存在的问题提出了具有针对性的对策，阳年深认为高中议论文写作中的思维训练具有现实需要和理论依据，并围绕“支架教学”的角度对议论文写作中的辩证思维训练提出了自己的建议。

（二）整体把握语文教学活动中辩证思维能力的训练

这类研究主要从发展与提高学生的辩证思维能力的角度出发，整体上对语文教学活动进行宏观层面的设计。比如李杰认为语文教学活动中的思维训练可以具体落实到阅读与鉴赏、梳理与探究、表达与交流等方面，并在实践方面给出了自己的建议。

（三）对辩证思维与语文教学的关系进行研究

这类研究往往从“思维发展与提升”的核心素养出发，阐释辩证思维与语文教学之间的辩证关系，往往偏重理论层面。

三、实施策略

（一）深入研读课标、教材、学生，树立正确的辩证思维观

《义务教育语文课程标准（2022 年版）》对语文教学提出了具体的要求和建议，为教师教学提供了重要依据。教师要做好语文教学工作，就必须深入研读新课标，了解新课标在语文教学方面提出的一些新理念、新提法、新建议，并能够创造性地将其转化到一线教学工作中。新课标中有多处提出了培养学生辩证思维，这就为一线语文教师从事语文教学提供了方向，要求语文教师将辩证思维的培养与提升贯彻到教学的环节中，使学生养成辩证思维的良好习惯并能够针对具体的问题情境进行辩证思考。教材是教师教学与学生学习的主要依据，教师应该深入钻研教材，努力挖掘并设计教材中有利于培养学生辩证思维的问题，在执教的过程中，创设一定的问题情境，引导学生在思

考问题的过程中形成一定的辩证思维，在问题情境中不断提升学生辩证思维的品质。学生是教师的教育对象，教育成效的达成与否取决于教师与学生双方之间的相互关系。这就要求教师与学生形成民主和谐的师生关系，鼓励学生对各种学习中的问题进行辩证思考，允许学生犯错，学生每一次犯错都是对原有认知的进一步完善与修复，在距离真理的道路上更近了一步。教师允许学生提出不同的看法与观点，因为一切客观事物都是发展变化的，对待学生理解上的“异端”，也应该采取包容的态度，唯有在这种开放包容的教学环境下，学生的辩证思维才会发展起来。

（二）通过对学生进行语言方面的训练提升其辩证思维的品质

语言与思维有着密切的联系，思维决定语言，语言反过来也会促进思维的发展。一个民族语言（词汇）的丰富程度，在某种程度上，也是一个民族思维能力的体现。教师在日常教学中，要引导学生加强语言训练，提升学生的思维能力，尤其是辩证思维能力的培养。经过中华民族五千年的文明发展史，汉字逐渐形成自身特有的语法结构与表达习惯，而这些正是人们思维方式的外化和具象，是人们思维成果的体现。只有通过语言表达，一个人的思维成果才能够清晰地表现出来。教师通过引导学生加强语言训练，理解语言表达背后的思维逻辑，有效提升学生的思维能力，实现思维与语言之间的良性互促。教师应大力倡导学生形成个性化的表达，个性化的表达往往是学生自己思维成果的体现，通过个性化的表达，学生的思维能力包括辩证思维能力才能得到有效的培养与提升。

（三）变革语文教学方式以提升学生思维的积极性

传统的语文教学过于注重教师的“教”，而忽视学生的“学”。传统的语文课堂将教师置于“权威”的地位，教师将自己建构的知识灌输给学生，学生自己的思考与建构往往被忽视，在这种教学模式的影响下，学生往往掌握的知识量较大，但是解决问题的能力没有得到显著提升，这是因为思维能力的高低与掌握知识的多少二者之间并不总是成正相关的关系。传统的语文教学存在巨大弊端，因此变革传统的语文教学方式便显得尤为重要。那么，究竟应该如何变革传统的语文教学方式，这就要求一线语文教师要形成符合学生认知发展规律的教学设计，即良好的教学设计应该以问题为导向，创设良好的问题情境，引导学生在问题情境中学会思考，激发学生思维的积极性，打开学生智慧的“窗户”，使学生成为知识的建构者和思维的主宰者，而不是使他们成为知识的接受者和思维的替代者。唯有如此，学生的思维能力包括辩证思维能力才能得到有效提升。

推荐阅读

[1] 魏雨芳. 高中语文辩证思维能力培养的策略探究[J]. 课程教育研究，2018(36).

[2] 李杰. 高中语文如何有效培养学生的辩证思维能力[J]. 语文教学与研究，2019(6).

[3] 崔国琨，魏金玉. 浅谈语文教学中培养学生的辩证思维能力[J]. 课程教育研究，2019(44).

（常满撰写）

73 创造思维

一、概念界定

根据解决问题的新颖性与创造性不同，可以将思维分为常规思维与创造思维，创造思维是通过新颖独特的视角和方法去思考与解决问题的一种思维活动，其思维成果往往具有首创性和重大社会价值。创造性思维一般具有四个方面的特征，分别是新颖性、发散思维与集中思维相结合、创造想象的积极参与、灵感状态。创造思维的新颖性是指对问题的思考与解决往往采用新颖独特的思维方式，它不受传统思维模式的束缚，具有很强的首创性。发散思维与集中思维相结合是指在创造思维活动中，发散思维与集中思维往往是相辅相成，缺一不可的。发散思维是从不同的角度对问题进行思考的方式，有利于拓宽思路，寻找多种方法来解决问题。集中思维是根据解决问题的需要和一定的标准，对解决问题的多种方案进行价值评价，以确定最有利于解决问题的方案。创造思维也离不开创造想象的参与，创造想象是在头脑中构筑事物新形象的过程。创造思维也离不开一定的灵感状态，创造思维往往是在一定的灵感状态下迸发，从而使人产生所谓的顿悟现象。

二、研究现状

(一)以语文教材为载体培养学生的创造思维

这类研究往往从教材这一微观层面出发，具体围绕创造性地挖掘与解决语文教材，对学生进行创造思维的训练。比如吕旭芬从依托语文教材出发，培养学生思维的求异性、变通性、独特性，从而提升与发展学生的创新思维能力。邱士军认为语文教材具有很强的综合性，因此语文教材具有许多激发学生创新思维的因素，这一点值得我们进行深入挖掘。

(二)在具体的一线语文课堂中培养创新思维

这类研究立足于一线教学实际，根据教学实践的具体情况，有针对性地提出培养学生创造思维的具体举措，因此这类研究具有很强的实践性。比如乔新颖认为，在一线课堂教学实践中，可以通过改变思考模式、满足心理需要、打破思维惯性、利用精彩范读、探索语文实践、重视人文情怀等方法对培养学生的创造思维提出具体的建议。

(三)分模块研究创造思维在语文教学的应用策略

这类研究具体以语文阅读教学、写作、作业布置等具体语文学习实践为出发点提出具体的培养创造思维的举措。卓成金认为当前语文阅读教学为固有的传统模式所束缚，并针对存在的问题提出了具体的建议，以营造创新思维培养的氛围，提升学生的创新思维的能力。

三、实施策略

(一)保护学生对语文学科知识的好奇心，激发学生的求知欲

学生进行创造思维的前提是具有丰富的知识储备，需要学生阅读大量相关的专业书籍，了解相关领域的发展动态，不断拓宽自己的视野。教师应该鼓励学生深入阅读一些经典著作，并能够提出自己对于经典的创造性理解，以此不断激发学生的创造性思维。语文的写作练习是培养学生创造性思维的较为有效的项目。写作练习是对一个学生知识储备、世界观、价值观、语言组织能力的考查，是展现学生创造性思维的殿堂。教师在进行写作教学时，应该鼓励学生提出一些有价值的、新颖的观点并能够进行深入的分析，以此更好地培养学生的创造性思维。

(二)开展情境教学，营造创新精神的氛围

情境教学要求教师创造一定的问题情境，引导学生对问题进行深入思考，在对知识主动建构的过程中来加深对知识的理解。情境教学主张学生积极主动地去建构知识。情境教学需要教师具有丰富的知识储备和良好的课堂设计能力，能够针对具体的问题和学生的知识水平，灵活地创设符合学生知识基础的问题情境，让学生在问题情境中潜移默化地了解与吸收知识。教师开展情境教学，有利于激发学生学习知识的主动性和学生创造性思维，更好地培养学生的问题解决能力。

(三)语文课堂中注重发散思维与直觉思维的训练

创造性思维的培养要求学生具有一定的发散思维与直觉思维，发散思维是指学生能够从不同方向出发对问题进行深入的思考，在分析与比较中寻找解决问题的最佳方法，它是学生进行创造性思维必不可少的一种能力。同时，学生也应该具备直觉思维的能力，直觉思维不是学生的本能，而是建立在丰富知识储备基础之上的一种认知能力，很多创造性思维都是在直觉思维的催生下产生的。教师应该注重培养学生的发散思维和直觉思维，为学生进行创造性思维打下坚实的基础。

(四)培养学生创造性人格，提升学生的语文核心素养

创造性思维的发展也离不开学生创造型人格的培养，这是对学生的一项基本要求。一般情况下，积极进取、勇于探索、不怕失败等人格特征，更有利于一个人创造性思维的发挥。这就要求教师注重培养学生的创造型人格，选择一些具有创造型人格的学生作为班级乃至全校的榜样，鼓励其他学生向这些学生学习，为培养学生创造型人格营造良好的学习气氛。

推荐阅读

[1] 熊兆武. 论优化教学过程中教学创造思维转换系统[J]. 中学语文教学参考，1994(6).

[2] 郭新. 浅析学生语文创造思维的培养[J]. 语文教学与研究，2014(2).

[3] 石修银. 作文教学：创造思维培育的现状及对策[J]. 语文教学通讯，2023(3).

(常满撰写)

74 直觉思维

一、概念界定

“直觉”一词的拉丁文为 intueri，本意是凝视，专心致志地看的意思，英语译为 intuition，原意是不用教。美国心理学家布鲁纳认为：直觉思维是一种行为，通过这种行为，人们可以不必明显地依靠其分析技巧而掌握问题或情境的意义、重要性和结构。基于直觉思维的语文教学是在直觉思维理论基础上延伸出来的教学模式，语文教学中的直觉思维就是学生在接受文字信息的同时，把外部看到的信息与内部的思维活动建立联系，由于思维活动作用，对材料的识记、理解、分析、评价持续发生并不断深入。

二、研究现状

(一)国外研究情况

美国在 20 世纪 50 年代末召开的课程改革会议中论及了直觉的作用，在这之后教育领域涌现了大量关于直觉思维的研究。学者从直觉思维的概念，教育教学中直觉思维的作用、影响因素、培养方法等方面展开了探讨。心理学家皮亚杰从广义层面上对直觉思维进行了界定，心理学家布鲁纳从狭义角度出发对直觉思维进行了阐述；关于直觉思维在教学中的作用方面，夸美纽斯十分看重直觉，提出直觉思维这一特性是人们不断地学习所追求的。爱因斯坦、牛顿、阿基米德等科学家也都承认直觉在科学研究过程中所起的重要作用；布鲁纳等人从教育过程的角度提出了影响学生直觉思维的一系列可变因素，并从实施的角度提出了培养学生直觉思维的一系列培养方法。

(二)国内研究情况

我国很早就把直觉思维理论引入实际的教学中，近年来相关研究不断推进，大致可以分为以下几种。

首先，研究指出了语文教学中直觉思维能力培养所面临的困境并提出了相应的解决路径。郝彦军在《中学语文教学中的语感培养》中提出语感能力是直觉性，敏锐性地领会和生成语言的能力，也是衡量一个人语文水平的重要标志，可以通过诵读写作和思维训练的方式培养学生的语感及语文素养。

其次，一些学者探讨了直觉思维在阅读教学中的价值。赵红俊在《直觉思维和形象思维在阅读教学中的价值及提升策略》中，提出了直觉思维在阅读教学中的价值，其一，触发思维活动；其二，培养提升语感；其三，强化情感体验。

最后，一些学者提出了具体的直觉思维训练的方法。钱加清在《语文直觉思维能力培养论》中提出从加强语感实践，注重整体感知，强化速读训练三方面入手来培养学生的直觉思维。

三、理论基础

（一）格式塔心理学理论

格式塔心理学研究的侧重点是思维，该理论强调思维活动的整体性，对于儿童思维也有一定的研究。他们认为思维是由于特殊情境中的紧张而产生的，这是一个过程，并指出顿悟的出现预示着问题的解决。

（二）布鲁纳认知发现理论

布鲁纳承认直觉思维在认识事物中的价值，并指出要对直觉思维给予应有的重视，他认为直觉思维在教学和学习中所发挥的功效是不可估量的。他提出直觉思维一般可以采用图像的方式进行，教育者应该根据儿童的年龄和心理发展规律来培养学生的直觉思维。

四、实施策略

（一）发挥有意注意的作用

猜读是在语文教学中培养学生直觉思维的好方法。猜读指根据已知的内容推测未知内容。比如，看到课文标题，可以引导学生猜正文的内容，然后把正文与猜测的内容做比较；读了开头，猜测故事结尾；读了上段，猜测下段。猜读法让学生在阅读中插上了联想、想象的翅膀，提高阅读的兴趣。

（二）把握直觉思维的阶段特征

思维激活阶段要注意发挥教师的引导作用，语言是思维的工具，外部的语言暗示能够激活学生的思维。如学生学习《天净沙·秋思》中“枯藤老树昏鸦”，教师可以描绘文中的画面：一棵老树上的枝杈看起来已经腐朽了，枝头还有几片稀疏的叶子，几根藤条缠绕在老树上，乌鸦归来落在树上，在一抹夕阳的衬托下显得格外孤独。这样学生的思维就会被逐步激活，联想和想象的内容更加丰富。

（三）体悟直觉思维的特殊性

培养学生的直觉思维方式可以提升学生对语言文字的理解能力和运用能力，让学生从文字中获得更多的阅读感受，体会文本背后所蕴含的情感。教师要引导学生学会理解文字信息，并从中捕捉自己的瞬间感受，获取情感体验。比如《夜雨寄北》中“何当共剪西窗烛，却话巴山夜雨时”。学生不需要进行过多的思考就能感受到作者想象中阖家团圆之乐和自己经历的相思之苦之间的矛盾。

推荐阅读

[1] 刘岩波. 阅读教学应注意培养学生直觉思维能力[J]. 中学语文，1993(6).

[2] 赵红俊. 直觉思维和形象思维在阅读教学中的价值及提升策略[J]. 语文建设，2022(3).

[3] 冷霞. 中学语文语感教学浅探[D]. 华中师范大学硕士论文，2009.

（严梦思撰写）

75 形象思维

一、概念界定

形象思维主要是指人们在认识世界的过程中，对事物表象进行取舍时形成的用直观形象的表象解决问题的思维方法。形象思维具有形象性、概括性、跳跃性和创造性等特征。语文教学中的形象思维是作者在一定课题指引下运用语词与表象的思维工具，对已有表象进行改进而构想出新形象的心理过程。

二、研究现状

(一)国外研究情况

形象思维是在19世纪以后才被提出和逐渐使用起来的，最早把形象和思维两个词联系在一起的是俄国文艺批评家别林斯基，他在1838年发表的《伊瓦瓦年科讲述的〈俄罗斯童话〉》中最早提出了形象思维这个词语。1935年高尔基在致亚·谢·谢而巴科夫的信中也使用了“形象思维”这个术语，之后形象思维这个术语在苏联才逐渐流行起来，20世纪40年代随着文艺理论著作被翻译介绍到我国，我国才逐渐展开了相关理论研究。

(二)国内研究情况

我国很早将形象思维理论运用到具体的语文教学中，学者们分别从诗歌教学、文言文教学、写作教学等方面进行了研究。

李小澄在《形象思维与中学语文诗歌教学》中谈到，形象思维是诗歌创作的主要思维形式，对于训练学生的形象思维能力，增强学生对诗歌文学形象的理解，增加对诗歌的审美感受具有重要作用。

彭玉兰在《浅论初中阅读教学中学生形象思维能力的培养》中指出，新一轮课程改革要求着重培养学生的创新思维能力和实践能力，以适应时代的需要。在文中作者论述了阅读教学中培养学生形象思维的必要性，并进行了相关的实践和探索，最后提出了培养学生形象思维应注意的问题。

刘怡的《高中文言文教学中的思维能力培养策略研究》指出，在一些以情感细腻取胜的文言文教学中，更适合以形象思维切入赏析，在形象思维方面，主要借助文言文的音律和形象性的实词等进行培养，引导学生体悟文言文的感性之美。

张河华在《发展形象思维激活作文教学》中提出了在作文教学中培养学生形象思维的具体方法。比如采用多种手段激活思维；训练想象能力，能想会说；拓宽作文教学领域，开展立体教学。

三、理论基础

(一)中国传统审美心理

中国传统思维方式偏重经验性和直觉性的形象思维。古人在写作时往往运用形象思维写作，今人在阅读时要想理解作者的心意，就需要站在作者的角度去思考，用与作者相同的思维去看待文本，才能体会文本的精妙之处。

(二)思维心理结构

思维的材料分为感性材料和理性材料。感性材料包括表象、知觉和感觉等；理性材料主要是指概念，而概念的形成和发展，与判断和推理相互融合。感性的材料需要学生运用表象、想象、回想等形象思维能力去感知，而理性的材料则需要学生依靠概括、判断、推理等逻辑思维形式。思维的感性材料和理性材料的本质上是不同的，但它们却能够统一于学生个体的思维实践活动中，它们既相互对立又相互联系，因此它们在真实的实践活动中的检测与反馈方式也是混合在一起的。

四、实施策略

(一)培养再造想象能力

再造想象即根据相关的言语提示，在头脑中形成事物新形象的心理活动。根据文中的语言描述，我们在课堂上展示图画，逐步引领学生开展积极的思维活动，将未曾见过的景色在脑子里构成相应的图像。

(二)培养创造性想象

因为形象思维是具体而生动的，可引导学生把日常生活看作一幅画面，当成具体形象来体悟，然后用自己的语言去描述或用一些线条进行简笔勾勒，进而培养学生塑造人物形象、描写场景等能力。

(三)联想能力

联想是指由一种事物想到另一种事物的心理过程。它是一种由生活感悟所引发的思维跳跃，是在日常审美体验中常见的心理现象。朱自清先生的《荷塘月色》中对荷叶的描绘："曲曲折折的荷塘上面……像亭亭的舞女的裙。"为了加深学生的理解，我们可以绘制两幅画进行比较分析，寻找舞裙与荷叶的相似之处，然后理解文中比喻运用之妙。

推荐阅读 >>>>>>>>

[1] 林崇德. 学习与发展中小学生心理能力发展与培养修订版[M]. 北京：北京师范大学出版社，1999.

(严梦思撰写)

76 逻辑思维

一、概念界定

“逻辑”这个词可以追溯到古希腊，是由 logic 翻译而来，包含“思维”和“言语”两层含义。广义的逻辑思维概念是从哲学角度出发考量的，逻辑思维是指人脑针对现实世界的间接的、概括的、能动的反应。逻辑思维即抽象思维，是人对于客观事物认识的一种高级思维形式，即通过概念、推理等思维方式，真实反映客观事物本质规律的过程。狭义的逻辑思维指人们根据已有的经验对问题进行分析和判断的过程。在语文教学中，语言与思维的联系十分密切，语言表达是思维活动的呈现，思维活动是语言表达的内部依据。

二、研究现状

(一)国外研究情况

相关研究初步建构了逻辑思维的理论分析框架，从“逻辑思维的相关概念界定”“逻辑思维的价值”“逻辑思维的内在局限性”“逻辑思维与非逻辑思维的关系”等方面阐述了逻辑思维发展的相关理论，注重学生逻辑思维能力的培养。例如，杜威提出的“从做中学”的五步教学法对学生逻辑思维培养具有重要实践意义。布鲁纳的发现学习理论提倡给学生提供相关材料让学生自主思考，在问题探索中获取知识，进而发展逻辑思维。斯滕伯格等人也提出了学生思维锻炼的相关方法与途径。

(二)国内研究情况

近年来，越来越多的研究者注意到逻辑思维在语文教学中的重要性，开展了一系列的理论和实践研究，并取得了一些成果。

首先，一些学者探讨了逻辑思维在语文教学中的重要价值。聂静《逻辑思维在语文教学中的重要地位》探讨了逻辑思维与语文学科教学、语文新课改、语文教学的联系，并具体论述了培养学生逻辑思维在语文教学中的重要地位。

其次，部分研究者聚焦学生逻辑思维发展中存在的问题。周国伟《高中语文教学中发展学生逻辑思维的研究与实践》针对高中语文教学中学生逻辑思维发展存在的因素进行了阐述，比如教育指导思想的淡化，教材内容的制约，教师素养的限制。

最后，部分研究者提出了培养学生逻辑思维的方法。陈军在《如何在语文教学中培养学生的逻辑思维》中指出语言是思维的现实，语言与思维密不可分，并且从三方面提出了相应的教学策略。

三、理论基础

（一）皮亚杰的认知发展理论

皮亚杰认为学生各阶段的认知发展水平是相对稳定的，由认知结构来决定学生的行为。皮亚杰把儿童思维发展分为四个阶段。在形式运算阶段学生形成了与成人思维接近的思维形式。这种思维形式，可以摆脱具体的事物，根据假设来进行逻辑推理。虽然成熟的程度还不够，但已经达到了逻辑思维运用、培养的黄金期。

（二）布卢姆教育目标分类

布卢姆等人在 1956 年把认知层次的教育目标公布出来，包括认知运动、情感运动和心理运动。它的核心目的是确保学习转化为更高层次的思考，而不仅仅是一个行为或过程。认知领域是金字塔式的发展，共分为六个层次。认知过程维度可以帮助教师明确促进学生掌握知识的阶段历程。与认知目标六层次对比可得出，逻辑思维培养需要符合由浅入深的认知目标。

四、实施策略

（一）学习绘制图表，注意思维层次

教学中用图表呈现知识，是将抽象的思维过程具体化。学生读完一篇课文，然后将课文内容以图表形式展现出来，实际上是学生由形象思维向抽象思维转变的过程。这一过程要联系学生旧有经验，进一步分类提取；系统化整合内容，把握事物本质；实现学习的迁移，达到触类旁通。

（二）尝试跨学科的延伸，拓展思维广度

跨学科学习推进语文课程与其他学科课程、学生生活之间的协调和融通，超越对知识的“点”式理解，从更高层次的知识网角度思考与应用，以进一步贴近真实情境，为生活服务。教师要有目的地建立语文学科与其他学科、语文学习与学生生活之间的内在联系，既让学生将各个学科的内容整合起来学以致用，又能保持语文课程的基本特性，以实现语文学科能力的提升。

（三）结合单元教学，注重思维深度

现行统编教材采用了人文主题与语文要素双线组织的编写体系，语文教材中每个单元之下又选取主题相近的作品，在单元目标细化后，可以帮助教师明确教学重点。在此基础上，教师对教材内容进行深入分析、弹性整合，然后构建新的知识结构，将孤立的知识要素联结起来。

推荐阅读

[1] 周国伟. 高中语文教学中发展学生逻辑思维的研究与实践[J]. 语文教学通讯·D刊(学术刊)，2020(8).

[2] 如何在语文教学中培养学生的逻辑思维[J]. 中学语文教学，2022(4).

（严梦思撰写）

77 主题演讲

一、概念界定

演讲在《现代汉语词典》中的解释是“演说、讲演”，就某个问题对听众说明事理，发表见解，是以有声语言为手段、以体态语言为辅助手段，针对某个具体问题，鲜明、完整地发表自己的见解和主张，阐明事理或抒发情感，进行宣传鼓动的一种语言交际活动。而“主题演讲”是围绕着某个主题进行演讲。

二、研究现状

主题演讲作为语文学习的重要活动，在语文课程中占有重要的地位。以“中学演讲”作为关键词的文献约 60 篇，其中有 5 篇为硕士论文。笔者在阅读这些文献后，提炼其主要观点和主张，把研究内容分为以下几类。

(一)演讲的意义

王卫红提出，演讲能直接体现语文素养的诸多的内涵，还能培养一个人的学习习惯、学习方法、人生观、世界观和价值观，是促进学生语文素养形成的有效的途径。

欧格志认为，演讲可以提高学生的写作能力和口语能力、锻炼学生的逻辑思维，还可以增加学生对社会问题的关注。

(二)对演讲活动的评价

唐月明在《三部法提高学生演讲能力》中提出，在活动结束后演讲评价的主体应该是学生和老师，由学生和老师共同评价，选出本场哪位同学演讲最佳。

王丽华在《听说读写，让语文课堂弥漫本色清香》中提出，演讲后的评价应该由师生共同完成。要对演讲的内容、语言、思想、技巧、创新等方面进行评价，可由学生先评，教师后评。王丽华还认为学生在演讲过后应该写演讲后记，通过课上教师和学生评价进行自我反思，更利于演讲水平的提升。

(三)演讲的活动形式

演讲的活动形式研究集中在语文课内和语文课外。

羊君提出，要在语文课前进行三分钟的说话训练。语文课外演讲的活动形式主要集中在演讲比赛、演讲会和时事即兴演讲活动中。刘长义在《演讲教学的一次尝试》中提出，演讲教学不仅仅包括日常每周2～3次的课前演讲，还应该在日常的演讲基础上，由学生自行组织新年演讲会和演讲比赛。

(四)演讲的内容

黄文娟在《“对课前三分钟演讲”的一些思考》中提出演讲内容应由教师确立，演讲内容需帮助学生积累考试知识，可以是古诗文、名篇名段选读或是优秀的作文。

李敏在《课前演讲策略在高三语文课堂中的运用》主张将课前演讲引入课堂，与高三课堂复习旧知相结合，可以提高学生的学习兴趣和知识的熟练程度。

三、实施策略

(一)任务型教学法的运用

教师运用任务型教学法展开教学，要认真设置教学任务，所设置的教学任务要符合科学规范。教师要在演讲的主题上下功夫，对其进行优化，选择一些与学生的日常生活相匹配的内容，调动学生在过去的生活中积累起来的已有的生活经验，在演讲开始的前期进行充分的准备，这样学生便能够对演讲的内容有一个深入的了解，保证学生在演讲时有话可说。

(二)运用“观摩—模仿—演讲”式教学方法

教师运用“观摩—模仿—演讲”式教学方法开展演讲教学能够为学生提供针对性的指导，“观摩”是模仿的开始，在这个过程中，一方面可以培养学生对演讲的兴趣；另一方面可以使学生熟悉演讲的模式和流程，为接下来的学习做准备。在演讲训练中采取这一模式，能够较快地提升学生的演讲水平。

(三)演讲比赛

演讲时学生的仪态要端正，为了培养学生的演讲姿态，增加学生演讲的现场感，提升学生的演讲能力，教师可以在平时多组织一些演讲比赛。学生参与竞赛的过程也是一种锻炼的过程，学生日常的积累也会在一次次的锻炼之中内化为自身的本领。

推荐阅读

[1] 尤炜. 抓住“针对性”教演讲——统编《语文》八下第四单元编写说明及教学建议[J]. 语文教学通讯，2019(11).

[2] 黄干. 中学语文教学中的演讲辞研究——从“课标、教材、教学”三位一体的角度[D]. 西南大学硕士论文，2012.

[3] 羊君. 提升语文素养，从课前三分钟演讲开始[J]. 语文教学通讯 · D刊(学术版)，2015(1).

（郑晨慧撰写）

78 跨学科视野

一、概念界定

跨学科指基于学科，但要超出单一学科的研究范围，将注意力集中在对复杂问题或课题的整体认识和解决上，根据实际中的问题进行研究和解决，拥有明确的、整合的研究方法和思维方式，在实践中促进新的认知。所以，跨学科是对传统学科的边界进行突破，以实际问题为基础，对两个或者两个以上学科的学习和研究进行综合，同时还强调所跨学科在学理、思维、逻辑和技术等方面要建立起一套新的研究体系和研究机制。这与多学科交叉有着根本的不同。

二、研究现状

20 世纪 80 年代中期以来，国内交叉学科的研究有了一定的发展。1985 年 4 月，在北京举行了第一次国际交叉科学研讨会，以钱学森、钱三强、钱伟长为代表的科学家在研讨会上发表了演讲，并出版了《迎接交叉科学的时代》，为推动国际交叉科学作出了巨大贡献。1985 年，刘仲林在《未来与发展》期刊上以《跨学科学》的形式对跨学科的若干基础问题进行了较为系统的讨论，而他在 1990 年出版的《跨学科学导论》中对"跨学科"的概念、"跨学科"的方法、"跨学科"的概念等做了较为详尽的阐述。21 世纪以来，国内陆续出现了一些研究机构和组织，"跨学科"的概念也逐渐在国内普及。

国内的跨学科研究大部分集中在高校领域，如程静的《高等教育中的跨学科研究及其对跨学科高等教育研究的启示)、李丽刚的《中国高校跨学科研究的发展研究》、陈琼英和曾波的《高等教育研究反思：从多学科走向跨学科》、刘楚佳的《高校跨学科专业发展探讨》等。在中小学教育领域，论述语文学科的跨学科已有探索，如王立的《浅谈语文跨学科学习的特性》、刘建的《让语文跨学科学习更精彩》等。不过有许多研究仅仅是围绕语文学科当中的某一方面来谈跨学科，没有从整体上将跨学科融入语文教学，如汪敏的《高中文言文跨学科教学研究》、石萍的《小学语文跨学科作业的设计策略》等。还有具体指出与某一学科展开跨学科教学活动的。跨学科教学只有体现在语文学科的各个方面，从教学目标、内容、方法、评价等具体步骤开展，才能充分发挥其综合性特色，为学生全面而有个性的发展助力。

三、理论基础 >>>>>>>>

20 世纪前半期风靡一时的先进教育思想，对于今天的教育改革有着深刻的影响。进步论对学习的性质进行了再认识，强调“人”的主体性，从学习者自己的认知中获得经验，建构学习的意义，强调以儿童为中心，将课程与社会和生活联系起来，强调合作探究的精神，重视实际问题的解决，从而确立了一种全新的课程观念、教学观念、学生观念和教师观念。早期的课程整合与进步教育思潮有着密切的联系，进步教育协会秉承的教育理念，发起“八年研究”，直接促进了对核心课程进行模块式教学的整合；“泰勒原理”以及著作，对我国高校课程改革、课程整合等具有重要的借鉴作用。

四、实施策略 >>>>>>>>

首先，一线语文教师可以进行线索整合教学：通过线索的获得，线索的分解，线索的应用及案例进行跨学科学习；其次，在项目式学习中通过跨学科整合教学中项目式学习的规划与设计和跨学科整合教学中项目式学习实践案例来推动跨学科的发展；最后，还有以概念为本的教学和主题式教学等方式推动跨学科的融合。

推荐阅读 >>>>>>>>

[1] 谢丽，李春密．整合性 STEM 教育理念下的课程改革初探[J]．课程·教材·教法，2017(6).

[2] 雷军训．跨学科教育促进核心素养的培育——基于芝加哥艺术馆历史与美术融合教学的课堂观摩[J]．课程教学研究，2019(7).

[3] 饶丹，沈晓敏．指向人文底蕴素养的跨学科课程研究——以融合美术、语文、德育为例[J]．课程·教材·教法，2020(2).

[4] 陈娟. 跨学科视野下的语文教学研究——评《语文教学设计》[J]. 语文建设，2021(24).

（周艺柯撰写）

79 插 图

一、概念界定

插图是一种流行的、通俗的艺术表现形式，广泛应用于各个领域。最早的中国和西方插图与书本联系在一起。中国自古以来就有“有书必有图”的说法。中国的书籍和绘画是紧密相连的。最初的图画由人类的双手完成，因此被称为“插图”。《美国百科全书》(1988 年修订版)认为，插图可以被认为是将内容形象化表达后所呈现的形式或只是为了满足视觉上的享受。

“课文插图”可以理解为课本的课文中，不包括笔记和练习，帮助学生理解课文或提供背景资料的图片，其实质是进一步补充和拓展课文内容，反映课文思想的精髓，可以帮助师生学习课文。

二、研究现状

(一)国外研究现状

国外对教科书插图的研究主要集中在两个领域：教科书插图的效果和功能。

有关教科书插图方面的研究，有学者运用分组实验对比的研究，发现学生在阅读纯文字和纯图画的读物时，都不能取得显著的阅读效果，而阅读插图和文字混合使用的读物会使学生的阅读产生更好的效果，让学生的阅读更高效。20 世纪 90 年代，美国心理学家迈尔曾对英语学习和图片做过深入的研究，经过长时间的观察和实验她发现，纯文本的英语学习，远低于将英语学习和图片结合的学习效果。此外，图片可以帮助学生理解单词的意思。

有关教科书插图功能的研究，始于 20 世纪 70 年代末，根据前人基础上的研究，莱文等人经过探究，提出了自已的观点，他们认为插图有认知功能和非认知功能，而这些功能一般主要体现在对注意力、引导、影响方面的作用。

(二)国内研究现状

相关研究主要集中在插图的功能、插图的分类和插图的应用三个方面。

1. 插图的功能

浦志安对此研究颇有心得，他指出插图在文本中一直都是重要部分，对文本内容的表达不言而喻，能够在文本无法表达的地方有所填补。插图能够在鼓励学生发展观察力、感知力、理解力、记忆力、表现力、审美能力和学习态度等方面发挥重要作用。

黄真金、周莉欣提出，位于教材中的插图在补充和解释文本内容的基础上，能够发挥激发学生想象、提高学生审美品位、唤醒学生等功能。

2. 插图的分类

根据插图的位置分类，黄真金和周莉欣将插图分为正文中的插图，以及插图单独分布在一页上，根据插图的抽象程度，可以分为真实对象、描绘和卡通。康树林、陈瑶、叶瑞烽认为，根据插图的内容进行分类，主要可以将插图分为两类：一类是对实际客观事物复刻的真实插图，另一类是按照真实图片描绘的插图。

3. 插图的应用

张德松认为插图在语文教学中最主要的功能是能够培养和提高学生的能力。

三、实施策略

在教学中，教师要善于开发与运用插图，使之成为教学过程中的活水，为学生的中文学习提供润滑剂、催化作用。

(一)上课伊始

1. 产生兴趣

课本插图丰富多彩、生动，特别容易吸引学生的“眼球”。

2. 感受文字

许多文本插图是文本的浓缩内容或文本关键点的表示。教师让学生在课前观看这些插图，能够让学生借助插图抓取文章的关键信息，或是利用直观感受对文本有预先的理解。教师可以设计一系列的问题比如“这幅图给你怎样的感受”，引导学生走入插图；或者教师也可以补充图片，和本文的图片形成整体，拓宽学生的眼界，让学生能够更全面掌握文字的内容，带有多张图片的文字，更有利于学生掌握文字的主要语境。

3. 引发冲突

语文教材中的插图一般描绘文章的“高光景色”“高光人物”“高光时刻”，而这些往往也是体现文本冲突所在的重要部分，是教学的重点所在，教师引导学生观看插图、关注重点，激发学生的阅读期待。

（二）在课堂上使用

1. 为关键词的理解和感知提供支点

一些学生受自身思维所限，对于文字所表达的部分内容很难感知，而对于插图这种更为直观的表达形式，更容易感知和理解。教师如果指导学生看插图、图文对比，就能使学生轻松理解课文的内容。

2. 再现经典镜头，深化文本主思想

在课堂上，教师适度引导学生体会插图，品味经典，有助于文本主题和人物的塑造。

3. 为想象中的口语和写作创造情境

加强阅读图、说、写的训练，能够为学生的表达交流以及练习写作创设情境，让学生能够产生真实的感受，顺利地表达自己所看、所听、所感。

（三）课下使用

1. 创建插图

新课程鼓励我们以各种形式和内容为孩子准备创新作业。

2. 解释插图

让学生在课后口头或书面解释插图是另一种形式的创新家庭作业。

推荐阅读 >>>>>>>>

[1] 刘淼，罗方，彭涛．语文教材插图效应及其在语文教学中的应用[J]．语文建设，2005(11)．

[2] 刘真福．初中语文教材插图科学性与适用性研究[J]．课程·教材·教法，2016(1)．

[3] 黄凯．语文教材的插图叙事与教学空间的生成[J]．课程·教材·教法，2021(4)．

（董佳佩撰写）

80 范文系统

一、概念界定

范文系统是根据课程标准中定义的选择标准或原则选择的一系列课文，它是语文教学的重要载体和材料。

二、研究现状

我国学者对于语文教材中范文系统的研究，主要集中在以下几个方面。

（一）选文标准

教材中的选文作为教材最为重要的一部分，不仅是语文教材质量的决定因素，还是其他系统的核心，更是教学的重要凭借，因此它是语文教育界一直以来的研究重点。肖纯认为品质兼美是教材选文最基础的标准，同时选文也应是学生学习语言文字的范本，他还建议教材选文应注重时代的选择和品位，关注时事和当下。王晓霞深入思考了中国教科书中“品质兼美”的一贯标准，认为“品质与美”不应该是唯一的标准。

（二）选文价值取向研究

教材选文的价值取向对学生正确的世界观、生活态度和价值观的培养起着重要的作用。因此，关于教科书应该遵循什么样的价值观的研究一直持续深入。何文胜认为教科书的价值取向一般可以按照：个人、家庭、社会、国家、民族、世界、自然因素分为七类。

（三）选文类型

语文教材中的选文数量繁多，如果能抓住选文的主要特征，就能让纷繁复杂的选文归类。顾黄初从文体角度出发，进行了划分：

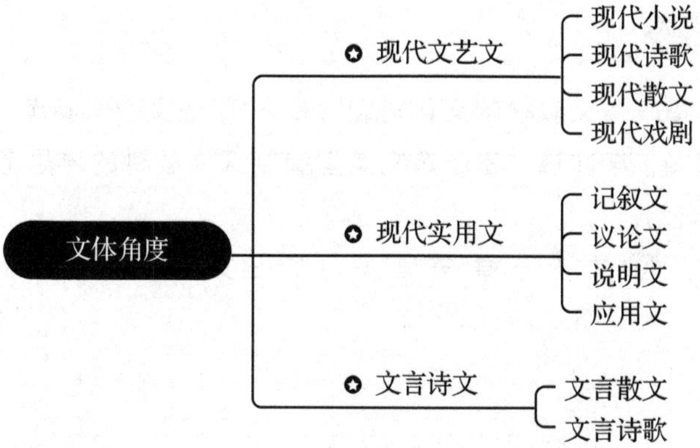

王荣生从教学功能划分选文，根据课文的功能把课文分为定篇、例文、样本、用件四种类型。这种分类标准根据选文的不同功能提出了新的分类概念，使语文教学能够更顺利地进行，这对提高教学质量作出了贡献。

三、实施策略

(一)提高将范文系统的知识转化为教师行动的能力

与以往版本教材相比，统编版的语文教材中各篇课文在组织和主题表现上有了很大变化。在单篇课文的组织上，采用了双线组合的结构，在内容上，融入了社会主义基本价值观，不仅强调了单篇课文对形成德育的教育功能，也注重发挥单元教学对于学生整体性知识学习的建构作用，以及将单元整体视为完成学习任务的资源。

(二)摒弃一言堂的模式，尝试单元整体教学

在如今教材改革和新课程标准的趋势下，单元教学越来越成为教师实现教学目标的重要手段。教师应注意单元选文的有机整体性和联系性，分析单元选文之间的联系，创新运用手段和方式，整合单元资源、单元教学，以此实现单篇和单元的教学重点。

(三)创设教学情境，注重启发和激励，引导教学

语文教学无法离开创设情境，创设好的情境能起到良好的促进作用。学生在良好的情境中受教育，才能置身于保持良好学习动机的氛围中。

推荐阅读

[1] 王本华. 语文教材的文化建设[J]. 中学语文教学参考，2006(8).

[2] 王相文，李冲锋. 基于选文类型编制语文教材的再思考[J]. 中学语文教学，2014(2).

[3] 何源. “文质”应一律“兼美”吗[J]. 语文建设，2018(28).

（董佳佩撰写）

81 知识系统

一、概念界定

王乃森和屠锦红在前人的研究上提出了他们自己的看法，他们的研究是建立在新型理论基础之上的，提出将语文知识系统分为“语文形式”和“语文内容”两大类。同时，在许多著作中，“语文知识本身就是一个系统，而且必须是个系统”，成体系的知识内容进入教材，对于知识系统来说是必要的，为教师的教和学生的学提供了有利的基础，也是知识转化成能力的基础和前提条件。

语文的具体知识只有在有序的、有规律的知识体系中才能得到体现。同时，语文知识体系要以具体的、有价值的知识为基础，能够反映知识之间的内在关系，使教学有序进行，以形成学生的专业知识。因此，语文教材中的知识体系包括听力、阅读和写作方法、文学风格、语言和文学、审美和情感等方面的隐性知识。

二、研究现状

近年来，语文教材的知识系统一直是学术界研究的热点。许多学者都对此开展过研究，并且从自身的角度和立场提出了不同的观点，首先是这些研究者所受教育程度和学习的知识不同，其次是研究者在研究过程中关注的方向存在差异。专著研究与文献研究都实现了专业和深刻的共存。

（一）相关专著研究

顾黄初和顾振彪认为知识体系由听说读写方法、文体知识、语言知识、逻辑知识和文学知识组成。

（二）相关文献研究

荣维东通过分析加利福尼亚的语文教材《文学：读者的选择》提出语文教

材的知识包括四种知识：陈述性知识、策略性知识、程序性和实践性知识。然而，我们的语文课程知识存在着过时的陈述性知识，还缺乏程序性和策略性知识，因此，为了在未来完善语文课程知识体系，需要积极实施、组织和发展有效的古今的语文知识。

王畅在前人刘淼、韩雪萍等的相关理论研究的基础上，对语文教材进行了深入的研究和分析，提出自己的见解，将语文知识分为“学科学语文知识”与“认知学心理知识”。

张学进对初中语文教材的知识做了全面的整理。根据前人研究成果，构建了“三维 N 项”研究框架。三个维度分别指：知识导向、知识性质、知识分布。这个三个维度下又包含若干知识分支，比如导向维度：语文的基础性知识、读写知识等；分布维度：单元提示、预习提示、选文、阅读提示、课后练习、阅读写作、侧批注释、写作、口语交流、名著介绍、综合学习等。

三、实施策略

（一）读写结合

根据对语文教材中的对知识系统的梳理，可以看出，语言学、文学和散文学的知识体现在所选文本中。事实上，所选文本作为示例包含在教科书中，正是因为它的一个方面与知识单元的重点相匹配。以第一卷七年级第一单元为例：经典课文《春天》使用了大量的比喻句；《济南的冬天》有生动的拟人化句子；《雨的四季》在修辞手法方面主要运用隐喻和比喻，此外还利用视觉、嗅觉、触觉来描写景色；《古诗四首》也是山水画的优秀作品。入选的文章都用相似的写作手法来描写风景，传达作者的感受。

（二）化知为能，授之以渔

教师在教授语文知识时，要尽可能教给学生策略和方法知识，教他们如何学习，切实提高他们的听、说、读、写等有利于个人发展的能力。部编版的语文教材特别注重程序知识、阅读策略、写作策略等，这有利于学生自主建构知识。教师要注重对学生学习知识方法的培养，营造氛围、创造条件，促进学生将学习的知识转化为能力优势。

（三）避免遗忘，有效练习

学生学习语言文字的经验，需要在日复一日的学习训练中获得，培养建构和运用知识的能力，有效的练习和记忆不可或缺，教师要引导学生使用正确的练习方法和记忆方法，避免无效训练、过度训练。

推荐阅读

[1] 靳彤. 不可化约的语文方法性知识——兼评统编本初中语文教材[J]. 课程·教材·教法，2018(4).

[2] 陈罡，黄伟. 厘清与架构：语文知识逻辑系统初论[J]. 课程·教材·教法，2019(9).

[3] 李晓. 如何构建语文口语交际学习的知识系统[J]. 语文教学与研究，2020(8).

[4] 向瑞. 语文知识研究的层级、基底与方向[J]. 语文建设，2021(12).

（董佳佩撰写）

82 练习系统

一、概念界定

顾黄初和顾振彪认为：练习系统是依据课程目标或其他的目标，有计划、有目的地设计用来进行练习的一组题目，这些题目的组合就是练习系统。张中原和徐林祥认为，练习系统是依据语文课程标准和教学目标而制定的，在学生学习过程中帮助学生巩固和复习所学知识，能够促进学生所学知识的迁移和向能力转化，以提高学生的核心素养。因此，根据上述学者的看法，练习系统可以定义为以语文课程的标准为基础，充分考虑学生的身心发展、学习的规律，语文专家在每本语文教材中准备了适当的练习系统，以巩固和提高学生的知识和技能。

二、研究现状

中国学者对中国教科书实践体系的研究主要集中在以下几个方面。

(一)关于练习系统在语文教材中作用的研究

练习系统作为语文教材的重要组成部分，一直是学者研究的重点。王荣生提出，语文教学应该只是把课文当作教学的载体，而不是作为教学的全部内容。同理，练习系统只是语文教材的一个组成部分，能够为学生的学习提供指导，为教师教学提供凭借，帮助教师将教材内容转化为课堂内容。张中原和徐林祥指出，语文练习系统也称语文实践系统或语文活动系统，是指教材中根据课程和学习目标，有组织、有计划、有目的地帮助学生复习和巩固知识，实现知识和能力的转化，提高语言技能，组织不同的思维和学习内容的系统。这个定义实际上是对练习系统的一般描述。

(二)有关语文教材练习系统分类的研究

顾黄初和顾振彪认为可以将练习分为三种类型：应用练习、记忆练习和理解练习。在他们的著作中，对这三种练习都进行了深入浅出的阐述。

有人利用安德森二维客观分类的知识维度来分析练习系统。例如，齐明鑫依据安德森的观点，认为可以将练习系统大体上分为四类，分别是：事实性练习、程序性练习、概念性练习、内省和认知性练习。

(三)研究语文教材练习系统的设计和使用

练习设计应该特别具有启发性，这是教材在设计练习系统时需要注意遵循的一个重要原则。无论是教材编写人员或是教师，在设计练习系统的时候一定要能对学生的学习有所启发。张志公提出语文教材中练习系统应体现以下特点：开放性、启发性、程序性、基础性。顾振彪和顾黄初提出，在教材编者在设计语文教材中的练习系统应考虑三个方面：一是练习系统要具有灵活性；二是练习系统要有内在的逻辑联系，各个部分有所衔接由易到难，兼具针对性；三是练习系统要有多种类型，能够满足不同学生的多种需求，有利于教师的教学引导和教学目标的实现。

(四)研究语文教材练习系统的衔接

不同年龄段学生的学习过程呈现出不同的特点，但是学习过程却是呈螺旋式上升的，每个过程阶段都应有所衔接，相应的语文教材练习系统的设置也要考虑整体性和相应的衔接。

刘思思在其硕士论文中，以练习系统的衔接性为基点，主要分析了初高中语文教材练习系统的类型、内容和训练点，进而提出了优化初高中语文教材中练习设计和使用的一些建议。其中，将听、读、写练习点联系起来的研究尤为新颖。

三、理论基础 >>>>>>>

(一)桑代克学习三定律

练习系统的理论来源主要集中在教育学和心理学领域。最具代表性的是由美国心理学家桑代克提出的学习的三大定律：效率定律、实践定律、准备定律。该观点最能支持练习系统，认为反复练习和反复运用，能够促进建立刺激和反应之间的关联，增强练习的效果。

(二)杜威实验主义

杜威认为教育的本质是经验的更新和优化，主张设置有趣的作业，让学生边做边学，以加强学生的学习效果。

（三）布鲁纳学习理论

从认知心理学的角度来看，布鲁纳强调了训练和发展儿童的直觉思维和创造力的重要性。从其研究能看出，练习应该是有目的的、有选择性的。他的研究为练习系统的研究和发展奠定了良好的基础。

四、实施策略

（一）改变教学理念，注重单元的整合

统编语文教材的编写是以新课程标准为基础的，因此，教师应掌握课程标准，了解课程标准的基本内涵和建立新的使用教材练习体系的理念。在教学设计的过程中，教师可以通过相关的学习目标和教材教学总目标来确定某个单元的学习目标、重点和难点，并通过相应的单元学习来实现。

（二）灵活使用任务，创设真实的情境

情境中的语文学习应该通过活动来完成，而活动也应该在情境中进行。在课堂实践中，这种活动应该是在所学单元的背景下进行的学习任务。所以，语文教学需要明确自己的教学内容，深入研究教学的不同单元以及与之相关的学习任务。如此，教师才能灵活地掌握和运用教材，构建真实的活动情境。灵活把握单元学习任务，就是我们可以使用相应的阅读系统，根据学习情况和对其任务的要求，适时进行调整。

（三）明确任务要求，及时进行评估

教师在使用教材的练习系统时，首先应明确任务要求，以此作为保证学习效果的基础，不要求学生做不必要的工作。其次，在学生解决任务时教师应及时对学生进行评估，在学生完成教师布置的作业任务后，应及时给予反馈。最后，练习应该是多样的，教师的评估方法也应该是多元的。

推荐阅读

[1] 郑桂华．语文教材训练系统的功能与结构——使用新教材的一个视角[J]．语文教学通讯，2005(14)．

[2] 顾之川．人教课标教材“研讨与练习”类型与设计意图[J]．语文教学通讯，2010(7)．

[3] 慕君，石芳砚，周雪菁．统编本小学语文教材阅读练习系统多维分析[J]．语文建设，2019(6)．

[4] 郭燕萍. 统编版初中语文教材课后习题的改进[J]. 语文教学与研究，2021(2).

（董佳佩撰写）

83 思考探究

一、概念界定

“思考探究”是中学语文教材的板块之一，属于语文教科书练习系统。“思考探究”的内容主要是围绕课文的学习、理解，落实单元教学价值及文本价值，一般是考察学生对课文的整体理解，在每篇课文设置3道习题，习题呈递进关系，通常第一题要求学生先从整体认知课文，第二题要求学生能从局部探究课文，第三题以更微观的角度，考查具体知识点。“思考探究”的设置有内部的逻辑性和层次性。“思考探究”板块是教学重难点的提示，能够帮助学生迅速掌握相关知识点，培养自主学习方式，提升参与实践的素质。

二、研究现状

“思考探究”板块作为练习系统的一部分，出现以此为对象的文献较少，多在单元学习活动、练习系统等研究中出现。

首先是“思考探究”的编排、价值研究。如郑桂华提出“思考与探究”的学习活动既是对“预习”环节所提问题的回应和深化，同时，又是引导学生读懂文章、把握重点学习内容的关键路径。

其次是“思考探究”的教学、使用研究。如路亚存提出巧用“思考探究”，丰富课堂教学；重用“思考探究”，指导自主阅读；凭借“思考探究”，检测教学效果的教学建议。

三、实施策略

(一)巧用“思考探究”，丰富课堂教学

教师要根据习题要求，带领学生完成理解性背诵。“思考探究”提出对朗

读和背诵的要求，能提示教师如何布置课后任务。教师要创设情境，激发学生的阅读兴趣。“思考探究”中很多涉及情境的问题，教师可以借助多媒体，通过图片、影音等形式创设合乎本节课的具体情境，以情境带动学生思考。

（二）重用“思考探究”，指导自主阅读

“思考探究”板块涉及本课的学习重点，在学生的学习中具有指向作用。学生以“思考探究”的习题为指引，可以明确自主阅读的方向和任务。如《黄河颂》中“思考探究”第一题“诗人从哪些方面赞美了黄河的英雄气魄”，点明学习重点是找出代表黄河英雄气魄的诗句并归类，帮助学生自主阅读课文。

（三）凭借“思考探究”，检测教学效果

“思考探究”应着重检验学生的学习效果。教师以“思考探究”为载体，检验学生对教学内容的掌握程度和课堂上学习情况，获得教学的及时反馈，利于把控教学进度。

推荐阅读 >>>>>>>

[1] 郑桂华. 部编本语文教材单元学习活动的特点及教学建议——以七年级上册第一单元阅读部分为例[J]. 天津师范大学学报(基础教育版)，2019(3).

[2] 路亚存. 部编版初中语文教材古诗文练习系统的运用策略研究[J]. 新课程，2022(23).

（刘茹梦撰写）

84 积累拓展

一、概念界定

“积累拓展”是中学语文教材的板块之一，属于语文教科书练习系统。“积累拓展”类的习题就是让学生在“思考探究”的基础上能够进行相关知识的积累和拓展。习题通常设置两道题，一般一道是课内知识的积累，让学生赏析课文的语句；另一道是和课文的内容紧密相连的课外知识的拓展。“积累拓展”可以分为以下几类。“背默积累类”主要是包括背诵文章段落、背诵选文内容、积累笔记等，引导学生丰富语言的积累。“理解鉴赏类”主要包括古诗文中的加点字理解、字词句赏析、文章段落辨析，品析字词感悟文章的语句之美。“方法习得类”以多种阅读方法、写作方法的引导为主要内容。“课外延伸类”由文本链接课外同一个主题、同一种类型、不同的作者或者同一个作品集中的其他文章的阅读，以此来巩固学生对课文内容的理解。

二、研究现状

首先是“积累拓展”的编排、价值研究。如任梦丽提出调查教师、学生对“积累拓展”板块的使用情况，从现实问题出发并联系教材，分析该板块的类型，提出连接前后文本、二次开发整合等教学策略。

其次是“积累拓展”的教学、使用研究。如王伟在《用好“积累拓展”，提高学习效率——以统编本八年级上册〈苏州园林〉为例》中提出“积累拓展”重在落实语文能力要点，在理解课内文本的基础上，引导学习向课外拓展，并通过特定的语文活动，有效整合语言材料和言语经验。①

① 王伟：《用好“积累拓展”，提高学习效率——以统编本八年级上册〈苏州园林〉为例》，载《中学语文教学》，2019(8)。

三、实施策略

(一)理智确定“积累拓展”板块的教学内容和教学方式

“积累拓展”板块内容较为复杂，对学生记忆、鉴赏等能力要求较高。这也要求教师根据学情和教学目标等理性取舍板块内容，确立合适的能力训练点，并选择合理的教学方式。

首先，教师要做好取舍，创新性运用课本资源，既可以完全按照教材规划，也可以减少或增加部分内容，更可以在原有基础上加以改造，使之更富新意。教师要根据学情和个人能力采取不同的取舍方式，以配合本班的教学计划。

其次，教师要重视学生的能力培养。知识的积累是较容易的，然而能力的提升更需要教师的重视。教师应该以“积累拓展”为抓手，多维度提升学生的能力素养。

最后，以语文活动引导，促使学生主动学习。活动是语文课堂的重要组成部分，通过该环节开展能调动学生积极性的活动，让学生主动参与课堂教学，活跃课堂氛围。

(二)着重优化“积累拓展”教学成果的评价标准

训练需要评价，教师应灵活使用多种方式评价学生成果，并重视评价的过程性，以激励性评价为主。

评价方法是评价的手段，教师在实际教学中应根据教学目标、学生发展水平和班级实际情况选择最适合的评价方法，以达到理想的评价效果，并在评价时关注学生个体差异，实现多元发展。

推荐阅读

[1] 王本华. 统编初中语文教材的阅读设计与教学实践[J]. 语文建设，2018(16).

[2] 王伟. 用好“积累拓展”，提高学习效率——以统编本八年级上册《苏州园林》为例[J]. 中学语文教学，2019(8).

（刘茹梦撰写）

85 助读系统

一、概念界定

助读系统是推动学生进行自主学习的辅助性资源，是语文教材中不可或缺的存在。关于助读系统，不少学者都做过领域内的相关定义。如朱绍禹在指出，助读系统是对学习要求、学习重点和学习方法的提示，也包括对某些疑难问题的诠释和对相关资料的引述，具有重要的“助学”功用。它是语文教材中特设的一系列提示本单元或本篇课文的主题思想、学习目标，诠释疑难点，补充相关阅读资源的辅助性和拓展性材料，旨在为学生的自主阅读提供有效的抓手，帮助学生扫除基本的阅读障碍，完成对文本的初步感知。

统编语文教材中的助读系统类型多样、要素齐全，大致可归为“提示类”“注释类”“图像类”“补白类”四种。不论哪一类都导向学生的自主学习和教师的辅助指导，是重构课堂组织形态、培养和提高学生自学能力的重要支架。

二、研究现状

统编语文教材为凸显学生学习的主体地位，构建了多层次的助读系统，力求从内容和形式上双向满足学生自主学习的需要。关于助读系统，相关学者主要从以下几个方面进行了研究。

首先是关于统编语文教材助读系统某一构成要素的研究。“助学系统，包括单元提示、预习、阅读提示、注释、课后练习、写作技巧的点拨、探究性学习指导、阅读链接”①，有不少学者把研究的焦点集中于某一单个要素。如郝婵娟对统编初中语文教材单元导语的编写情况、类型及其功能等进行了系统的分析，并基于个人思考展开了编写方面的评述并提出建议。

① 王本华：《从八大关键词看“部编本”语文教材的编写理念》，载《课程教学研究》，2017(5)。

其次是关于统编语文教材助读系统与其他版本语文教材助读系统的对比研究。关于语文教材助读系统的比较研究多表现在将现行的"统编"语文教材助读系统与"一纲多本"时使用的各种版本的语文教材助读系统进行对比，多是从助读系统的结构和具体构成要素方面展开比较，如郑悦的《现行统编本与苏教版初中语文教科书助读系统比较研究——以七、八年级为例》，夏晨阳的《统编版与人教版初中语文教材补白比较研究》。

最后是关于统编语文教材助读系统的使用策略的研究。如徐蓉结合具体篇目，从单元导语、课文插图、预习提示、阅读提示和旁批五个方面，阐述统编语文教材助读系统的使用策略。另有杨凯冰以七年级下册《紫藤萝瀑布》为例，从全面把握语文学科的育人价值、深入理解语文核心素养和厘清单元内部组织结构三个方面向读者说明应如何正确地解读和使用助读系统，以确保语文教学精准指向学生的核心素养发展。

三、使用策略 >>>>>>>>

(一)巧借助读系统，确定教学目标

1. 借助单元导语，确定单元目标

统编初中语文教材的单元导语部分包含两方面的内容要素，一是对属于该单元的课文主题进行提炼，并对课文所具有的人文价值做铺垫性的说明；二是设置了专门的阅读方法指导，为教师有效地"教"和学生高效地"学"指明了路径。教师在确定教学目标的时候，可预先研读单元导语的内容，提炼出本单元的整体教学目标，以统领整个单元的阅读教学。

2. 借助预习提示，确定教读课目标

如果说单元导语服务于本单元的目标设定，那么教读课文的预习提示就引领着本篇课文的教学方向。教师在确定过单元教学的主旋律后，可以参照课文前的预习提示进一步细化课文的教学目标。如教师可根据七年级上册第二单元《散步》的预习提示"内容好像比较浅显，但仔细品味，会感觉到平常生活中流淌着的亲情"[①]确定本课的教学重点为"反复品味、揣摩语言，体会作者情感"。

3. 借助阅读提示，确定自读课目标

"阅读提示"是自读课文独有的一个板块，它紧随自读课文其后，"配合单

① 《义务教育语文教科书七年级上册》，23页，北京，人民教育出版社，2016。

元重点或选取文章的独到之处进行指导”①。阅读提示的第一段一般是对课文内容的精练概括，让学生先对课文进行初步的感知；或者对文章的独到之处如写作手法、语言风格等作出鉴赏式的评论，以彰显文本的艺术特色。所以教师可引导学生关注阅读提示，从中抓取课文的核心内容，继而明确此篇课文的学习目标，进行自读课文的自主学习。

(二)参照助读系统，设计教学内容

1. 结合思考探究和积累拓展，明确教学指向

新编教材的教读课文，包含思考探究和积累拓展两类助读系统。这些材料通常指向文章的语言特色、主题思想、表现手法和阅读策略等，且以任务设计的形式驱动学生思考，激活学生思维，促使学生深入探究文本意蕴。教师可以在学生初步感知课文后，借助课后的助读系统确定教学重难点，深化内容设计。根据这段文字阐述，教师可以确定本节课的核心内容以及方法路径，即带领学生采用“对比阅读”和朗读的方法探究文本的感情基调。

2. 关注课后“补白”，明确本课内含的语文知识

统编初中语文教材按照“人文主题”和“语文要素”两条线索组织单元结构，兼顾了语用能力培养和人文素养提升两方面的共生关系。一些必要的语法、修辞知识则以补白的形式出现在课文最后，体现知识的“随文学习”，这有效避免了知识的枯燥学习和过度的机械操练。教学过程中，教师要特别关注教材中语文素养构成的知识点和能力点分布，把握教材“干货”，配合课文教学，努力落实“一课一得”。

七年级上册“人文主题”与“语文要素”

		第一单元	第二单元	第三单元	第四单元	第五单元	第六单元
人文主题		四时之景	亲情之爱	学习生活	人生之舟	动物与人	想象之翼
语文要素	学习策略与能力	朗读一：把握重音和停连；品味语言，体会修辞	朗读二：把握感情基调，注意语气、节奏；体会作者情感	默读一：一气呵成，保证阅读的完整性和速度；把握文章内容	默读一：一气呵成，保证阅读的完整性和速度；把握文章内容	默读三：学做摘录；概括中心思想	默读时：快速阅读；发挥联想与想象，深入理解课文

① 朱芳：《统编初中语文自读课文助读系统使用现状及对策》，载《课程教材教学研究(教育研究)》，2021(7)。

续表

七年级上册“人文主题”与“语文要素”							
		第一单元	第二单元	第三单元	第四单元	第五单元	第六单元
语文要素	语法修辞知识	比喻、比拟、名词	词语和语境，敬辞与谦辞	动词、同义词	词语的感情色彩；形容词、反义词	数词和量词	代词

(三)有效区分课型，选择教学方法

统编初中语文教材有意加大了课型的区分程度，每单元的阅读教学分为“教读课”与“自读课”，两类课型的明显区分标志是助读系统的配置不同，而不同课型的教学方法隐藏在各自的助读系统中。

统编初中语文“教读课”与“自读课”之助读系统对比								
	预习	注释	旁批	阅读提示	思考探究	积累拓展	读读写写	补白
教读课	√	√			√	√	√	√
自读课		√	√	√			√	√

如前义所说，每单元的单元导语部分，既提炼了本单元的人文主题，也对阅读单元课文所需要的方法、策略进行了提示，不管是教读课还是自读课，都可以参照单元导语确定文本阅读的方法。除此之外，教读课文的预习提示、自读课文的阅读提示部分也特别注重阅读方法的渗透。

如七年级上册第二单元的单元导语“学习本单元，要继续重视朗读，把握文章的感情基调，注意语气、节奏的变化”；本单元的教读课文《散步》预习提示提到“朗读课文，力求读出文章的情味”，都明确指出了具体的阅读方法。因此，教师可以根据教材提示，采取适合的方法引导学生深入文本。学生在学习过一种方法后也要懂得类比迁移，实现方法的高效应用。

推荐阅读 >>>>>>>>

[1] 朱绍禹. 中学语文课程与教学论[M]. 北京：高等教育出版社，2005.

[2] 杨凯冰. 统编教材助读系统的解读路径与教学策略——以七年级下册《紫藤萝瀑布》为例[J]. 语文建设，2022(13).

（王艳玲撰写）

86 单元导语

一、概念界定

“单元导语”由“单元”和“导语”两个词语构成。所谓“单元”，《现代汉语词典》对其的解释为“整体中自成段落、系统，自为一组的单位(多用于教材、房屋等)”。教材单元即教材的基本组成单位，指教材按照一定的分类标准协调好单元内的各要素，使其构成一个有机整体；“导语”原指新闻术语，位于新闻的开头，能够扼要地揭示新闻的核心内容。现行语文教材中的单元导语，起着统领整个单元的总纲作用。

统编语文教材中的“单元导语”是教材助读系统的主要构成要素。它语言凝练，文质优美，既能激发学生阅读兴致又巧妙地将“人文主题”与“语文要素”囊括其中，呈现出新编语文教材“双向组元”的编写体例。

二、研究现状

有关“单元导语”研究现状可分为以下几个方面。

首先是对单元导语的编排特点进行分析。如郝婵娟在《统编初中语文教材单元导语研究》中指出，统编版初中语文教材单元导语的编排呈现出语言凝练、排版简洁，体现教材结构体系，与预习、练习部分相结合的三大特点。

其次是对单元导语的教学价值进行探究。刘大鹏认为“单元导语以人文主题为主线，以落实学习目标和要求作为教与学的有效路径”①，具有统整整个单元教学的引领作用。

最后是对单元导语的使用路径进行探索。金玲在《先声夺人，渐入佳境——“单元导语”的思考与实践探索》一文中，首先肯定了单元导语的重要功

① 刘大鹏：《高中语文统编教材单元导语教学价值探微》，载《中学语文》，2021(5)。

能，其次从激发兴趣、把握训练点、找准结合点等方面对“单元导语”教学进行实践探索，为教学保驾护航。

三、应用策略

统编语文教材的单元导语具有重要的导学功能，本文将以统编初中七年级下册第五单元为例，从落实教学任务、组织学习活动、创设生活情境三个方面阐述单元导语在教学中的具体应用。

(一)提炼单元目标，落实教学任务

统编初中语文教材的单元导语呈现出“人文主题＋语文要素”的架构形式，它充分综合了单元内各篇课文的共性，高度凝练了本单元的核心任务。在教学时，教师要充分发挥“单元导语”统摄单元教学的总纲作用，并将其辐射到本单元的教学中去。

如七年级下册第五单元单元导语“本单元学习托物言志的手法”这句话从宏观上指出该单元的核心任务。鉴于此，教师可在单元导语的引领下，围绕此核心任务设计以下子任务，引导学生体会作者写景状物并借助景物寄托情志的方法，以加深对托物言志手法的理解：

(1)举例说出以往学过的哪些课文运用了“托物言志”的手法。作者借助具体事物寄托了怎样人生理想和情思。

(2)任选本单元的一篇课文，说明该篇课文是如何写景状物的，又抒发了怎样的人生感悟。

(二)选择教学方法，组织学习活动

单元导语不仅提炼了本单元的人文主题，同时明确了单元学习策略。如七年级下册第五单元的单元导语“建议运用比较的方法阅读，分析作品之间的相同或不同”明确告知学生，学习本单元可以通过“比较阅读”的方法，加深对作品的理解。教师可以组织具体的学习活动：

(1)全班同学分成两组，分别说出《紫藤萝瀑布》和《一颗小桃树》这两篇课文是如何运用对比手法的。

(2)小组合作，用画表格的形式比较《紫藤萝瀑布》与《一颗小桃树》在写法上的相同和不同之处。

(3)课下阅读宗璞的《丁香结》《燕园树寻》《好一朵木槿花》并进行比较，看看这些作品有何共同点。

(三)创设生活情境，触发真实体验

《义务教育语文课程标准(2022年版)》明确指出，教师在教学中要“创设真实而富有意义的学习情境，凸显语文学习的实践性”①。统编语文教材的单元导语，不仅对本单元的人文主题进行提炼，同时蕴含着学习情境的因素。如第五单元的单元导语“诗文中描写的景物往往浸透着作者的情感，所以我们能够在山川溪泉中听见回荡的心声，在花草树木间发现人生的影子”。这段话既是对“托物言志”手法内涵的形象阐释，又极易引发学生联想，勾起生活中以物寄寓情思的记忆。在教学《一棵小桃树》时，为使学生调动自己的情感体验感知文本意涵，教师就可以设置以下情境：德国教育家卡尔·威特认为，自然界的一草一木都可以成为生命教育的鲜活素材，自然界新诞生的一切都能教给我们无穷无尽的知识。同学们，你是否也有这样的感触呢？请同学们以“自然界的一草一木”为主题向同伴诉说，你从花草树木间学到了关于生命、关于人生的何种知识？

这样的情境与学生生活密切联系，情境中的具体事物能够引发学生调动生活经验，使每个同学都有话可说，有话想说，因此极易激发学生的表达欲望，带动学生积极参与课堂；同时也能让同学们自觉地过渡到文本的学习之中，体会和自己有过类似经历的作者在小桃树身上寄寓的情感。

推荐阅读 >>>>>>>>

[1] 陈幼芬. 充分发挥单元导语导的功能[J]. 语文教学与研究，2007(14).

[2] 刘大鹏. 高中语文统编教材单元导语教学价值探微[J]. 中学语文，2021(5).

[3] 袁莉. 紧扣单元导语要义，引导学生深度学习——以统编教材四年级下册第一单元教学为例[J]. 语文教学通讯(C刊)，2021(9).

(王艳玲撰写)

① 中华人民共和国教育部：《义务教育语文课程标准(2022年版)》，45页，北京，北京师范大学出版社，2022。

87 预习提示

一、概念界定

“预习”即学生预先自学将要听讲的功课”。“提示”即“给予提醒和解释”的意思。“预习提示”则可以认为是，学生即将学习的功课前面的对功课内容进行提醒和解释的引导性的话语。

统编初中语文教材中的“预习提示”是统编初中语文教材助读系统中一个不容忽视的构成要素，通常会提示一些与课文相关的重要信息，如课文内容、写作背景、文体知识、作者简介等，不少预习提示也会进行学习方法的指导，为学生阅读文本提供了充分的知识储备。

统编初中语文预习提示及其内容指向			
篇目	单元位置	预习提示内容	内容指向
《春》	七年级上册 第一单元	这是一篇散文，又像一首诗。朗读课文，张开想象的翅膀……	文章体裁、学法指导
《散步》	七年级上册 第二单元	课文说的是一家人散步的琐事……朗读课文，力求读出情感。	文章内容、学法指导
《论语》十二章	七年级上册 第三单元	孔子是儒家学说的创始人，被后人尊称为“圣人”“至圣先师”……	人物介绍
《藤野先生》	八年级上册 第二单元	鲁迅作品语言简洁、幽默，富于感情色彩，耐人寻味。	语言特点
《小石潭记》	八年级下册 第三单元	柳宗元被贬到湖南永州后，常常探山访水，流连于自然胜境，以排解心中积郁的苦闷……	写作背景

二、研究现状 >>>>>>>>

从整体上看，我国关于预习提示的相关研究成果比较丰富，以预习提示为专门研究对象的多为硕博论文，一些期刊主要是从预习提示的功能作用和使用策略方面展开讨论。关于预习提示的研究主要体现为以下几个方面。

首先，对预习提示编写特色的分析。这一方面的研究多出现在硕博论文中，且多通过不同版本教材的比较凸显新编语文教材中预习提示的特色。如刘稳曾将统编本语文教材与2009年人教版初中七年级上册教材的预习提示进行对比发现，认为统编语文教材的预习提示呈现出提示内容更加丰富、语言表述更亲近自然、引导方式更灵活多变三个特点。

其次，关于预习提示的内容构成和作用探究。预习提示内容丰富且功能多样，周艳在《统编本初中语文教科书助读系统研究》中谈到，预习提示在提示课文内容、介绍写作背景、介绍人物或作品、介绍文体知识、学习方法指导方面起着重要作用。其他学者也多是指出了预习提示在提示课文相关信息和学习方法两个方面的重要功能。

最后，关于预习提示使用策略的研究。陈新妮的《初中语文统编教材助读系统使用策略研究》在如何借助预习提示进行课前预习方面提出了相关策略。具体表现为根据预习提示明确预习目的、提示预习方法、思考课文相关问题、查找资料。

三、使用策略 >>>>>>>>

因此，教师要充分发挥其在辅助学生“预习”方面的作用，引导学生重视课前的预习环节，提高预习效果。

(一)确定预习目标，制定预习任务

正如前文所说，课前的“预习提示”主要聚焦“这一篇”课文的教学，通常会提示一些与课文相关的重要信息或设计一些问题引起学生思考。对此，教师可以借助预习提示给学生布置预习任务，使学生把握预习方向，提高预习效果。

如七年级上册《猫》的预习提示“一个爱猫的家庭最终‘永不养猫’，其间发生了什么事情？”“郑振铎主张文学作品要‘质朴’‘真率’。阅读课文时，要注意这个特点。”教师可以根据预习提示中的这两段话，设置预习任务：

（1）什么原因导致爱猫的家庭最终“永不养猫”？

（2）《猫》这篇文章是如何体现“质朴”“真率”的特点的？

第一个任务，从行文思路和情感的角度，教师引导学生梳理养猫的三次不同经历，并体会作者的情感变化。第二个任务，着眼于文章的语言特点，分析语言背后隐含的作者情思。两个任务都尽量贴合预习提示的编写意图，也指示学生如何自主设置预习任务，提高自学的能力。

（二）依托预习提示，选择预习方法

课前的预习提示通常会进行学习方法的指导，如七年级上册第一单元《春》的预习提示“朗读课文，张开想象的翅膀，在头脑中再现文中描绘的春景”，以及七年级上册第二单元《散步》的预习提示“朗读课文，力求读出文章的情味”，都提示师生要采用“朗读”的方法进入文本，学生就可以根据方法提示通过朗读课文，完成预习任务。

除此之外，师生还要辨别出方法所指向的学习目的，也就是要明确采用此种学习方法是为了达到何种阅读效果。如朗读法虽同样适用于《春》和《散步》这两篇课文，但《春》的朗读主要侧重重音和停连等外部语音技能的把握，目的是通过朗读更好地发挥联想和想象，再现文中优美景象；而朗读《散步》的目的则是为了更准确地把握文章感情基调，体悟作者的情感，是对上一单元朗读技能的进化与升级。因此，学生在选择预习方法时一定要明确该方法的使用目的，使方法的运用更加具有针对性。

（三）书写预习笔记，呈现预习效果

预习笔记是对教师设置的预习任务的完成情况的呈现。为进一步监测学生的预习效果，教师可以引导学生书写预习笔记，并以学生的预习笔记为参考跟踪学生的学习动态，了解学生的认知水平、学习习惯等方面的差异。因此，学生的预习笔记可以作为学情分析的一项依据，教师可以从学生的预习笔记中发现教学的重难点，以进一步确定符合学生学习需要的教学内容。

除此之外，教师还可以鼓励学生创新笔记内容和呈现方式。如学生不仅可以将教师布置的预习任务的思考答案记录下来，也可以在笔记中提出自己的困惑，或另选角度记录自己初步感知文本后的心得体会；除了记录思考所得，也可以在文章旁进行批注，或对原文内容进行圈点勾画，这些都可以使学生对个人的预习行为进行量化分析并进行自我评价和矫正。

推荐阅读

[1] 肖培东. 立足资源，浅浅教学[J]. 中学语文教学参考，2019(17).

（王艳玲撰写）

88 阅读提示

一、概念界定

“提示”是“给予提醒和解释”的意思，“阅读提示”即对课文的精要之处如课文内容、主题思想、文章体裁、作品风格、写作手法等进行点拨和说明。

统编初中语文教材为凸显学生学习的主体地位重构了新的助读系统，这体现在自读课文上便是“旁批”和“阅读提示”两类系统。“阅读提示”是自读课文独有的一个板块，每篇自读课文都附有阅读提示，在自读课文中发挥着重要的导学导教的作用。

自读课文中的“阅读提示”是由 1～3 个段落构成的提示性的话语，一气呵成地对整篇文章进行概览式的宏观体察。具体来说，通常包括三个方面的内容：对课文内容和作品特色等进行概括，对阅读方法和策略进行指导，推荐课外阅读篇目。教师应充分发挥“阅读提示”之“助学”“助教”的双重功用，重构自读空间，提高学生自读的有效性。

二、研究现状

“阅读提示”是统编初中语文自读课文特有的一类助读系统。自 2016 年 9 月统编初中语文教材由教育部推荐在全国中小学使用后，关于自读课文以及自读课文助读系统的研究就接连不断，但专门研究“阅读提示”的期刊文献相对较少，与之相关的文献多是从内容类型、功能作用和使用策略三个方面进行梳理。

首先是关于阅读提示内容的分析。“阅读提示”属于助读系统构成要素之提示类的要素，杨依婷认为“阅读提示”主要包括概括课文内容、介绍文体特点和作品风格、拓展课外阅读、提示阅读方向和方法四个方面。其他学者也多是从这几个方面进行内容分层的。

其次是关于阅读提示功能的探究。如何莹以《再塑生命的人》教学为例指出，阅读提示的作用主要体现为“提示阅读方法，辅助文章阅读；展现文章概况，揭示文章主旨；推荐阅读书籍，弘扬正确观念”。这与阅读提示的内容相互呼应。

最后是关于阅读提示使用策略的研究。大多学者对于阅读提示使用策略的探讨多集中于运用阅读提示获取重要信息，如确定课文重难点、设定教学任务、选择教学方法等。如周艳在《统编本初中语文教科书助读系统研究》中利用阅读提示生成教学目标，重构教学内容和设计教学方案。但这多停留在“读”阅读提示的浅层面，是对阅读提示所揭示的信息的被动接受，还未充分挖掘出阅读提示内蕴的核心素养指向。

三、使用策略

（一）匹配关联议题，实施“1＋X”文本联读

自读课文通常会在课后的阅读提示部分，根据课内文本的语言特色、写作风格、人文内涵等匹配适切的课外读物，助力学生完成对同类文本的驾驭。如八年级上册《昆明的雨》之“阅读提示”的最后一段：

汪曾祺的散文……如话家常，平淡自然，却饶有趣味。再找几篇（如《故乡的食物》《翠湖心影》《我的家乡》等），细细品读，体会作者散文的独特韵味。

对此，教师可以以课内自读课文《昆明的雨》为核心，以汪曾祺散文特点为议题，引导学生将《故乡的食物》《翠湖心影》《我的家乡》与《昆明的雨》进行多文本联读，异中求同，品味作者散文语言的直白平淡却又让人隐隐地感到一种恬淡、悠长的韵味。

（二）结构分解，寻找自读切口

自读课文的阅读提示，或是归纳文章内容，揭示文章主题；或是指点阅读方法，明示学生需要掌握的语文要素，对于学生如何自读起着重要的方向指引作用。在指导学生自读课文时，教师首先要提示学生对课后的“阅读提示”进行分解，将每个构造要素所涵盖的文本信息进行提炼，从中找到切入课文的正确角度。如课文《走一步，再走一步》的阅读提示：

默读课文，勾画出文中标志事件发展和描写“我”不同阶段心理活动的语

句，试着复述这个故事。

……文中爸爸帮“我”脱险的做法对你有什么启发？

从“人文主题”与“语文要素”两个角度诠释了教材双线组元的编写特点。其中，“默读课文”“勾画语句”“复述故事”从语文要素的角度提供了学法指导；“爸爸的做法对你的启发”则从人文主题的角度引导学生结合自己的生活体验，思考并践行文章所探讨的人生经验。这一阅读提示与单元导语遥相呼应，体现了明确的单元整体意识，既为学生指示了阅读方法，也予以学生深刻的思想感染。

自学活动一：默读课文，圈点勾画

(1)勾画表示时间变化和进程变化的语句，厘清文章的写作顺序。

(2)标出刻画人物心理描写的语句，体会心理描写的细腻、真实，把握人物前后心理的变化。

(3)画出有助于理解课文主旨的关键语句，探讨人生经验。

自学活动二：多种方式复述，梳理故事情节

(1)绘制表格进行复述。

(2)借助标志性词语进行复述。

(3)依托示意图进行复述。

自学活动三：多角度研读，挖掘文本意蕴

(1)抓关键语句，体会文章主旨。

(2)结合生活体验，探究课文意义。

在学生参考旁批和阅读提示进行自主阅读时，教师可提供给学生一些阅读方法(如默读课文，勾画关键语句，联系生活实际)作为支撑，并就学生在自学过程中产生的疑难问题展开小组合作、探究，助力学生完成把握文章思路、条理清晰地叙述故事情节、体会真实细腻的心理描写和获得人生启示四项自学目标，既体现了学法视角，也落实了人文主题，建构了从知识到素养转化的教学模式。

(三)“质疑”阅读提示，培养批判思维

肖培东指出，对于学生在自读过程中的主要疑惑点，阅读提示都做了简洁的回答，教师没有必要再行引导。对于阅读提示已经揭示出来的课文要点，教师让学生借助这些浅层面的信息对文章进行整体感知就好，最主要的是要引导学生质疑：你觉得课文中还有哪些核心内容是阅读提示没有提及的？你还有哪些问题是借助阅读提示尚不能解决的？你是否认同阅读提示对课文的评析？如此，便可以在无形中引导学生，“阅读乃是向文本提出问题”。教师

要想激发学生的思维，必须善于引导学生理性地质疑，勤思考，擅探究，这样才能逐步进入文本深层，走近作者，形成自己对文本的独到理解。

(四)以写促读，提高阅读质量

在以往的自读课教学中，教师虽意识到阅读提示的教学价值，但多是引导学生“读”阅读提示，借助阅读提示提炼文本的关键信息。除此之外，教师也要对阅读提示进行创新性的使用，例如让学生尝试写作“阅读提示”，以“写”促进阅读的深化。

(1)独立阅读课文。这里的“独立”不仅指学生脱离教师的指导，也是要自动“摒弃”阅读提示，以防思维受限。

(2)尝试写作“阅读赏析”，呈现阅读心得。

(3)对比原文的阅读提示，体察个人对课文的理解程度。

在学生独立写作“阅读赏析”的过程中，教师要明确，此步骤在于让学生通过写作促进文本阅读，“写”不是目的。因此，教师不宜给学生预先限定赏析的角度，可让学生自选角度写下个人的原初体验，以免造成畏惧心理。

推荐阅读 >>>>>>>>

[1] 肖培东. 学习，在自读课中真实发生[J]. 湖北教育(教育教学)，2022(3).

[2] 李玉霞，叶永忠：利用“阅读提示”，以写促读提高阅读质量[J]，语文月刊，2022(6).

(王艳玲撰写)

89 旁 批

一、概念界定

批注，即在文章的空白处添加评语，是古代阅读和写作的主要方法。我国传统的批注以炼字、修辞、文法点评为主。“旁批”来源于古代的评点，南宋时期古文评点兴起，这时古文评点多程式化，以评论文章技法为主。2017年，统编版初中语文教材在全国广泛使用，新教材中分为教读课文和自读课文，而自读课文中加入了批注部分，呈现在自读课文中的空白处。其类型多样，有揭示文段主旨、随文提问、设置任务等。

二、研究现状

（一）关于旁批类型的研究

关于旁批类型的研究，有学者分为了以下几个方面：苑萍萍结合九年级上册的自读课文中的旁批，把旁批分为提问式旁批、感悟式旁批、明确文章内容的旁批、提示写作思路式的旁批四类，她认为旁批作为重要媒介出现在自读课文中，是教材编者意图的体现。乔桂英根据旁批的类型分为鉴赏式、启思式、评点式和拓展式等。

（二）关于旁批意义和价值的研究

傅庆认为旁批既符合现在语文教学的要求、又能帮助学生养成良好的自读习惯，具体表现为旁批可以提供范例、概括提炼文章内容、提示思考阅读、让学生学会思考感悟、补充拓展课文内容。随后结合了课文中的旁批从辅助学生自学和组织语文教学方面进行了具体说明。他主要从旁批的提示、概括方面出发，分析了旁批的意义和价值。

（三）关于旁批编排建议的研究

马润伟从四个方面对旁批设计提出了建议：抓本质属性，将语文学科的人文性与工具性相结合；围绕课本主要内容，补充拓展自学资料；将语文学科的特点彰显出来，注重语言表达；构建知识体系，突出双线组元的编排特点。宋慧杰则认为旁批设计要贯穿以学生为中心的教育观念和以学生实践为出发点，从理论和实际出发。他们分别从语文教材、语文学科性质和学生自身出发，对旁批模式提出了建议。

三、教学实施策略

(一)明晰旁批功用，梳理自学意识

首先，教师要培养学生利用旁批进行自学的兴趣，让学生了解旁批的功能，明确旁批设置的价值，把握旁批设置的意图，以此更好地运用旁批进行自主学习。统编版教材的旁批为学生提供了引导性、针对性的阅读提示，有的还点出了文章的关键之处，为学生学习自读课文提供了很好的学习路径。其次，在学生自学的过程中教师要不断鼓励学生，当学生遇到困难时，教师要及时给予帮助，发挥教师的指导、点拨的作用。

(二)加强旁批训练，掌握自学能力

当学生面对一种新的课文类型时，可能处于一种茫然的状态，这就需要教师适时引导，教给学生利用旁批进行自读课文学习的方法，并且不断进行实践操作与训练。对自读课文的精彩之处、旁批所设置的关键之处，教师要引导学生有意识地进行仔细品读，将在教读课文中学到的方法用到自读课文的学习中，逐步掌握运用旁批进行自学自读课文的实践能力。

(三)抓住文本与旁批的矛盾点，找准切入点

旁批体现了文本编者的写作意图，通过旁批也可以进一步正视学生的阅读体验，所以教师要转变教学思路，让学生重视旁批的作用，通过旁批对阅读体验进行自我判断，从而重视文本与旁批的关系。同时教师也要恰当旁批，不必利用每一处旁批，而是要选择贴合本节课堂主线的旁批，使旁批达到助力文本阅读的作用。

推荐阅读

[1] 廖观阳．初中语文自读课文旁批设计的教学运用初探[D]．中央民族大学硕士论文，2019.

[2] 姚丽敏．统编本初中语文教材自读课文的旁批研究[D]．扬州大学硕士论文，2020.

(李俊撰写)

90 课程改革

一、概念界定

课程改革是指改变课程教学旧的方式，转而组成为新的课程目标、计划乃至评价，即教育领域内显著对立的新旧范式之间的划时代转换。课程改革前后的范式相互联系又相互独立。语文课程改革就是改变了以往过于注重知识传授的倾向，变为使学生养成积极学习态度和良好习惯，使学习过程成为学会学习和形成正确价值观的过程。针对课程内容、管理、结构、评价等方面进行变革，随着时代发展不断发生变化，适应于特定的时代背景与社会思潮。

二、课程改革研究现状

(一)国外研究情况

20 世纪初美国教育课程就开始了改革历程，思潮、流派争论不休，出现了钟摆现象。杜威批判赫尔巴特为代表的教育思想为传统教育，而自己的教育思想为进步教育。20 世纪 20 年代到 50 年代进行着重培养技能的课程改革，到 90 年代又不断发生变化。发展至今，课程改革的研究在秩序中不断推进。

(二)国内研究情况

我国语文课程改革开始较早，主要是受到过往历史遗留和国外先进教育思想影响，我国课程随着改革逐渐走向创生型课程，相关研究较多。目前对于课程改革的研究主要有以下几种：首先是结合当前课程改革实际提出建议，如阎静宇《语文课程改革必须走出“改课”的怪圈》，提出在长期改革实践中，背离了原本“以人为本”的核心理念，课改已经简化为“改课”，强调从学生实际出发，以学生为主体打破改课怪圈。其次是结合其他国家教育现象，为我国课程改革提出建议。如李卫东《美国教育钟摆现象及其对当前语文课程改革的启示》，就提出有时候钟摆现象并不是机械原路返回，而是在螺旋式进步，在课改中应当具备超越二元对立的思维，在开放思想中建立分级分类的推进策略。最后是以某一教学模块具体提出课程改革，如关舒文、吕立杰《整本书阅读：价值向度、现实困境与当代突围》，以整本书阅读教学为主，提出角色转变、行为转向、思维转型三个策略，改变原有课程。当前关于语文课程改革的研究以围绕课程标准等文件为主，如董小玉、李林原《〈义务教育语文课程标准(2022 年版)〉的"不变"与"新变"》等，或以改革大背景下的具体教学实践为主。

三、课程改革教学困境

(一)教师实践存在误区

课程改革随时代变化不断推陈出新。近年来新课改动作频繁，一方面教师对于具体要求尚未有深入的理解认识，另一方面教师对新版课标理解会存在不同。语文学科的课程标准发生了较大变化，如《义务教育语文课程标准(2022 年版)》加入了对核心素养的具体要求，在各个学段引入学习任务群，课程内容与课程目标模块分离等，教师教学需要及时做出相应调整变化，这为教学带来了挑战。

(二)语文课材变动较为频繁

语文课程改革中对教材的调整比较频繁，在分区统一初高中及小学语文教材后，初中语文教材进入了反复调整阶段，增添删减课文次数较多。如七年级下册旧版教材中的《最后一课》变换为《老山界》，《土地的誓言》删减一年后又加上。教材课文随时间变化而不断更新是理所当然，但短时间内反复变动，未免使一线教学陷入混乱，影响学段衔接学习。

(三)唯考试论盛行

课程改革以立德树人为要义，发挥语文学科的育人、化人功能，以培育学生核心素养为具体路径，实现语文学科人文性、工具性。但受到应试体制影响，许多教师、家长甚至学生都以升学为目标，违背了课程改革的本意。

四、课程改革教学实施策略

（一）筑牢教师认识，体现立德树人原则

在高中、初中及小学的语文课程标准中，核心素养已经成为新一轮课程改革的切入点，以之为纲领贯穿所有设计理念。需要教师反复感受“语文素养”与“核心素养”的变化与不同，是素养本位的语文课程理念的优化，能够更为具体、直观地体现在教学中。以国家战略服务为宗旨，深化、延展语文学科的育人功能，超越以往相对模糊的描述，构建了素养型的目标体系，以学习任务群形式明晰语文学习中学生关键能力的进阶路向。教师通过不断研读课标，发展自身，努力成为新课改的发力点。

（二）紧抓语文学科文化基因，以人为本

课程改革中课程的内容、形式、方法可以千变万化，教师只要紧紧把握语文学科自身的特点，发挥学科的人文性、工具性，时刻以学生为本，就能够挺立潮头。新课改愈发注重我国传统优秀文化的传承，表明新时代对文化教育十分重视，符合语文学科自身的文化基因。教师着重研读课程标准中中华传统文化、革命文化、社会主义先进文化等主题，厚植爱国情怀，培育价值取向，体现出文化育人的精神追求。

（三）加强灵活命题，以核心素养为先

近年来，为遏制“唯考试论”“唯分数论”，课程改革在考试评价上不断改善。为避免死记硬背、套路化大量刷题模式，中、高考都进行了较大变革，以灵活性多变的情境为载体，偏向考察学生整体能力。在中高考导向下，教师在一线教学实践中可以增强学生能力为主，改变评价方式，最大限度降低学生的模式化练题，增强学生核心素养，逐步实现素养型目标。

推荐阅读

[1] 吴格明．理性：语文课程改革不应缺失的价值坐标——语文课程改革的深度反思[J]．课程·教材·教法，2012(2)．

[2] 龙安邦，余文森．我国基础教育课程改革与发展 70 年[J]．课程·教材·教法，2019(2)．

[3] 董小玉，李林原．《义务教育语文课程标准(2022 年版)》的“不变”与“新变”[J]．语文建设，2022(9)．

[4] 陆志平.《义务教育语文课程标准(2022 年版)》修订的整体思路[J]. 中学语文教学，2022(5).

(杨妤婕撰写)

91 课程内容

一、概念界定

课程内容是实现课程目标的内容依托，教材内容的编写、教学内容的选择以及教学活动的实施都要围绕课程内容展开。课程内容作为课程标准的重要组成部分，面对“学什么”“教什么”的问题，语文的课程内容受制于语文课程形态。语文课程内容是一种语文经验，以语文课程目标为选择依据，课程内容又为课程目标的实现提供了现实凭借。课程目标与课程内容相辅相成，内容有赖目标指引得以生出，目标也得益于内容的支持才能达到。课程内容是课程目标表述中的应有之义，课程目标只有包含具体的课程内容才具有实践操作意义。

二、课程内容研究现状

(一)国外研究情况

课程标准是课程内容的呈现形式，课程标准的结构制约着课程内容的体现。部分学者发现美英日澳等国家对于课程标准规定课程内容范围具有一定共性，在详细程度、阶段划分、价值取向上存在一定差异。

(二)国内研究情况

我国进入21世纪以来，在一段时间内将课程内容与“教学内容”“教材内容”混淆，将内容混杂于课程目标中进行叙述，对课程内容的叙述缺乏层次性、可操作性。在新课改深入发展基础上，我国《普通高中语文课程标准(2017年修改2020年版)》以学习任务群及具体学习要求为主颁布了具体的课程内容，《义务教育语文课程标准(2022年版)》围绕三种社会核心价值文化的主题和载体形式，以三种进阶式的内容组织形式呈现。近年来我国围绕语文课程内容的研究主要包括下列几种：首先是与各国课程标准相比较研究，如杨钦芬《我国语文课程标准存在的问题及改进——来自中美澳课程标准的比较》，从中美澳课程标准、课程目标、课程内容等方面进行对比，对我国课程标准设定提出建议。其次为基于某种教学模型对语文课程内容进行分析，如王平、仝曼曼、齐晶的《基于 OECD 学习框架 2030 的我国初中语文课程内容分析》，就是基于经济合作与发展组织的“教育 2030：教育和技能的未来”项目出发，借用其设定的课程图谱等学习框架设计我国的语文课程内容。最后为结合某一近代学者的思想，补充化用到现代语文课程内容的设计中去。如向娇《王森然〈中学国文教学概要〉中语文课程内容建构思想研究》，结合王森然系统的建构思想体系，注重课程内容的专业化、综合性、可操作性。

三、语文课程内容教学实施策略

（一）紧抓任务群特点，夯实学生基础

学习任务群彼此都有着清晰的连接路径，整体上呈现重复出现、循序渐进的特点。

在两个相似的学习任务群中，可以看到课程内容的循序渐进，逐步体现学习要求的提高。从诵读、阅读到精读，从独立学习到合作探究，经典研习是专题研讨的基础，帮助学生探究学习，在完成各个学习任务群中逐渐实现递进螺旋式的深入学习。还有不同学习的任务群，如“跨媒介阅读与交流”“文学阅读与写作”在学习目标和内容安排上有明显重复性，都符合一般认识规律，从知其然到知其所以然，从基础概念学习到逻辑规律的掌握，再到最后的表达交流。学习目标与内容在各个任务群间的重复符合学习规律，提醒师生关注课程目标的分解与完成，要统整相关学习内容，展现思维发展与提升的历程。

（二）扣实学习要求，优化内容方法联结

学习任务群呈现螺旋式递进，相互照应、综合发展，统整学习内容、方法等，是一个综合系统。如“跨媒介阅读与交流”可与“文学阅读与写作”组合，设计一些课内外相结合的学习活动；“学术论著专题研讨”模块就提出应在“科学与文化论著研习”学习的基础上，结合“整本书阅读与研讨”进行。学习任务群具有横向、纵向的延展性，学习目标和内容上互相交叉，在学习方法不断深入递进。教师在明确学习任务群之间的关系后，可以引导学生在能力发展上的衔接递进，在学习内容上不断拓展深入。

(三)聚焦课程内容，明确不同学段定位

在新的语文课程标准中，课程内容单独列出，以学习任务群为主要形式呈现，增强了可操作性。高中语文课程内容根据必修、选择性必修、选修三个阶段学习内容，设置18个学习任务群，包含学习目标、具体内容、教学提示。教师初中语文课程内容明确了三个社会主义核心价值文化主题，并明确载体形式，以基础型、发展型、拓展型三个学习任务群为内容组织形式，为各个学段设计具体学习内容及教学提示。教师在课程内容研读中，要聚焦不同任务群要求，发现彼此联系和不同点，以核心素养为目标，做好教学定位。

推荐阅读

[1] 吴欣歆. 学习任务群：高中语文课程内容的重构[J]. 教育科学研究，2018(11).

[2] 管贤强，母小勇. 学习任务群：回归语言实践特质的课程内容重构[J]. 语文建设，2018(10).

[3] 申宣成. 义务教育语文课程标准修订：背景、内容与实施[J]. 全球教育展望，2022(6).

[4] 郑桂华. 义务教育语文学习任务群的价值、结构与实施[J]. 课程·教材·教法，2022(8).

(杨妤婕撰写)

92 课程性质

一、概念界定

对课程性质的探讨，最根本的是要把握“性质”一词。性质即一种事物区别于其他事物的根本属性。课程性质指课程区别于其他课程的属性，是课程自身特性决定的。可以说，课程内容对于课程性质的界定起了决定性的作用。历年来，课程标准对语文学科的课程内容都没有做出明确的表述。在 2022 年版的课程标准中，增加语文课程内容板块，一是主题与载体形式，二是内容组织与呈现方式，主要是以语文学习任务群呈现课程内容。明晰课程内容一方面可以联结课程目的和教学方法，另一方面也是对语文课程性质的根本遵循。

课程性质在课程体系中占有全局性和根本性的地位，其决定了具体的课程教学目标、教学设计、教学实施过程和教学评价。各个学科都有其独特的课程性质。比如在义务教育阶段，数学课程具有基础性、普及性和发展性；历史课程是学生在马克思主义唯物史观指导下，了解中外历史发展进程、传承人类文明、提高人文素养的课程，具有思想性、人文性、基础性特点。课程性质对一门课程的重要性是不言而喻的，但学界对于语文课程性质的界说一直在变化，这一点可以从不同时期的教学大纲和课程标准中体现出来。课程标准对语文课程性质的界定如下表所示。

课程标准对课程性质的界定

年份	教学大纲/课程标准	课程性质
1956 年	《初级中学汉语教学大纲(草案)》 《初级中学文学教学大纲(草案)》	“汉语”是对青年一代进行社会主义教育的一种重要力量。 “文学”是帮助青年一代认识社会生活的重要手段，是对青年一代进行社会主义教育的有力工具

续表

年份	教学大纲/课程标准	课程性质
1963 年	《全日制中学语文教学大纲(草案)》	语文是学好各门知识和从事各种工作的基本工具
1978 年	《全日制十年制学校中学语文教学大纲(试行草案)》	语文是从事学习和工作的基础工具
1986 年	《全日制中学语文教学大纲》	语文是从事学习和工作的基础工具
2000 年	《九年义务教育全日制初级中学语文教学大纲(试用修订版)》	语文是最重要的交际工具，是人类文化的重要组成部分
2001 年	《全日制义务教育语文课程标准(实验稿)》	语文是最重要的交际工具，是人类文化的重要组成部分工具性和人文性的统一，是语文课程的基本特点
2011 年	《义务教育语文课程标准(2011 年版)》	语文课程是一门学习语言文字运用的综合性、实践性课程
2020 年	《普通高中语文课程标准(2017 年版 2020 年修订)》	语文课程是一门学习祖国语言文字运用的综合性、实践性课程
2022 年	《义务教育语文课程标准(2022 年版)》	语文课程是一门学习国家通用语言文字运用的综合性、实践性课程

在最新一版的课程标准中，关于语文课程性质的界定有所变化。由学习祖国语言文字转变为学习国家通用语言文字，这一变化显示出国家对于通用语言文字即普通话和规范汉字的重视，语文学科作为学习普通话和规范汉字的重要载体，有必要在其课程性质上做出界定。

二、研究现状

我国对语文课程性质的界定一直处于探索之中，在不同时期，很多学者对此进行热烈的探讨，一定程度上影响了语文课程的改革。语文的课程性质主要围绕着工具性和人文性展开，大致可以分为以下三种。

(一)对语文课程性质历代论争的研究

对于语文课程性质历代论争的讨论主要分为两个方面，一是从政府颁布的教学大纲或课程标准进行分析，二是从课程性质的主要方面进行探讨。例如魏本亚认为语文课程性质的探索大致经过了四个时期，一是国语、国文“主、副目的”说、语文“工具”说、语文的“工具性、人文性”交融说、语文“言语交际活动”说。付睿主要从教学大纲和课程标准方面分析，认为语文课程性质界定经历了萌芽、发展、变革和融合四个阶段；而蔡可从课程性质的主要方面和特征进行分析，认为对语文课程性质的探索大致经历三个阶段，分别是 20 世纪前期对“文”与“道”的探索；20 世纪中期对“工具”与“思想”的探讨；20 世纪后期对“科学”与“人文”的辩论。王荣生也认为在我国语文教育发展中，出现过“文”与“道”、“工具性”与“思想性”、“工具性”与“人文性”等主话题。靳健主要从以古鉴今的角度，注重分析古代语文课程的特征，并由此得出我国语文教育主要是从“诗教”向“文教”转变。

(二)对语文课程具有工具性的研究

对语文课程具有工具性的研究主要是从语言运用的角度进行的，大部分学者认为语言本身就是一种交流工具，具有工具性的特征，而语文是一门培养学生语言运用的学科，所以语文的性质之一是工具性。1949 年后，对语文学科性质的探讨主要集中在“工具性”和“思想性”上。倪文锦认为语文课程性质主要是工具性，没有工具性就无从谈人文性。吕叔湘、叶圣陶、朱德熙等人是“工具性”的倡导者。叶圣陶更是号召语文教学“要做到个个学生善于使用这个工具”，注重语文学科的科学性。陈勇认为语文学科最重要的性质是工具性，人文性是各个学科都应具有的性质。从这个角度来说，语文学科的工具性是大于人文性的。

(三)对语文课程具有人文性的研究

陈钟梁提出语文的人文主义，引发了众多学者对于语文课程人文性、科学性的探讨。韩军认为语文中的语言文字并非只是一种工具，更重要的是其满载着人的主体情感。王尚文认为人文性是语文学科的本质概括，语文学科绝不是一门工具学科，而是一门人文学科。

(四)对语文课程兼具人文性和工具性的研究

于漪是人文性和工具性统一的倡导者，在 1995 年，她提出语文教学必须“弘扬人文”，同时坚持语文学科的工具性，实现工具性与人文性的辩证统一。解光穆认为工具性才是语文学科的本质属性，在此基础上，语文课程还具有人文性、实践性、基础性和综合性等内在特征。王土荣认为语文学科的工具性和人文性可以在语文教材中得到很好的表现，并且工具性和人文性也是今后语文命题的主要趋势。2001 年《全日制义务教育语文课程标准(实验稿)》明确指出：“工具性和人文性的统一是语文课程的基本特点。”

为什么语文课程性质的界定会引发如此大的争议和探讨？笔者认为最根

本的原因是厘清语文应该是什么。而随着课程改革的不断推进和跨媒介、跨学科时代的到来，学科性质不再是单一的、线性的，在各种学科的融合交流中，学科之间已实现了不同性质的交融。培养学生的核心素养绝不仅仅是单一学科的责任，而应该是各个学科的使命。在这种情况下，语文学科性质势必要放在整个课程全局下进行研究和探讨。

综上所述，关于语文课程性质的界定一直处于争鸣之中，关于工具性、思想性、民族性、人文性等话题，学者都有各自不同的见解。只要语文存在，对语文学科性质的讨论就不会停止。作为交际和储存工具的语言文字和作为交际和储存内容的人类文化是辩证统一的，只要有语言文字的形式，就必定有人类文化的内容，二者血肉相连，相互依存。语文课程是工具性和人文性的统一，这是语文学科的基本特点，很多学者和教师认为其也是语文学科的性质。除此之外，语文学科还具有综合性和实践性。工具性和人文性的统一最重要的是把握“统一”二字，教师在培养学生语言运用的能力时也应该融合人文情怀。在各个学科融合的时代背景下，语文学科独有的特性似乎很难找到，这也启发我们不要紧盯课程性质，要抓好课堂教学、编好学习教材、提高教学水平、落实课堂评价。

三、实施策略

（一）以核心素养为本，推动语文课程深层次改革

各个学科的最终目标都是要提高学生的核心素养，讨论语文学科的性质也是要为其今后的改革方向奠定良好的基础。语文课程一方面是人文性和工具性的统一，另一方面也离不开综合性和实践性的发展。语文课程性质最终目标是提升学生的核心素养，锻炼学生运用语言文字的能力、熏陶学生的人文精神。语文课程的深层次改革离不开对课程性质的明确把握，这也是众多学者矢志研究课程性质的一个重要原因。以学生的核心素养为本，以语文课程性质为基，进而推动语文教学的改革。

（二）以育人为导向，充分发挥学生的主体性

语文课程是一门综合性、实践性课程，在语文教学中，必须强化学生的实践性和探究性。要充分实现以学生为主体的课堂就要转变传统的语文课程教学观念，真正把语文课程的实践性和综合性体现在语文课堂教学的各个环节。要建立平等、交流、合作、友好的新型师生关系，教师需在把握好不同

阶段学生的心理特点后，进行教学活动的设计，要针对生情因材施教，使每位学生的个性得到充分体现，促进学生核心素养的发展。

(三)以实践活动为方式，推动教学方式的变革

语文课程的实践性和综合性落实的最好方式是开展综合实践活动，让学生在实践中体会语文的课程性质，推动学生学习方式和教师教学方式进一步的变革。在语文教学过程中，开展梳理探究、表达交流、阅读鉴赏等语文学习和实践活动，激发学生学习语文的兴趣、提高学生对社会生活的感知能力、从实践性活动中培养学生的探究能力和创新思维。

推荐阅读

[1] 靳健．我国古代语文课程的性质、特征及其教育功能[J]．教育研究，2006(2)．

[2] 倪文锦．我看工具性与人文性[J]．语文建设，2007(Z1)．

[3] 蔡可．语文课程性质的历史论争及当代启示[J]．语文建设，2014(16)．

[4] 倪文锦．准确认识与把握语文课程性质[J]．语文建设，2017(19)．

（陈欢撰写）

93 课程结构

一、概念界定

学科课程的微观结构包括实质结构和形式结构两个方面。语文课程的实质结构主要涉及不同文体、不同类型的作品所占比重，而语文课程的形式结构则包括教材中的各种内容形式。

（一）义务教育语文课程结构

《义务教育语文课程标准(2022 年版)》中明确指出："语文课程在四个学段中，分三个层面设置学习任务群。"

<table>
<tr><td>基础型学习任务群</td><td>语言文字积累与梳理</td><td rowspan="6">每个任务群贯穿四个学段</td></tr>
<tr><td rowspan="3">发展型学习任务群</td><td>实用性阅读与交流</td></tr>
<tr><td>文学阅读与创意表达</td></tr>
<tr><td>思辨性阅读与表达</td></tr>
<tr><td rowspan="2">拓展型学习任务群</td><td>整本书阅读</td></tr>
<tr><td>跨学科学习</td></tr>
</table>

（二）普通高中语文课程结构

普通高中语文课程由必修、选择性必修、选修三类课程构成。这三类课程分别设置了不同类型的学习任务群。其中必修课程为 7 个，选择性必修课程为 9 个，选修课程为 9 个。

二、课程结构研究现状

(一)国外研究情况

课程结构的提出与发展受到结构主义教育课程理论的影响。布鲁纳提出的学科结构理论主张采用螺旋式课程设计，即通过渐进式的重复学习，将内容逐渐深入，同时不断回顾前面学过的知识，达到知识结构的不断完善。他认为结构教学有助于学生按照知识获得的规律进行学习，促进他们形成完整的认知结构。布鲁纳提出的学科结构理论为语文课程设计提供了重要的启示，即应将语文学科的基本结构作为课程设计的核心要素，同时注重多元选择的课程形态。

(二)国内研究情况

通过搜集国内与语文课程结构相关的文献，可以大体分为以下四种研究角度。

首先是从宏观角度出发，对课程结构整体设想的相关研究。如廖哲勋在阐述新世纪时期中小学课程结构改革的基础之上，着重提出了课程设置的新方案和总体构想。

其次是从学科角度出发，对语文课程结构变革的问题研究。如张永祥在《语文课程结构变革：经验与问题》一文中通过梳理语文课程结构变革的历程，在此基础上总结改革经验，并对变革过程存在的问题进行反思。

再次是从微观角度出发，对语文课程结构内涵以及特点的研究。如冯艳丽以苏教版高中语文教学实践和经验为基础进行对高中语文课程结构的微观审视，可以深入挖掘语文课程结构的内涵和特点，进一步提高语文课程的教育价值和质量。

最后是从教学法的角度出发，针对语文教学法课程结构提出优化策略的研究。如宋汪洋以新课改的要求为基础，全面深化语文教育改革，加强课程目标和内容的设计和落实，注重学生的综合素养和语文素养的培养，提高课程的针对性和有效性。

这些研究都是以理论研究为主，缺少针对优化语文课程结构提出的可实施策略的实践性研究。

三、语文课程结构优化策略

（一）建立开放型双线课程结构，打破单线课程传授

语文素质教育的发展要求摒弃知识传授型单线封闭的课程结构，需要建构开放并且具有活力的双线课程结构。建立双线课程结构可以从两个维度开展，一是教材教学线，二是实践教学线。建立开放型的双线课程结构目的在于改变之前封闭的单线课程结构以满足教学目标实践的需要，为学生自身的能力体系的形成与完善助力。

（二）整合学科课程与活动课程，形成多样化课程模式

学科课程与活动课程两者是互为补充、相辅相成的关系。教师需要对语文课程结构进行优化，整合知识传授与活动实践。在现代语文课程中，教师仅仅注重语文知识的传授已经满足不了学生多元化的发展需求，因此，将活动课程纳入语文课程体系并保证一定的课时量，已经成为新时代语文教育改革的一个重要举措。教师可以开设和语文学科相关的活动课程，并根据学生的学习情况以及学校的语文课程设置，形成多样化的课程模式。

（三）选择与重组语文课程内容，实现语文课程价值

语文课程结构的优化与变革可以从语文课程内容的选择与重组两个方面探寻其路径。从整体来看，我国小学阶段强调课程结构的有机整合，在初中阶段，学生通常需要接受综合素质教育，高中阶段的课程设置更注重分科课程。语文课程内容在分化与整合时应注意综合中有分化、分化中有整合。教师通过对语文课程内容的选择与重组，可以具有针对性地建立富有特色的课程结构。

推荐阅读

[1] 廖哲勋. 课程发展规律与育人为本的课程设计观[J]. 课程·教材·教法，1999(5).

[2] 廖哲勋. 走在基础教育课程教学研究与改革的道路上——我从事基础教育研究 35 年的回顾[J]. 课程·教材·教法，2017(2).

[3] 张永祥. 语文课程结构变革：经验与问题[J]. 课程·教材·教法，2018(10).

（闫培撰写）

94 课程目标

一、概念界定

课程目标是指特定阶段的课程所要达到的预期结果。语文课程目标是指语文教育追求和达成的目标，它主要面对“是什么”的问题，旨在帮助学生形成正确的人生观、价值观和世界观，同时提高学生的语文素养和语文能力。在我国，语文课程目标根据不同的方向和需求，可以分为三种类型：内容目标、能力目标和活动目标。

（一）义务教育语文课程目标

义务教育语文课程目标由核心素养、总目标以及学段要求组成。2022 年版课标将义务教育语文课程目标一共分成四个学段，每个学段分成四个板块，紧扣课程总目标，是对九条总目标的具体化、操作化。

总目标的每一条都对应着语文课程核心素养的所有方面，只是在发展核心素养过程中，它们各有其侧重的价值和使命。

（二）普通高中语文课程目标

《普通高中语文课程标准(2017 年版 2020 年修订)》指出普通高中语文课程目标：“学生通过阅读与鉴赏、表达与交流、梳理与探究等语文学习活动，在语言建构与运用、思维发展与提升、审美鉴赏与创造、文化传承与理解几个方面都获得进一步的发展。”①

二、课程目标研究现状

（一）国外研究现状

最早提出“课程目标”的是美国教育学者博比特。在 20 世纪 80 年代奥利

① 中华人民共和国教育部：《普通高中语文课程标准(2017 年版 2020 年修订)》，5 页，北京，北京师范大学出版社，2020。

瓦则将课程分为五个层次，它们依次是：教育宗旨、课程目的、课程目标、教学目的和教学目标。除此之外，还有美国的课程论专家蔡斯也对课程目标的层次进行了分类。

(二)国内研究情况

国内关于课程目标的相关研究可以大致分为以下几方面。

首先，有关语文课程目标演进与嬗变过程的研究。如徐林祥、杨九俊通过回顾与反思近百年来关于语文课程目标的嬗变，进而阐释关于语文课程目标演变的主要观点。

其次，有关语文课程目标解读研究。如郑国民认为义务教育语文课程目标应该与普通高中语文课程目标做好衔接，构建素养型语文课程目标。

最后，有关语文课程目标评价研究。郑桂华通过对《义务教育语文课程标准(2022 年版)》中课程目标的分析，着重阐述了语文课程目标的价值追求。

这些研究主要以语文课程目标为研究对象进行理论上的探索，但缺乏对语文课程目标如何与核心素养相结合进而落实的策略性研究。

三、语文课程目标实施策略

(一)把握课改趋势，创新教学理念

以往以线性方式排列，注重以知识传授和掌握知识为主要目的的语文教学方式被语文教育发展摒弃。《义务教育语文课程标准(2022 年版)》围绕核心素养组织课程目标，目的在于让学生将注意力聚焦在统摄力强、迁移性高、发展性好的关键知识和必备的技巧能力上。因此，语文教师需要理解并掌握课程基本理念，改变传统“灌输式”和“填鸭式”语文教学方式。教师需要将课程目标适当地分解，使之具体化。在课程目标实施的各个环节，都应注意对学习目标的提炼和聚焦，帮助课程目标“落地”。这一教学理念也应该应用在教师的语文教学设计和评价设计中。

(二)增强关联意识，整合学习目标

关联意识是理解 2022 年版课程目标精神的重要指向。课程目标的关联意识主要体现在核心素养、总目标以及学段要求之间所建构的关联体系。因此，教师需要基于核心素养的发展要求，自觉抓住语文教学内容与语文课程目标之间鲜明的联系，优化语文教学目标。教师应自觉持有目标整合的理念，在运用各种教学资源、设计各个学习任务以及单元活动时都要产生关联。除此

之外，教师还要注意将主要的学习目标对照核心素养进行培养。

(三)追寻发展规律，优化教学职能

课程目标以核心素养为中心建构目标体系，对三维目标和语文学科素养进行了升华。在实际教学活动中，教师要对以往的教学经验进行梳理，紧跟语文改革的时代规律，有意识地自觉接近核心素养观的教学要求，也要不断地优化教学职能，使之渗透到教学各个环节。

推荐阅读

[1] 徐林祥，杨九俊. 关于语文课程目标百年嬗变的反思[J]. 课程·教材·教法，2012(2).

[2] 王荣生. 论语文课程目标和课程内容——语文课程论撮要之二[J]. 语文学习，2012(10).

[3] 郑桂华. 2022 年版语文课程标准中课程目标的价值追求[J]. 中学语文教学，2022(5).

[5] 郑国民. 以文化人，建设素养型语文课程标准——义务教育语文课程标准(2022 年版)解读[J]. 基础教育课程，2022(9).

(闫培撰写)

95 写作训练

一、概念界定

想要确切定义写作训练，首先就需要厘清“写作”和传统语文教学中的“作文”的区别。一般来讲，写作就是写诗、写文章，它不仅仅局限于语文教学领域，还涵盖了更广泛的文学创作等方面，作家写小说、写散文也是一种写作的行为。而作文则相对局限在语文教育领域内，我们一说“作文”所指便是“练习”写文章或是学生写出来的作品，所以从这个层面来看，写作与作文还是有比较大的区别。写作是作者借助语言文字对自己情感思想的自由表达，一种主体性、个性化、创造性很强的活动，是作者内心的一种言语冲动或自觉。而作文是依据日常训练或标准化考试的要求而进行的被动性的行为，特指学生要完成考试的题目。因此，相较于作文而言，写作是一种创造性的思维活动，是个体言语表达的内在需求，是一种“艺在技先”的创造活动。这样来看，写作训练的核心就不能仅仅聚焦于写作的章程布排、技巧的运用、素材的整理，还应该包括对学生心智的启发、思维的进阶、素养的提升进行创造性指导等方面内容的关注。

二、研究现状

语文写作是集写作知识的存储、言语表达的能力、情感认知的维度等于一体的创造机制，最能体现学生在语文学习过程中的综合素养。此外，从中、高考的角度来看，语文写作的分值比例占比最大，写作训练是否得当、能否见效直接影响着初高中学生的现实利益。因此，写作教学历来是各家研究的重点，写作训练也成为语文教学的“重头戏”。

刘淼在《当代语文教育学》一书中指出，写作教学的体系建设从根本上讲应包括作文教材体系建设和作文教学训练体系建设，作文教材体系是人们对写作学习和教学规律认识成果的反映，并进一步提出当前尚未出现科学系统的写作教材体系，对中学写作教材的研究是亟待关注的问题。这样看来，写作训练要从教材和师生两个层面并进展开。

韩雪屏等人在《语文课程教学资源》中指出，当前写作教材的编写体例大致包括综合性体例、以写作技能为纲组织写作教材的体例、以创设情境为中心的写作教材编写体例、写作与多媒体技术整合进行编写的体例以及附录示例编写体例。此外，她还进一步提出写作教材的内容应包含写作知识与技能、写作过程与方法以及写作的情感态度价值观等方面。这就说明写作教学要围绕教材指导，发挥教师的主观能动性，从技能技法、过程环节、情感态度等方面着手。

写作训练应该弥补语文经验的不足，包括生活经验和写作经验，帮助学生将外在的生活转化为内心的生活。因此从生活的本来样貌出发，把握作文题目的交际语境，经由思维的加工和转化，辅以语篇构造能力的训练，是写作教学应该努力的方向。

顾振彪、顾之川等人指出，目前中小学写作教学存在的问题主要是没有夯实阅读基础、忽视写作过程训练和思维培养、缺乏合理有序的写作训练系统。同时提出了尊重学生的主体地位、注重过程指导和思维训练、阅读与写作有效结合等关于写作教学的设想。

欧治华比较分析了课标和大纲版作文教材，他认为课标版作文教材的编排具有灵活有序、整合贯通、实践性强的特点，但仍有不足之处需要进一步改进和完善。如果教材的编写不能在根本上弥补写作教学的缺失，那么教师的写作训练就可根据以上建议进行补白。

三、实施策略

写作训练的开展要紧紧围绕《义务教育语文课程标准(2022 年版)》和《普通高中语文课程标准(2017 年版 2020 年修订)》对于写作的要求实施，要指向语文学科核心素养的发展。因此，写作训练或是写作教学的实施，可以依据语言、思维、审美、文化四个具有层级演进的素养目标展开。

(一)从语言入手，重视语言积累，发展语用语料库

语言建构和运用是高中语文学科核心素养的一个重要组成，若想实现这一素养的发展第一层关隘就是语言的积累。语言积累的素材从何而来？这就再次回到了教育即生活、作文即生活的原始命题。生活中的所见、所感、所

悟(从现实表象所升华出的抽象感受)，日常阅读中美文美句的积累和理解，都是唤起学生写作欲望，丰富学生语言材料的重要途径。只有建立好语料库，才能形成语言感知力，才能实现写作技能的迁移运用，才能在写作中做到“妙语天成”。

(二)从思维入手，拓展思维空间，提升思维层级

写作训练应当锻炼思维。写作思维的发展首先要强化教材选文的理解，教材选文大多代表了时下各类文体的主要特征，是积累素材，丰富语料的重要凭借。温故教材选文，以达比类知新的效用，可以帮助学生建立起写作知识的体系。其次，学生要在广泛的阅读中拓展思维的空间。教材选文的编排固然文质兼美，但也有其局限性，一来在浩瀚的文书辞海中教材的选文量还是有限的，不能满足实际写作的需求，也达不到发展语文核心素养的要求。这就需要教师在进行写作指导时要有意或无意扩大学生的阅读量。二来教材阅读篇目与学生的生活经验或写作水平存在着一定的距离，直接模仿或是套用的可能性几乎不存在。对此，教师可以真实的生活情境为依托，适当调整写作教学的例文参照，在丰富的范文鉴赏中进行优劣的对比，同异的归纳，在实际写作训练中提升学生的思维层级。

(三)从审美入手，发展写作兴趣，强化价值引导

写作训练一来要有参照，二来要有创造。所谓参照即对已有文质兼美文章的体悟，是一种情感交流的过程；所谓创造即在感悟比类中唤起学生的自我意识。这种自我意识的觉醒，要唤起学生的审美意识，审美意识又要以学生对语文、对写作的兴趣为先导。首先在写作训练上要以学生的真实生活经验为基础，发现并发展学生的审美心理，能够让学生感同身受，愿意读、愿意表达、愿意写作。这种审美意识的觉醒要在教师的过程化引导中实现，在大众传媒发达的今天，各种审美趣味混杂，因此教师要在纷繁的审美语境中，强化价值引导，提升学生的审美能力。

(四)从文化入手，汲取文化养料，提升写作品位

无论是小说、散文、诗歌，文学作品的内涵离不开时代的浸染和文化的熏陶，一个好的作品一定蕴含了丰富的文化内涵，这包括一个人在成长过程中的文化体验，也包括一个人在此过程中形成的文化认同。文化的滋养从哪里来？还是要在中国传统的经典中，中外文化的佳作中寻找突破口，因此，写作还是回到了“读”这一层面，在读的过程中写阅读笔记，积累文化经验，内化为自己的文化素养。另外，要在时代的好人好事中汲取文化的养料，时

代新人身上的“文化味”要能嗅得到、抓得住、用得好，在丰富的文化内容的支撑下，文章的质量自会提高。

推荐阅读 >>>>>>>>

[1] 熊芳芳. 大夏书系语文审美教育12讲[M]. 上海：华东师范大学出版，2018.

[2] 欧治华. 从新旧版“语文”比较中看我国作文教材编排的改进[J]. 现代中小学教育，2006(7).

[3] 章熊. 我的语文教学思想历程[J]. 课程·教材·教法，2011(10).

[4] 刘宏业. 基于语言建构和运用的微探究教学[J]. 中学语文教学参考，2016(13).

[5] 王宁. 谈谈语言建构与运用[J]. 语文学习，2018(1).

（张宝东撰写）

96 个性化阅读

一、概念界定

个性化是与大众化相对的，强调个体特性与典型性。21 世纪初，“个性化阅读”这一概念是在进行基础语文教育改革的过程中明确提出的，语文课程改革过程中各种教育思想齐头并进，而发展学生的个性这一教育思想更是全方位地渗透并扎根到语文课程的各个领域。《全日制义务教育语文课程标准(实验稿)》指出：“阅读是学生的个性化行为，不应以教师的分析来代替学生的阅读实践。”《普通高中语文课程标准(实验)》更加明确地指出：“注重个性化的阅读，充分调动自己的生活经验和知识积累，在主动积极的思维和情感活动中，获得独特的感受和体验。学习探究性阅读和创造性阅读，发展想象能力、思辨能力和批判能力。”个性化阅读在语文课程标准中有着明确而清晰的阐述，从这些阐述中，我们可以看到，个性化的阅读强调阅读活动作为一种个性化行为，其主体是学生，所以在语文教学的阅读活动中，学生的阅读个性不应被束缚，而要充分张扬，学生在阅读中所获得的感受体验都是真实而独特的，应该被尊重，使学生个性的发展和阅读活动相互促进。

二、研究现状

阅读本身就具有很强的个性化和主体性，个性化阅读并非因《义务教育语文课程标准(2022 年版)》的强调而存在，而是在此之前个性化阅读就存在了。每一个读者在知识背景、阅读期待和情绪心境等方面具有很大的差异，对阅读文本的方法、过程、结果都带有自身的个性色彩。近年来，对于个性化阅读的研究作为中学语文教学研究的一个重要部分一直都在有序进行，总的来说可分为以下三种。

首先是对个性化阅读的内涵进行研究。如刘金寅指出，个性化阅读的内涵是独立思考、感悟体验与二次创作。叶黎明指出，学生的阅读行为是否属于个性化阅读的范畴，唯一的判断标准是看阅读行为是否影响了学生个性心理的培养与发展。

其次是对个性化阅读在中学语文教学中的教学现状进行研究，研究者主要从个性化阅读在中学语文教学中的阅读教学活动中普遍存在的问题以及个性化阅读的有效实施策略两个方面进行研究。牛盈鉴、向天渊在《文本个性化阅读的问题与对策》中指出，“误读”、“过分诠释”、师生角色“错置”等问题在文本个性化阅读中普遍存在，他们从文本、经验、师生角色、价值观念等方面提出了相关对策。

最后是对学生个性化阅读能力的培养进行研究，张永伟在《培养学生个性化阅读能力初探》中指出，要想在阅读教学中培养学生的个性化阅读能力，教师可以建立民主平等的课堂教学环境，以问题激发思维，以情悟文，通过发展学生的思维能力来促进学生个性化阅读能力的提高。国内学者对个性化阅读的研究基本包括了个性化阅读的方方面面，但总体而言，理论大于实践，在实践方面，个性化阅读的操作效果究竟如何，这方面的研究还有很大的挖掘空间。

三、实施策略

个性化阅读的核心是“个性化”，但这并不意味着教学方式的随意性，相反，它更重视教师在“放养”式教学中的“圈养”。因此教师在语文教学过程中实施个性化阅读时，要注意以下几个方面。

（一）为更好地挖掘学生的潜能，个性化阅读应关注绝大多数学生

学生在生活背景、知识背景、阅读期待等方面的差异造就了他们的个性化阅读，学生阅读兴趣的调动应是教师组织学生阅读活动时优先考虑的重要方面，针对不同学生的个性化成长需要引导学生主动进行阅读，在阅读过程中，每个学生都会有自己的阅读期待以及获得与众不同的阅读体验。个性化阅读并非个别学生的专利，而是绝大多数学生的个性化学习需求，教师要多角度地调动绝大多数学生的阅读积极性，而对于学生在学习过程中的个性与差异性要充分尊重，教师要在阅读活动中引导学生发挥主体性，满足学生的个性化阅读需求，使所有学生都能发现并在最大程度上发展自己的潜能。

（二）立足文本，深入文本

文本是阅读的基础与根本，虽说"一千个读者就有一千个哈姆雷特"，但个性化阅读并非毫无章法、随心所欲的乱读，对于文本的解读可以有个人的见解，但一定要立足于文本本身。首先读者要梳理清楚文章的写作思路，找到文章的写作线索，与此同时，要关注文章自身的语境，文本的语境非常重要，脱离了语境去分析文本往往会造成误读。如对朱自清先生的经典文章《背影》的解读和分析中，有人指责父亲翻越月台为作者买橘子，认为父亲的这一行为是违反了交通规则，这就是典型地脱离了文本的写作语境而以今天的视角解读文本所造成的误读。对于文本的解读可以是多元的，但是多元解读并不意味着漫无边际地解读，多元应有其界限，即立足于文本本身，而不是以读者的时代与眼光来看待文本，立足于文本，在此基础上充分发挥读者本身的主观能动性，深入挖掘文本内部的深层意蕴才是个性化阅读所提倡的"个性"所在。

（三）尊重、呵护和引导学生的个性

学生作为独立的个体是有个性的，包括我们所说的阅读个性，只是在应试教育的所谓"标准答案"的束缚下，学生的阅读个性被压抑了，学生在阅读教学活动中极力向教师和教材的阅读理解靠拢，这种行为是和"个性化"背道而驰的。所以，教师要在阅读教学中尊重、呵护和引导学生的个性。对于文本的多元解读是值得提倡的，但是这种多元应在文本的界限之内，只要不逾越文本应有的界限，对于学生的多元解读都要充分尊重，并为学生创设真实而生动的阅读情景，实现真正的学生个性化阅读。当然，尊重并不意味着放纵，教师作为学生阅读的引导者，在学生的解读严重偏离文本与教学目标时，教师要及时发挥自己的引领作用，把学生拉回文本的轨道，使学生既能解放个性，又能在课标的框架中最大程度地学有所得。

（四）与生活对接，激发真情实感

语文学习并非单纯的课堂学习，而是与社会生活和日常生活高度对接的，虽然学生的生活习惯与情景存在差异性，但是一些根植于人性深处的情感是共通的，教师在组织语文阅读与学习的时候要充分与日常生活和社会生活对接起来，激发学生内心深处的真情实感。如在学习《秋天的怀念》时，文中所表达的深刻的母爱可以和学生日常生活中所体会的母爱有共通处，教师引导学生回忆与体会自己与母亲之间的故事与情感，可以帮助学生更好地理解作者的愧悔与母爱的伟大。又如《散步》同样展现生活场景，但不同于《秋天的怀

念》，它更多地展示家庭生活的温馨。这两篇文章无论是母爱的伟大还是家庭生活的温暖，所展示的都是作者独特的生活经历，教师可以引导学生对自己的生活经历进行书写，学生找寻与写作的过程，既是学生情感投入的过程，也是学生深入理解所学文章的过程，这样才能让语文阅读与学习真正地与学生的生活融为一体，实现更深层次的学习与阅读。

推荐阅读

[1] 叶黎明. 正确把握个性化阅读的教学内涵[J]. 语文建设，2009(2).

[2] 牛盈鉴，向天渊. 文本个性化阅读的问题与对策[J]. 语文建设，2017(22).

[3] 马继龙. 个性化阅读教学策略的建构与应用[J]. 中学语文，2022(27).

[4] 刘金寅. 个性化阅读应把握好内涵与教学方向[J]. 语文教学通讯・D刊(学术刊)，2015(3).

（郑文芳撰写）

97 专题教学

一、概念界定

在《普通高中语文课程标准(2017 年版 2020 年修订)》中指出：“教师的主要任务是提出专题学习目标，组织学习活动，引导学生深入思考、讨论和交流。”所谓语文专题教学，就是教师在教学过程中，打破教材和教学大纲的限制与束缚，纵观文本，构建专题，以“专题”为统领，以语文学科特定研究领域下的核心材料为资源，指导学生建构并解决研究问题、撰写完成研究论文等学习成果的教学方式。

二、研究现状

语文学科的魅力就在于它丰富的学习内容，从某种意义上这使语文学科的性质混沌不明，这是语文学科的迷人之处，同时也为语文教学增添了一定的难度，教学的支点不像其他学科那么清晰。而专题教学则具有整合性，它可以“聚篇成类”，可以说是无“类”不成“专题”。吴泓的专题教学是语文专题教学研究的标志，吴泓从 21 世纪初开始就在实施语文专题教学，多年来，语文专题教学的研究不断涌现并在有序地完善。国内对于语文专题教学的研究主要可以分为以下几个方面。

首先是语文专题教学“以什么为专题”的研究。通过对知网上现有文献的梳理，笔者发现“以什么为专题”主要从四个视角进行研究：作品、作家、主题、学生。如司晓峰在《高中语文专题教学“语文定位”问题研究——以演说词专题为例》中就以演说词为依托进行专题教学研究，明晰语文的定位与性质，发展学生的能力。

其次是语文专题教学与整本书阅读关系的研究。袁圆在《专题教学：整本书阅读教学的有效路径》中阐述了对于整本书阅读价值的挖掘与探寻可以借助专题教学的统整性来进行，宏观上着眼于梳理，微观上着眼于深读，从阅读经验和方法上来建构整本书阅读教学的有效路径。

最后是语文专题教学的实施策略的研究。张萍在《试谈初中语文专题教学的实施》中以苏教版为例，指出语文专题教学的实施可以依托网络资源、结合学生实际经验，延伸课内外活动、确定学生的主体地位，发挥教师的引导作用来开展。

专题教学和其他教学相比难度最大。一方面，它充分调动了教师和学生教学与学习的积极性，提供了广阔的探究空间；另一方面，专题教学还存在诸多问题，其现状不容乐观。因此，对于语文专题教学进行研究，消灭语文专题教学中的低效和无效现象，激发语文专题教学的活力成了当务之急。

三、实施策略

(一)确定教学专题，精选学习内容

在进行专题教学时所确定的专题应该在学习内容中贯穿始终，然后根据确定的专题精选学习内容，从微观和宏观两个层面来提高学生的学习能力。

例如，在文言文的教学活动中，教师对于字词的学习往往着眼于实词，对于虚词往往是浅尝辄止，缺少对这类知识的概括和总结，但是学生要体会文言文的魅力，虚词的学习是非常重要的一部分，所以教师在教学文言文字词时就可以采用专题教学，帮助学生形成自己的知识结构。例如在学习词类活用现象时，教师可以一个单元的文言文中的词类活用现象为主题进行组合研究，让学生找出这一单元中文章中的此类活用现象，探究文言词语的妙用以及古今词语的差别，进而帮助学生建构起自己的文言文知识体系。

(二)更新教学理念，专题教学应以学生为主体

受固有教学理念的影响，在以往的语文教学课堂中，课堂的主导一般是教师，而学生往往沦为教师教学活动的配合者，处于一种被动学习的状态，这对于学生核心素养和学习能力的发展都是束缚。在语文专题教学中，教师必须突破固有观念，明确教师在语文教学与学生的学习过程中始终是引导者与参与者，课堂的真正主体是学生，所以教师必须放手把课堂还给学生，这样才能充分激发学生学习的积极性。教师还需运用切实可行的教学方式以及手段，如创设生动的情景，链接学生的日常生活，将学生从文本的旁观者带入到参与者的身份里。

(三)创设问题情景，促进学生思维能力的提高

专题教学更加注重营造问题情境，问题情境在激发学生思维活度和提高学生思维能力方面有着重要作用，教师在开展专题教学时，要善于营造问题情境，抓住学生的心理特性，根据教学内容有针对性地设计问题。如在进行部编版初中语文七年级课文《秋天的怀念》一文时，在正式教学前教师可创设问题情境，引导学生从解题入手，思考以下问题：文章的题目既然是《秋天的怀念》，那作者怀念的是什么？作者的身体状况如何？母亲的身体状况如何？作者对母亲的感情发生了怎样的变化？明确提出这些问题，学生带着问题对文章进行初读与整体感知，一方面可以抓住文章的重点，另一方面对文章的解读也有了清晰的思考的起点与落脚点并依此进行解读，在这个过程中，学生思考与探索的过程也是学生思维能力提高的过程。

推荐阅读

[1] 吴泓．“温暖和百感交集的旅程”——高中语文实施专题研究性学习的两个问题[J]．广西教育，2014(48)．

[2] 朱俊阳．语文专题教学的本质[J]．语文教学通讯，2017(11)．

[3] 司晓峰．高中语文专题教学“语文定位”问题研究——以演说词专题为例[J]．语文建设，2020(15)．

[4] 袁圆．专题教学：整本书阅读教学的有效路径[J]．中学语文教学，2022(4)．

（郑文芳撰写）

98 微专题设计

一、概念界定

微专题是基于“大专题”“大任务”“大情景”等概念提出来的。“大专题”“大任务”相当于国外的“基于项目的学习”，需要学校提供相对长的学段，让学生来研究项目。但是受制于课堂教学时间和教材特点，要求我们是要抓住关键点，在特定的时间里解决一两个关键问题。通过以上表述，我们可以得知，所谓“微专题”是指立足于学情、教情和考情，选择切口小、角度新与针对性强的微型学习专题，力求解决学习中的真问题、小问题和实问题。

二、研究现状

微专题的设置是为了帮助和引导学生解决某个具体问题，微专题设计力求找到一条主线串起零散的知识，因此，对于知识内部的内在关联性要求较高，在当今的微专题设计之中，这种模式更多地被用于数学、地理、生物等学科，在语文教学中，对于微专题的运用还较为有限。现有的语文相关的微专题设计的研究主要有以下两类。

首先是微专题设计与复习相关的研究。刘宏业在《高考语文深度复习的实践与思考》中把微专题设计和语文的深度复习相联系，他认为可以通过对于微专题的设计，进而引导学生参与微探究，及时进行微反馈，学生作为学习的主体，微专题设计可以让学生在语文复习中更好地发挥学生的主体性，从而达到高质复习的效果，进而提高学生的能力与语文素养。

其次是对于微专题设计的具体课例的研究。褚树荣、陈文娟、严丹萍、方卉在《屑小之中情意长：〈项脊轩志〉微专题教学》中以《项脊轩志》为具体的教学案例，他们指出微专题教学的内容主要来自课文本身，找准切入点，由表及里，从细微之处体悟情深，从细小之处体会张力。此外，抓住《项脊轩志》的"小"进行相关文本的联读，由微观到宏观，由小到大，由浅及深，深入挖掘此类文章的文化内涵以及背后所蕴藏的脉脉情深。

三、实施策略

教师在进行微专题设计时要围绕语文的学科特点来开展，微专题旨在吸收专题学习的精华部分，有针对性地创设具有挑战性的研究情境，以任务驱动来培养学生的语文能力。

（一）立足于"真"

微专题设计要立足于"真"，微专题的设计不是一个形式，而是致力于发现并解决学生的问题而设置的，只有让微专题反映学生的真问题，才能发挥微专题最大的效益。教师要掌握学生的真实学情，教师是学生学海泛舟的"总舵手"，对于学生的学习情况应有清晰的认知，把握学生学习的总方向，教师只有真正掌握学生的学业水平，明晰学生真正存在的问题，明确学生接下来最需要什么，然后与学情相结合进行整合、归纳，才能辅助学生设计出真正适应学生学习状况的微专题并保证微专题真实有效地进行。

（二）明确学生的主体地位，教师适时引导

在微专题设计中，教师所处的地位应是微专题的设计者，但教师不是微专题的控制者，微专题设计的主体应该是学生，教师在微专题中的定位更应该是学生学习的指引者和激励者。教师要树立一种教学理念，即引导学生高度投入，积极参与。学习中，学生难免会遇到困难或者存在困惑，教师要适时引导，但教师的引导并非面面俱到、全盘包揽，而是点到为止，更多地鼓励学生自己开动脑筋，形成正确的思维方式，以促进学生思维能力的逐步提高。例如，学生在写作过程中普遍存在对于写作素材无法灵活运用的问题，为了解决这一问题，提高学生的写作效率，教师可以设计"灵活运用作文素材"的微专题，为学生灵活运用作文素材提供思考方向以及实践练习的机会。

（三）精准设置，对接大单元教学任务

微专题设计立足于学生的真实学情，旨在为学生查漏补缺，解决困惑，扫除知识盲点，根据大单元的教学目标，有针对性地设置精准的微专题。如在训练语言运用题时，有关文学文化常识，学生在干支纪年法、古代年龄别称、古代官职变迁等方面可能会存在一定的盲点，这时教师就可以通过设计微专题来帮助学生补充完善相关的知识体系。又如在进行初中文言文教学时，

可以把《醉翁亭记》《桃花源记》《岳阳楼记》《小石潭记》等篇目组合进行记体文的微专题教学，知人论世，提炼几篇文本中共同的教学价值点，发现学生在学习文言文篇目时的困难所在，见微知著，举一反三，帮助学生构建系统的文言文知识体系，促进学生核心素养的培养，特别是"审美鉴赏与创造"核心素养的达成，也实现微专题教学与大单元教学任务的对接。

推荐阅读

[1] 刘宏业．高考语文深度复习的实践与思考[J]．中学语文教学，2019(5)．

[2] 褚树荣，陈文娟，严丹萍，方卉．屑小之中情意长：〈项脊轩志〉微专题教学[J]．语文建设，2020(21)．

（郑文芳撰写）

99 单篇教学

一、概念界定

20 世纪 20 年代末，“单元”这一形式开始出现在语文教科书之中，迄今为止，语文教科书的编排、语文教学都是建立在单元的基础上。而单篇教学就是语文教师最熟悉的一种教学形态，单篇教学就是教师以单篇文本为载体来进行阅读教学，授课内容可以涉及作者、主题、情感、艺术手法等方面。单篇教学的参考和依据就是单元主题与语文要素，但是文本中心、知识本位和教师主角往往是单篇教学的聚焦点，这和“以生为本、以学为重”的课改理念是相悖的，对于学生的学习能力的提升有局限性。

二、研究现状

传统的语文教学课堂的常规模式就是立足于单篇教学来进行的。所谓窥一斑而见全豹，选择经典文本进行单篇教学，深入挖掘经典文本的微言大义，全方位探寻单篇经典在各个方面所取得的成就，它强调深入与钻研。但是它的不足也是显而易见的，效率低下、篇与篇之间的关联度较小、文章与文章之间的相关性与系统性低，并不适用于大规模的高密度的教学与训练。针对单篇教学的优劣，研究者进行了相关研究并取得了一定的成果，大致可分为以下三种。

首先，对单篇教学所存在的问题的研究。周国圣指出，统编教材的根本任务是落实立德树人和培养学生的核心素养，而单篇教学在确立教学目标、选择教学内容、设计与实施教学过程等方面存在着明显的局限性，学理依据不足，对于立德树人和核心素养的培养具有消极影响。

其次，单篇教学与专题研习、任务学习之间关系的研究。徐志伟以《梦游天姥吟留别》《旅夜书怀》《山中》这三首诗的教学设计系统阐述目前语文课堂教学领域所存在的三种教学形态：单篇教学、专题研习与任务学习。

最后，对单篇教学与整本书阅读、群文阅读之间关系的研究。刘雍指出在语文教学课堂上“单篇阅读”“群文阅读”和“整本书阅读”都发挥着重要作用，教师厘清与建构好三者之间的关系有助于培养学生良好的阅读习惯、发展学生的阅读技能、提高学生的阅读能力。

三、实施策略 >>>>>>>>

（一）重视语文的工具性特点，学好“这一篇”

工具性和人文性是语文学科的基本特点，二者是有机地统一在一起的，是语文学科的一体两面。人文性内含于工具性之中，而工具性则指向人文性。我们往往偏重语文学科的人文性，忽视工具性的重要作用，但要想切实落实立德树人的根本任务，必须重视语文学科工具性的重要作用，不可离开字、词、句、篇、语、修、逻、文。言语教学是语文学科的抓手，对于语文问题的解决我们要采用语文的方法，让语文可感可触。如今任务群教学、大单元确实都是新词热词，但单篇教学在文本的深刻性的挖掘上有独特优势，单篇教学是进行单元整合和开展群文阅读活动的基础，只有深刻理解和认识了单篇，才能行之有效地开展其他教学活动。教师要想把“这一类”学明白，就必须重视“这一篇”的文本价值，深挖其背后的内涵意蕴以及独特的文本价值，从而真正抵达语文学科的内涵深处。以小见大，以少积多，只有这样学生的阅读品位才能得到提高，进而提升学生鉴赏经典文本独特价值的能力，从而提高语文课堂教学的效率。所以教师在开展教学活动时，既要重视单元教学，又要对单篇进行深入解读，培养学生的思维能力，进而触类旁通，学好这一类文本。

（二）有序教学，深入解读

有序是指教师在教学时要立足于学情与教学规律来开展教学活动，无论是教学目标还是教学内容的挖掘都要遵循语文学科固有的规律，一般而言从整体到局部，再到细处；从文本到内容，再到形式；从“写什么”到“为什么写”，再到“怎么写”；在“读进去，走出来”的螺旋式中上升，提升语言运用能力。如教师在进行《故都的秋》的教学时，可以针对以下问题进行深入解读，文章的题目以及在第一段中，作者都强调了“故都”，所谓“故都”其实指的就是当时的“北平”，作者为何不直接用“北平的秋”为题呢？作者在写北国之秋时明确指出其特点是“清、静、悲凉”，“清”和“静”从环境分析上来说是很容易理解的，那“悲凉”又作何解呢？不梳理清楚这几个问题，仅凭“陶然亭的芦花，钓鱼台的柳影，西山的虫唱，玉泉的夜月，潭柘寺的钟声”，《故都的秋》不足以“力压群秋”。要想解决这几个问题，就必须联系郁达夫本人的生平经历与文学主张，郁达夫常常在文章中融入个人的人生际遇，其思想感情与此密切相关，其抒情散文更是内含了其人生况味。《故都的秋》的耐读之处，不仅在于其对于景色的描写，更在于其中所深蕴的浓厚的情味以及作者在其中所融入的国人千百年来悠久的秋意文化，在其中可以品味到作者对于故都之秋所蕴含的缱绻深情。

（三）立足于大单元确定单篇教学内容

统编教材倡导整体教学、大单元教学，单篇教学的开展就是以此为大前提进行开展的，单篇教学的教学内容一定要遵循大单元的教学目标来确定，一篇文本的教学内容可能是多样的，有时需要进行一定的取舍，而大单元的教学目标就是衡量单篇教学内容的标尺，单篇教学的目的是支撑单元目标的实现，而不是追求面面俱到。使得“大任务”下有“小任务”，“小任务”下有教学内容，以单元整合来开展教学活动，从教的角度，重心在单篇深读；从学的角度，重心在多篇鉴赏与比较。只有把握好单篇教学与大单元的关系，才能通过教学，最终达成目标。

推荐阅读 >>>>>>>>

[1] 徐志伟．从单篇教学到专题研习到任务学习——以“唐诗单元”教学设计为例[J]．语文建设，2019(17)．

[2] 颜廷发．大单元背景下单篇教学内容确定的原则[J]．中学语文教学，2022(2)．

（郑文芳撰写）